CIP-Kurztitelaufnahme der Deutschen Bibliothek

Fremdenverkehr und Regionalentwicklung / Akad.
für Raumforschung u. Landesplanung. (Autoren
dieses Bd. Edwin von Böventer ...).-
Hannover: ARL, 1988

   (Forschungs- und Sitzungsberichte / Akademie
   für Raumforschung und Landesplanung; Bd. 172)
   ISBN 3-88838-000-6

NE: Böventer, Edwin von (Mitverf.); Akademie für
Raumforschung und Landesplanung (Hannover):
Forschungs- und Sitzungsberichte

FORSCHUNGS- UND
SITZUNGSBERICHTE 172

Fremdenverkehr und Regionalpolitik

AKADEMIE FÜR RAUMFORSCHUNG UND LANDESPLANUNG

Zu den Autoren dieses Bandes

Edwin von Böventer, Dr., Professor, Seminar für empirische Wirtschaftsforschung der Universität München, Ordentliches Mitglied der Akademie für Raumforschung und Landesplanung

Johann Wackerbauer, Dipl.-Vw., Wiss. Mitarbeiter, Seminar für empirische Wirtschaftsforschung der Universität München

Alfred Koch, Dr., Geschäftsführendes Vorstandsmitglied des Deutschen Wirtschaftswissenschaftlichen Instituts für Fremdenverkehr (DWIF) an der Universität München, Korrespondierendes Mitglied der Akademie für Raumforschung und Landesplanung

Manfred Zeiner, Dr., Wiss. Mitarbeiter am Deutschen Wirtschaftswissenschaftlichen Institut für Fremdenverkehr (DWIF) an der Universität München

Rainer Burchard, Dipl.-Vw., Ministerialrat a.d., Bonn

Dietrich Storbeck, Dr., Professor, Fakultät Soziologie, Universität Bielefeld, Korrespondierendes Mitglied der Akademie für Raumforschung und Landesplanung

Jörg Maier, Dr., Professor, Lehrstuhl für Wirtschaftsgeographie und Regionalplanung, Universität Bayreuth, Korrespondierendes Mitglied der Akademie für Raumforschung und Landesplanung

Christoph Becker, Dr., Professor, Abteilung Angewandte Geographie/Fremdenverkehrsgeographie, Universität Trier, Korrespondierendes Mitglied der Akademie für Raumforschung und Landesplanung

Fraaz, Klaus, Dr., Regierungsdirektor, Bundesministerium für Raumordnung, Bauwesen und Städtebau, Bonn

Kristiane Klemm, Dr., Akad. Rätin, Leiterin des Ergänzungsstudiums Tourismus der Freien Universität Berlin

Antonius Menke, Dr., Regierungsbaudirektor, Staatskanzlei des Landes Schleswig-Holstein, Abt. 3 Landesplanung, Kiel

Mechthild May, Dipl.-Geogr., Wiss. Mitarbeiterin, Abteilung Angewandte Geographie/Fremdenverkehrsgeographie, Universität Trier

Peter Gräf, Dr., Akad. Rat, Institut für Wirtschaftsgeographie, Universität München

Karl Ruppert, Dr., Professor, Vorstand des Instituts für Wirtschaftsgeographie, Universität München, Ordentliches Mitglied der Akademie für Raumforschung und Landesplanung

Hubert Schulgen, Verbandsgeschäftsführer i.R. des Harzer Verkehrsverbandes, Goslar, Korrespondierendes Mitglied der Akademie für Raumforschung und Landesplanung

Best.-Nr.000-6
ISBN 3-88838-000-6

IV

INHALTSVERZEICHNIS

V

Mitglieder und Gäste des Arbeitskreises
"Der Beitrag des Fremdenverkehrs zur Regionalentwicklung"

Prof. Dr. E. v. Böventer, München (Leiter)
Prof. Dr. Dr. J. Maier, Bayreuth (Stellv. Leiter)
Wiss.Ref. Dipl.-Vw. B. Lange, Hannover (Geschäftsführer 1984/85)
Dipl.-Vw. J. Wackerbauer, München (Geschäftsführer 1986)
Prof. Dr. C. Becker, Trier
Min.Rat Dipl.-Vw. R. Burchard, Bonn
O.Reg.Rat Dr. K. Fraaz, Bonn
Akad.Rat Dr. P. Gräf, München
Akad.Rätin Dr. K. Klemm, Berlin
Dr. A. Koch, München
Reg.Bau.Dir. Dr. A. Menke, Kiel
Stadtrat a.D. Dr. H. Michaelis, Kassel
Dipl.-Soz. S. Röck, Bonn
Prof. Dr. K. Ruppert, München
Verbandsgeschäftsführer H. Schulgen, Goslar
Prof. Dr. D. Storbeck, Bielefeld

Der Arbeitskreis hat sich im Oktober 1984 konstituiert und seine Arbeiten im September 1986 abgeschlossen.

VI

Einführung

von

Edwin von Böventer und Johann Wackerbauer, München

Im Zuge der Entwicklung moderner Industriegesellschaften in die postindustrielle Phase hinein hat der Fremdenverkehr beschleunigt an Bedeutung gewonnen. Dies gilt für seinen Anteil an den Gesamtausgaben der Konsumenten genauso wie für seine Bedeutung als Verwendungssektor volkswirtschaftlicher Ressourcen. Im Außenhandel spielt der Tourismus eine wachsende Rolle, und in der Zukunft wird es zunehmend einen Austausch von Produkten aus hochindustrialisierten Ländern gegen Fremdenverkehrsleistungen in klimatisch begünstigten Regionen geben.

Es liegt deshalb nahe, diesen Entwicklungen auch in der Wissenschaft in verstärktem Maße in Theorie und Anwendung nachzugehen und sowohl die wechselseitigen Abhängigkeiten in Angebot und Nachfrage von Ressourcen als auch die weiteren Richtungen und Möglichkeiten der Entwicklung verschiedener Regionen zu untersuchen. Die Weiterentwicklung der Theorie ist daher genauso wichtig wie die Verstärkung empirischer Untersuchungen. Mit dieser Zielsetzung ist innerhalb der Akademie der Arbeitskreis Tourismus eingesetzt worden, der hiermit seine Resultate vorlegt.

Die möglichst enge Verknüpfung von Theorie und empirischer Anwendung bleibt das Ziel dieses Arbeitskreises. Die vorliegende Veröffentlichung spannt einen Bogen von der reinen Theorie über praktische Fallbeispiele bis hin zu den Perspektiven des Fremdenverkehrs in der Zukunft.

In Kapitel 1 bringt die Theorie des Tourismus unter Verzicht auf die Formulierung von Modellen eine kurze Skizze der besonderen Eigenschaften des Gutes Ferienreise und der Art und Weise, wie dieses Gut einerseits im Rahmen der allgemeinen ökonomischen Theorie zu behandeln ist und wie sich eine Theorie des Tourismus andererseits in den Rahmen von Raumstrukturmodellen einfügt. Zu beachten sind hier die besonderen Eigenschaften des Gutes Ferienreise, welche unter anderem von der Entfernung vom Heimatort, der Dauer des Aufenthalts und der Qualität der Reise bestimmt werden.

Mögliche Anwendungen fremdenverkehrstheoretischer und -politischer Fragen werden sodann im Kapitel 2 diskutiert. Es bringt zunächst eine Übersicht über allgemeine Fragestellungen und allgemeine Bestimmungsgründe der Nachfrage nach Ferienreisen und zeigt unterschiedliche Möglichkeiten der Betrachtung und damit auch der Analyse von Fremdenverkehrsausgaben. Die Ausgaben für den

1

Tourismus stehen in Konkurrenz mit anderen Verwendungszwecken: Sie werden in ihrer Höhe durch die Art der Güter, welche der Tourist nachfragt und den Standort, den er wählt, beeinflußt. Aus solchen Überlegungen ergeben sich Ansatzpunkte für die empirische Tourismus-Forschung.

Eine empirische Untersuchung der wirtschaftlichen Auswirkungen des Urlaubsreiseverkehrs in der Bundesrepublik Deutschland stellen A. Koch und M. Zeiner in der folgenden Arbeit an. An Hand des Beitrags des Fremdenverkehrs zum Einkommen in verschiedenen Regionen kann man ableiten, inwieweit durch den Tourismus wirtschaftliche Disparitäten abgebaut werden können, welche Entwicklungsgrenzen bestehen und welche Politikempfehlungen für die regionale Wirtschaftsförderung daraus ableitbar sind.

Wie die Theorie zeigt, können Ausgaben von Ausländern für den Fremdenverkehr als Export-Erlöse des jeweiligen Urlaubslandes aufgefaßt werden. Eine wichtige Zielsetzung ist es daher, Nachfrage aus dem Ausland in die deutschen Fremdenverkehrsgebiete zu lenken. Im Vordergrund der ausländischen Nachfrage stehen erwartungsgemäß unverändert die berufsbedingten Reisen und der Städtetourismus. Im Kapitel 4 geht R. Burchard der Frage nach, ob und in welchem Ausmaß der Ausländertourismus auch die Angebote der deutschen Fremdenverkehrsgebiete und -orte nutzt und damit einen Beitrag zur Regionalentwicklung leistet. Die Analyse der Bedeutung des Ausländertourismus in der Regionalentwicklung ergibt, daß sich die Anbieter stärker auf diese Gäste einstellen müssen, wenn sie ein wachstumsträchtiges Potential in der Zukunft noch besser ausschöpfen wollen.

Neben den theoretisch und praktisch behandelten wirtschaftlichen Meßziffern sind es auch die gesellschaftlichen Rahmenbedingungen, welche die touristische Entwicklung bestimmen. Betrachtet man die Zukunft des Tourismus, so sind die Expansionsmöglichkeiten der auf nationale Fremdenverkehrsgebiete gerichteten Nachfrage vor allem von der Entwicklung der Rahmenbedingungen des Fremdenverkehrs und von der Aufteilung der nationalen und internationalen Fremdenverkehrsnachfrage auf inländische und ausländische Ziele abhängig. Der Entwicklung der Rahmenbedingungen ist in diesem Band der Beitrag von D. Storbeck gewidmet, in dem zwischen gesellschaftlichen, ökonomischen und technologischen Bedingungen unterschieden wird. Neben einer Einschätzung der jüngeren Entwicklung wird in diesem Beitrag auch versucht, die Entwicklungsaussichten für die nächsten Jahre abzuschätzen.

Der Fremdenverkehr ist für die regionale Entwicklung in der Zukunft in zweierlei Hinsicht von besonderem Interesse: Zum einen ergibt sich angesichts geringerer Industrieansiedlungen in dünnbesiedelten Regionen und der Aussichtslosigkeit, auf die Auslagerung staatlicher Einrichtungen von den Landeshauptstädten in die Peripherie zu hoffen, wie auch angesichts eines anhaltenden

2

Schrumpfungsprozesses des landwirtschaftlichen Sektors die Folgerung, daß wirtschaftliche Wachstumsmöglichkeiten nur im Bereich privat erstellter Dienstleistungen zu erwarten sind. Zum anderen verfügen gerade ländliche und periphere Regionen über die natürlichen Voraussetzungen, die für eine anhaltenden Fremdenverkehrs-Entwicklung notwendig sind.

In dem Kapitel 6 von J. Maier wird diese Problemstellung skizziert. Wo der Tourismus Motor der wirtschaftlichen Entwicklung im ländlichen Raum ist, sind Konflikte zwischen den Entscheidungsträgern in den Wirtschaftszentren und den Lebensgewohnheiten und Autonomiebestrebungen der ansässigen Bevölkerung allerdings nicht immer auszuschließen, so daß sich auch die Frage der Fremdenverkehrs-Förderung am Konzept einer "regional orientierten Regionalpolitik" messen lassen muß.

Wie in früheren theoretischen Überlegungen hergeleitet wurde, nehmen die Ausgaben der Haushalte für den Tourismus mit steigendem Einkommen überproportional zu. Voraussetzung für ein ansprechendes Fremdenverkehrs- und Beherbergungsangebot sind Investitionen von Privat-Unternehmern und Kommunen. Hiermit beschäftigt sich der Beitrag "Zum Verhalten von Investoren und lokalpolitischen Entscheidungsträgern im Fremdenverkehr" von C. Becker. Während es in der Vergangenheit vor allem einzelne Pionier-Unternehmer in den Gemeinden waren, die den Anstoß zur Fremdenverkehrs-Entwicklung gaben, ist das Bild des Investitionsverhaltens heute differenzierter. Das Angebot ist durch mittelständische Hotels, Feriengroßprojekte, Urlaub auf dem Bauernhof und Camping geprägt. Becker zeigt, daß hohe Investitionen in die Fremdenverkehrsstruktur keineswegs sicher die Fremdenverkehrsentwicklung fördern.

Relevant sind in diesem Zusammenhang nicht zuletzt die Rahmenbedingungen, welche durch die raumordnerischen Ziele abgesteckt werden. Hiermit beschäftigt sich K. Fraaz in seiner Bewertung der Fremdenverkehrsförderung im Rahmen der Gemeinschaftsaufgabe "Verbesserung der regionalen Wirtschaftsstruktur". Bund und Länder fördern die Entwicklung des Fremdenverkehrs in den Fördergebieten der Gemeinschaftsaufgabe seit Beginn der 70er Jahre. Über die Festlegung der Fördertatbestände und Abgrenzung der Fördergebiete wirken sich somit politische Entscheidungen auf die touristische Entwicklung in den einzelnen Regionen aus. Wesentliche Ausbauleistungen für den Fremdenverkehr wurden somit auch durch diese Förderungen mit getragen.

Der Wunsch der Urlauber nach Abwechslung und nach Neuem liegt den Erörterungen zugrunde, die in dem nächsten Beitrag angestellt werden. Rückläufige und stagnierende Gäste- und Übernachtungszahlen in vielen deutschen Fremdenverkehrsorten, die Diskussion um den sich abzeichnenden Wertewandel und die damit verbundenen neuen endogenen Entwicklungsstrategien führen auch bei den Entscheidungsträgern des deutschen Fremdenverkehrs zu Überlegungen, ob sich in

Zukunft neue, sanfte, naturnahe Tourismusformen durchsetzen werden. Damit verbunden ist auch der Wunsch nach neuen Impulsen für wenig erschlossene Regionen und Gemeinden. K. Klemm und A. Menke setzen sich kritisch mit diesen neuen Ansätzen im Fremdenverkehr auseinander und ergänzen die theoretische Diskussion durch die praktischen Erfahrungen aus der Planungspraxis des Bundeslandes Schleswig-Holstein.

Nachfrage-Ausfälle, also negative Multiplikator-Wirkungen, führen im Fremdenverkehrsbereich mitunter zu beträchtlichen Einkommensverlusten in den Fremdenverkehrsorten. So stellen, ebenfalls an Hand von Fallstudien, C. Becker und M. May dar, wie sich veränderte Rahmenbedingungen auf einzelne Fremdenverkehrs-Unternehmen auswirken können. Die Kostendämpfungen bei Krankenkassen und Rentenversicherung sind es, welche die Heilbäder in die Kurort-Krise brachten. Empirische Basis sind sechs Heilbäder im Rhein-Main-Gebiet. Es wird vor allem die Entwicklung der Bettenkapazität, der Übernachtungen und der abgegebenen Kurmittel analysiert. Die Verfasser arbeiten heraus, daß sich zwei Typen herausgebildet haben, welche sehr stark durch ihre Lage innerhalb des Gesamtraumes bestimmt worden sind. Diese bedingt, inwieweit ein Kurort vom Tagungsverkehr als einem entwicklungsfähigen Zweig profitieren könnte, inwieweit der Kursektor der dominante Wirtschaftszweig bleiben müßte und inwieweit die Suburbanisierung mit ihren Chancen und Gefahren zu beobachten gewesen ist.

Eine weitere Überprüfung der grundlegenden Überlegungen an Hand empirischer Analysen bieten P. Gräf und K. Ruppert. "Der Freizeitraum Berchtesgaden - Räumliche Verflechtung als Wirkungsgefüge" zeichnet mit Hilfe einer Problemauswahl ein Bild der Vielfalt regionaler Abhängigkeiten, Einflußmöglichkeiten, Handlungsalternativen und Interessenströmungen. Mit der Bewerbung Berchtesgadens um die Austragung der Olympischen Winterspiele spricht dieser Beitrag unter anderem ein ganz aktuelles Problem an, das in ähnlichen Formen auch in anderen Gebirgsregionen Anlaß zu Kontroversen ist.

Die Anpassungsfähigkeit an geänderte Rahmenbedingungen und eine innovatorische, unternehmerische Einstellung sind es also, die in Zukunft noch mehr als in der Vergangenheit vonnöten sein werden, um im Fremdenverkehrssektor Entwicklungsmöglichkeiten zu erhalten und neu zu schaffen. Der abschließende Beitrag von H. Schulgen umreißt das Bild einer regionalen Fremdenverkehrspolitik, die von neuen Leitgedanken geprägt ist. Schwachpunkte der gängigen Praxis im Touristik-Geschäft werden aufgezeigt, Lösungsmöglichkeiten und Strategien für die Zukunft werden angeboten. Eine verbesserte Arbeitsteilung und eine zufriedenstellende Kooperation zwischen privaten Unternehmern und politischen Entscheidungsträgern werden dabei vonnöten sein, wenn der Beitrag des Fremdenverkehrs weiterhin für die regionale Entwicklung genutzt werden soll.

Die regionalwissenschaftliche Forschung sollte die Fremdenverkehrsentwicklung unterstützend begleiten. Die möglichen Forschungsansätze sind mit der vorliegenden Veröffentlichung noch keineswegs ausgeschöpft. Das Problem der Atomisierung der Kompetenzen für den Tourismus und der konkurrierenden Interessenlagen bei unterschiedlichen Trägern der Fremdenverkehrspolitik sollte die Forschung noch weiterhin beschäftigen. Hier gilt es, die Chancen kooperativer Strategien herauszustellen und aufzuzeigen, in welcher speziellen Situation sich die gegebenen Rahmenbedingungen als fördernd oder hemmend für die Entwicklung des Fremdenverkehrs herausstellen und wie man die Rahmenbedingungen günstiger gestalten kann - günstig im Sinne einer auf die Förderung der regionalen Entwicklung ausgerichteten Fremdenverkehrspolitik.

THEORIE DES TOURISMUS

von
Edwin von Böventer, München

Gliederung

I. Ferienreisen aus dem Blickfeld der ökonomischen Theorie

II. Der Fremdenverkehr im Rahmen der Raumwirtschaftstheorie

Bei der theoretischen Analyse des Gutes Ferien ist zunächst von Interesse, inwieweit dieses Gut sich von anderen in der ökonomischen Theorie behandelten Gütern unterscheidet und ob neue Instrumente der Analyse notwendig sind. Der Ausgangspunkt dieses Kapitels ist, daß sich das Gut Ferienreisen nicht qualitativ von anderen Gütern unterscheidet. Aber die Kombination von sehr vielen verschiedenen Eigenschaften hebt es aus der Reihe der Güter heraus, welche üblicherweise in ökonomischen Modellen analysiert werden. Die Reduktion auf wesentliche Eigenschaften und damit operationale Zusammenhänge stellt deshalb eine besondere Herausforderung für den an allgemeinen Aussagen interessierten Theoretiker dar. Dies gilt sowohl für die Analyse einzelner Ferienreisen beziehungsweise die Entwicklung an einzelnen Orten wie auch für die Betrachtung von Landschaftsstrukturen im Fremdenverkehr.

I. Ferienreisen aus dem Blickfeld der ökonomischen Theorie

1. Eigenschaften des Gutes Ferienreisen

Das Gut Ferienreisen ist ein besonders interessantes, weil außergewöhnlich komplexes Gut. Es verdankt seine Komplexität der Tatsache, daß es aus einer großen Zahl von Einzelgütern mit unterschiedlichen Eigenschaften zusammengesetzt ist, bei deren Auswahl viele Motive zum Zuge kommen können und entsprechend viele Entstehungsprozesse (teils explizit, teils implizit und über die Zeit verteilt) beteiligt sind.

Die Motive können unterschiedlich, ja bei verschiedenen Urlaubern sogar gegensätzlich sein. Sie suchen Abwechslung vom Alltag, wollen von anderen Menschen weg, aber auch zu anderen Menschen hin, und sie wollen etwas erleben, Neues sehen oder sich einfach ausruhen.

Bezüglich der Auswahl des Ferienortes, der Dauer des Aufenthalts sowie auch der Qualität, die in Anspruch genommen wird, bestehen fast unendlich viele Variationsmöglichkeiten, sofern der einzelne Urlauber die Möglichkeiten der Gestaltung der einzelnen Tagesabläufe ausnutzt und sich nicht in ein vorfabriziertes Massenkonsumpaket drängen läßt.

Das Gut Ferienreise besteht aus vielen Einzelelementen mit verschiedenen Einzelmerkmalen. Es ist deshalb nicht sinnvoll, ein typisches Gut "Reise" zu definieren. Zweckmäßiger ist es, für verschiedene Analysezwecke jeweils bestimmte Merkmale herauszugreifen, diese in Partialmodellen zu analysieren und später eine Verallgemeinerung oder Synthese anzustreben.

Im ökonomischen Sinn wichtige Eigenschaften, in denen sich "Reisen" unterscheiden, sind der Typ der Reise, der häufig, aber nicht notwendig mit dem Zweck oder Motiv der Reise im Zusammenhang steht, und nach den angestrebten Objekten klassifiziert werden kann:

- Natur
- Freizeiteinrichtungen
- Kunst und Geschichte.

Am Ferienort wird ein großer Teil der Güter gekauft, die auch zu Hause konsumiert werden, aber jedoch auch andere Arten von Gütern. Der Kauf von Nahrungsmitteln tritt an die Stelle des entsprechenden Konsums am Heimatort, hinzu kommt die Nachfrage nach Unterkunft, speziellen "Andenkenartikeln" und zum Teil auch nach Kleidung, insbesondere aber nach Dienstleistungen in Form von Beförderungsleistungen und viele verschiedene andere Dienstleistungen auch in Form der dargebotenen Natur und Erholung, der jeweils gebotenen Geselligkeit und Abwechslung oder in Form der dargebotenen historischen Schätze oder der gegenwärtigen Kunst; letztere mögen zum Teil an die Stelle von Erholungsgütern am Heimatort treten. Die Anbieter können sich in vielfältiger Weise an die Urlauber anpassen, deren Aktivitäten gestalten helfen oder vorher die Wünsche der Urlauber zu beeinflussen versuchen.

In jedem Falle kommt es zu Kontakten mit anderen Menschen. So können Geselligkeit und Kontaktaufnahme zu anderen Menschen Ziele an sich sein, beziehungsweise jeweils mehr oder weniger im Vordergrund des Interesses stehen.

Der Urlaub kann in jedem Fall mehr oder weniger aktiv gestaltet oder aber passiv erlebt werden.

In allen Fällen wird eine Nachfrage nach Dingen des täglichen Bedarfs entfaltet, die sich mehr oder weniger von der normalen täglichen Nachfrage unterscheidet.

Unter den "Reisetypen" kann man folgende Dimensionen unterscheiden:

- die Entfernung vom Wohnort und die gewählte Reiseroute,
- die Dauer des Aufenthalts und der Reise selbst,
- die Qualität der Reise, d.h. das Komfortniveau während der Fahrt und des Aufenthalts,
- der Zeitpunkt der Reise als Saisonkomponente.

Alle Dimensionen können unabhängig voneinander variiert werden. Sie sind allerdings mit dem Zweck der Reise positiv korreliert.

Die Entscheidungen über die genannten Variablen unterliegen mindestens zwei Beschränkungen:

- Ausgabenbeschränkung
- Zeitbeschränkung.

Je nach den Präferenzen der einzelnen Urlauber und den vorhandenen Ausgaben- und Zeitbudgets können deshalb unterschiedlich viele, weite und aufwendige Reisen unternommen werden, wie z.B.:

- lange Urlaubsaufenthalte
- kurze Ferienaufenthalte
- schnelle Wochenendfahrten.

Ein Wesensmerkmal fast aller Reisen ist

- die gewollte Abwechslung, auch zwischen einzelnen Reisen, d.h. Reisen müssen einzeln, aber auch
- im Zusammenhang mit früheren oder in der Zukunft geplanten Reisen gesehen werden.

Bei der Reiseplanung spielt die unvollkommene Information über den Ferienort und die dort möglichen Freizeitaktivitäten eine wichtige Rolle.

Es sind deshalb bei der Bestimmung des Aufwands einer Reise auch die Kosten der Informationsbeschaffung und der dazu notwendige Zeitaufwand einzubeziehen.

Bei Urlaubern, die etwas Neues erleben wollen, ist eine unvollständige Information teilweise erwünscht. Im allgemeinen beschafft man sich ein Minimum an Information über Alternativen und trifft dann entsprechende Vorbereitungen. Häufig gibt es einen zur Auswahl eines bestimmten Ortes führenden optimalen Kenntnisstand mit (nachfolgender) optimaler Vorbereitung, so daß einige Vorkenntnisse vorhanden sind und trotzdem der Reiz des Neuen bleibt.

Somit gibt es je nach Situation und Wünschen einen optimalen Informationsaufwand.

Die Präferenzen vieler Urlauber unterliegen einer ständigen Veränderung, die durch eigene Erfahrungen, die Berichte anderer Urlauber sowie durch Reklame ausgelöst werden: stabile Präferenzen sind die Ausnahme, das Auftreten von systematischen Verschiebungen und von Modetrends dagegen die Regel.

Die Präferenzen selbst sind deshalb eine wichtige Variable.

Sie sind eine Funktion eigener Erfahrungen, des vorhandenen Informationsstandes, des Verhaltens anderer Menschen, wie dies in der Theorie des Konsumentenverhaltens auch in bezug auf andere Güter bekannt ist.

Dies ist ein wichtiges Beispiel für das Auftreten von externen Effekten im Tourismus.

2. Einordnung des Gutes Ferienreisen in die ökonomische Theorie

Externe Effekte treten an den Urlaubsorten bei gegebenen Präferenzen in vielfältiger Weise auf. Dies gilt für die Nachfrager und für die Anbieter des Gutes Ferienaufenthalt. Die Urlauber erleben negative externe Effekte durch gegenseitige Behinderung, soweit sie unter Überfüllung der Aufenthaltsplätze leiden beziehungsweise Wartezeiten in Kauf nehmen müssen. In positiver Form treten externe Effekte insofern auf, als die Nähe anderer Menschen und deren Geselligkeit gesucht und geschätzt wird. Ebenso treten externe Effekte in vielfältiger Form bei den Anbietern (Produzenten) von Dienstleistungen für Urlauber auf. Diese Wirkungen fallen häufig in die Kategorie der Agglomerationseffekte der Ferienreisen und -aufenthalte.

Vergleicht man die hier aufgeführten Eigenschaften des Gutes Ferienreise mit denen anderer Güter, so zeigt sich:

Alle erwähnten einzelnen Eigenschaften finden sich auch bei anderen Konsumgütern wieder. Einzigartig ist lediglich die Kombination, in der sie auftreten.

Die Ausgaben für Reisen und Freizeit sind Bestandteil der Haushaltsausgaben; sie konkurrieren auf der Nachfrageseite mit anderen Verwendungszwecken. Mit diesen Ausgaben werden produzierte Waren und Dienstleistungen in Anspruch genommen und natürliche Ressourcen genutzt. Die Anbieter dieser Leistungen konkurrieren bei der Bereitstellung mit anderen Verwendungszwecken volkswirtschaftlicher Ressourcen.

Eine ökonomische Theorie des Tourismus und der Freizeitausgaben muß in der Haushalts- und in der Produktionstheorie verankert sein, und die Reise- und Freizeitausgaben müssen als bedeutsamer und auch in der Zukunft weiter anwachsender Teil der gesamtwirtschaftlichen Konsumausgaben und damit als ein Bestimmungsfaktor des gesamtwirtschaftlichen Einkommens behandelt und gleichzeitig bei der Nutzung des gesamtwirtschaftlichen Produktions- und Umweltpotentials berücksichtigt werden. Dies gilt sowohl für einzelwirtschaftliche als auch gesamtwirtschaftliche, statische wie dynamische Betrachtungen. In der Zahlungsbilanz vieler Länder ist das Gut "Ferienreisen" ein wichtiger Posten, der in empirischen Untersuchungen über die Außenhandelsströme eine zunehmende Rolle spielt.

Wichtige Variable für die einzelnen Haushalte sind im Rahmen dieser Untersuchung die Höhe der Gesamtausgaben für Reise und Freizeit sowie der Ort, an dem diese Ausgaben getätigt werden und die einzelnen Feriengebiete, die aufgesucht werden.

Es geht dabei gleichzeitig um die gütermäßige und die räumliche Zuordnung bzw. Aufteilung der Ausgaben aller Haushalte wie auch die Wahl der Urlaubszeit, sowohl in Hinsicht auf die Dauer als auch auf die Jahreszeit. Dazu kommt die Frage nach der Verteilung der Aktivitäten bzw. einzelner Ausgaben innerhalb einzelner Feriengebiete und damit nach der räumlichen Struktur der einzelnen Feriengebiete; einschließlich der Betrachtung der räumlichen Verteilung der Freizeitaktivitäten an den Wohnorten selbst.

Die Reise- und Freizeitaktivitäten haben damit zwei allgemeine Aspekte: die Wahl der Güter und Standorte. Dazu kommt der zeitliche Aspekt, einerseits in Form der Gesamtbeschränkungen der Zeit, andererseits wegen der stark eingeschränkten Teilbarkeit der Ferienaufenthalte, welche sich aus den Reisekosten ergeben. Weiterhin ist zu beobachten, daß Entscheidungen über Reisen auch Entscheidungen über den Transport von Gütern nach den Angebotsorten der Freizeitaktivitäten implizieren.

Die Entscheidungen über Konsumausgaben für Freizeit und Reisen und über das Angebot von Freizeitkapazitäten sind wechselseitig abhängig, sie implizieren Entscheidungen über die Inanspruchnahme von volkswirtschaftlichen Ressourcen an bestimmten Orten im geographischen Raum.

Beim Angebot muß man zwei Ebenen der Betrachtung unterscheiden:

- Angebotsentscheidungen einzelner Anbieter, in bezug auf Menge und Qualität der Fremdenverkehrseinrichtungen, und der
- Arbeitsteilung zwischen verschiedenen Regionen und Ländern aufgrund relativer Angebotsvorteile bei ganz verschiedenen Waren und Dienstleistungen und aufgrund der Lage: (hier der Entfernung von den Wohnorten potentieller Urlauber).

Diese Überlegungen schließen die Entscheidungen über Angebot und Nachfrage nach Ressourcen für den Transport und deren Einsatz auf beweglichen Punkten zwischen Ursprungs- und Bestimmungsorten mit ein.

In theoretischen Modellen beinhaltet die Existenz eines Gleichgewichts, daß überall in der Fläche - an den einzelnen Orten wie auf den Transportwegen - Angebot und Nachfrage ausgeglichen sind. Für empirische Untersuchungen ist es notwendig, die Nachfrage- und Angebotsfunktionen sowohl aggregiert wie auch für einzelne Orte und Güter disaggregiert möglichst genau zu kennen - die Bestimmungsgründe (qualitativ) zu ermitteln und (quantitativ) zu testen. Die Untersuchung von Anpassungsprozessen beim Niveau der Aktivitäten (Mengen) und bei den Preisen gehört zu den wichtigen Aufgaben einer ausführlichen Analyse.

II. Der Fremdenverkehr im Rahmen der Raumwirtschaftstheorie

1. Unterschiedliche Arten der Nachfrage nach Tourismus

Unter den touristischen Aktivitäten sind längere Ferienreisen von besonderem Interesse. Diese unterliegen neben der Ausgabenbeschränkung einer wesentlichen Zeitbeschränkung und beinhalten damit ein Disponieren über (relativ) große Zeitspannen und Ausgaben.

Für die Spezifizierung im Rahmen eines theoretischen Modells ist es zweckmäßig, die Ziele oder Zielorte von Reisen und Urlaubsaufenthalten in drei
Kategorien zu unterteilen:

(1) naturgegebene oder produzierte Anziehungspunkte (z.B. Wasserfall, Gemälde-
    sammlung, historisches Bauwerk)
(2) die Natur allgemein
(3) Freizeiteinrichtungen mit Agglomerationen von Menschen, wobei die Agglome-
    ration einer Mindestzahl von Urlaubern
    - wegen Unteilbarkeiten beim Freizeitangebot die Voraussetzung für ein
      wirtschaftliches Angebot sein kann,
    - ein unmittelbares Ziel darstellt, wenn von den Urlaubern Geselligkeit
      gesucht wird.

ad (1): Im ersten Fall folgt die Urlaubsnachfrage unter Berücksichtigung der
jeweiligen Kosten den jeweiligen (historischen) Gegebenheiten auf einer differenzierten Fläche.

ad (2): Im zweiten Fall bestehen Analogien zur Nachfrage nach Land, insbesondere für Wohnzwecke in der städtischen Standortlehre. Diese Art der Analyse
gilt immer dann, wenn jeder einen möglichst großen Anteil der Fläche bzw. der
Natur für sich alleine beansprucht und eine Minimierung der Kontakte mit
anderen Menschen anstrebt, weil deren Nähe als Belästigung empfunden wird, die
den Genuß der Natur vermindert.

ad (3): Im dritten Fall ist die Wirksamkeit von internen und externen Erspar-
nissen bzw. von positiven und auch negativen Agglomerationseffekten als funda-
mentales Argument zu berücksichtigen.

Die Analyse kann sich somit auf (1) einzelne Punkte, (2) eine Fläche oder (3)
Agglomerationseffekte konzentrieren.

In bezug auf die Urlaubsziele und Freizeitaktivitäten kann man entsprechend
zwischen

(1) standort- spezifischer Nachfrage,
(2) natur- intensiver Nachfrage und
(3) agglomerations- orientierter Nachfrage

unterscheiden.

Außerdem kann eines der Motive einer Reise

(4) die Bewegung an sich sein.

2. Schnittpunkte mit der herkömmlichen Raumwirtschaftstheorie

Bei der Entscheidung zwischen verschiedenen möglichen Anziehungspunkten werden verschiedene Standortqualitäten in unterschiedlichen Entfernungen betrachtet, und es wird ein optimaler Standort (= Ferienort) ausgewählt. Solche Betrachtungen werden auch in Ansätzen der Industriestandortlehre dargestellt, wobei überprüft werden muß, ob diese Ergebnisse für die Tourismus-Theorie nutzbar gemacht werden können. Eine Analogie zu einer Transportkosten- plus Produktionskostenminimierung ist schon deshalb nicht anzustreben, weil bei der Wahl eines Reiseziels immer nur einer von vielen Standorten mit nur einer relevanten Entfernung zu bestimmen ist, die sich in vielerlei Hinsicht voneinander unterscheiden.

Für die naturintensive Nachfrage wurde schon die Analogie zur städtischen Standortlehre erwähnt. Diese wäre vollständig, wenn im einen Fall nur im Stadtzentrum eingekauft wird und die Stadtbewohner keinerlei nachbarschaftliche Beziehungen pflegen und im anderen Fall die Einkäufe während des Urlaubs vernachlässigt werden und im Idealfall die Urlauber in sehr beweglichen Unterkünften wohnen und jeweils ihre Abstände voneinander maximieren.

Wollen Urlauber gleichzeitig die Natur allgemein und bestimmte Agglomerationsvorteile in Touristikzentren genießen, so erhält man Fragestellungen, die ähnlich in der Theorie der Struktur der Landschaft analysiert werden. In Landschaftsstrukturmodellen werden einerseits Abstände von Konkurrenten und damit Absatzgebiete maximiert, und andererseits wird die Nähe zu anderen Unternehmungen mit dem Ziel der Ausnutzung von Agglomerationsvorteilen angestrebt mit dem Ziel, ein Optimum zu bestimmen.

Eine Analogie besteht weiterhin darin, daß ganz unterschiedliche Präferenzen verschiedener Haushalte zu berücksichtigen sind - so wie Christaller und Loesch in der Produktionssphäre für verschiedene Güter unterschiedliche Technologien zugrunde legen. Das beinhaltet eine unterschiedliche Bedeutung der internen und der externen Ersparnisse, der Nutzung des Bodens und der Transportkosten.

Bei einer optimalen Lösung auf der Angebotsseite der Fremdenverkehrseinrichtungen ist die Frage nach einer Hierarchie der Einrichtungen und der Fremdenverkehrszentren oder einer Spezialisierung und Arbeitsteilung innerhalb von Erholungsgebieten zu klären. Dazu gehören auch Aspekte der institutionellen Regelungen im Fremdenverkehrsangebot und der Rolle von Verbänden und staatlichen Stellen.

3. Modellerweiterungen

Wichtige Modellmodifikationen gegenüber den herkömmlichen Landschaftsstruktur-Ansätzen ergeben sich aus der Rolle der Zeit. Erstens wird im Tourismus nicht ein optimaler Ort für laufende (möglicherweise über die gesamte für die Analyse relevante Zeitdauer) Produktions- oder Konsumaktivitäten gesucht, sondern optimale Orte werden im allgemeinen nur für beschränkte Zeiträume gesucht, zweitens sind Ausgaben- und Zeitrestriktionen zu beachten; für verschiedene Freizeitaktivitäten sind unterschiedliche Zeitbeschränkungen wirksam:

- Jahresurlaubszeit für längere Reisen,
- Freizeit an Wochenenden,
- freie Stunden an einzelnen Wochentagen.

Im Gegensatz zu anderen Konsumaktivitäten verteilen sich Reiseaktivitäten nicht gleichmäßig über das ganze Jahr und wiederholen sich nicht regelmäßig.

So handelt es sich häufig um einmalige Entscheidungen, weshalb es im Sinne der üblichen mikroökonomischen Theorie kein statisches Gleichgewicht gibt, das sich (beliebig lange) wiederholen kann.

Dies hängt insbesondere damit zusammen, daß

- Reiseentscheidungen im allgemeinen unter unvollständiger Information getroffen werden,
- von vielen Urlaubern bewußt Abwechslung gesucht wird und
- die Präferenzen vieler potentieller Urlauber sich ständig ändern.

Was für eine stationäre Wirtschaft gelten würde, trifft erst recht auf eine evolutorische Wirtschaft zu.

Hierbei sind zusätzliche Änderungen in

- den Einkommen,
- den Technologien vor allem der Fortbewegung,
- den Angebotsbedingungen zu beachten, die alle zu Änderungen in den relativen Preisen, den Mengen und den Möglichkeiten der Erholung und der Beschäftigung bei verschiedenen Urlaubsreisen führen können.

Hinzu kommen Änderungen in den Präferenzen der Haushalte, die sich sowohl in Mitläufer- oder Snobeffekten als auch in Modetrends oder -zyklen niederschlagen können.

Im Rahmen einer umfassenden Theorie des Fremdenverkehrs sind deshalb historische Prozesse zu erfassen, für die sowohl auf der Nachfrage wie auch auf der Angebotsseite vielfältige - interdependente - Bestimmungsfaktoren wirksam sind und bei der die Präferenzen selbst (teilweise) endogene Variablen sind.

Modelltheoretische Ansätze zur empirischen Analyse von Ferienreisen

von
Edwin von Böventer, München*)

I. Einleitende Übersicht

II. Mikroökonomische Ansätze im Rahmen der Fremdenverkehrsanalyse

III. Makroökonomische Zusammenhänge beim Gut Ferienreisen

IV. Überlegungen zur Ausgabenstruktur im Tourismus

    1. Einfache Unterscheidungen
    2. Die Aufteilung von Reiseausgaben auf regionaler und internationaler Ebene

V. Die Angebotsseite in makroökonomischen Modellen

VI. Wechselseitige Abhängigkeiten im Tourismus

    1. Das Einkommen eines Reiselandes: Export- Basis- Ansatz
    2. Wechselseitige Zusammenhänge zwischen Sektoren und Ländern: allgemeine Schlußbemerkungen

Dieses Kapitel enthält modelltheoretische Ansätze für die empirische Analyse: Es handelt sich dabei um vereinfachte Darstellungen sowohl mikro- als auch makroökonomischer Ansätze, welche so formuliert sind, daß sie für empirische Untersuchungen Verwendung finden können. Die wichtigste Frage war daher, wie solche Ansätze operationalisiert werden können und was für Probleme sich bei empirischen Schätzungen ergeben könnten.

---

*) Für die Durchsicht des Manuskriptes und wertvolle Hinweise danke ich Frau Dipl.-Vw. Petra Groß und Herrn Dipl.-Vw. Johann Wackersbauer.

I. Einleitende Übersicht

Zur Einführung in eine weitergehende Analyse des Gutes Ferienreise erscheint es zweckmäßig, die Reiseausgaben an Hand der Abbildung 1 zu erläutern, die die Entscheidungsprozesse sowie verschiedene Aspekte aufzeigt und gleichzeitig als Grundlage für mikroökonomische und makroökonomische Betrachtungen dienen kann.

Die Reiseausgaben (R) werden dabei

- als Ergebnis eines Entscheidungsprozesses (E),
- in ihren verschiedenen Qualitätskomponenten (K) sowie
- in ihren zeitlichen (s) und räumlichen (r) Dimensionen gesehen.

Da dieselben Beiträge nur von verschiedenen Seiten betrachtet werden, sind die angegebenen Summen notwendigerweise identisch. Gleichzeitig sind alle vier Aspekte wechselseitig abhängig.

Abb. 1:

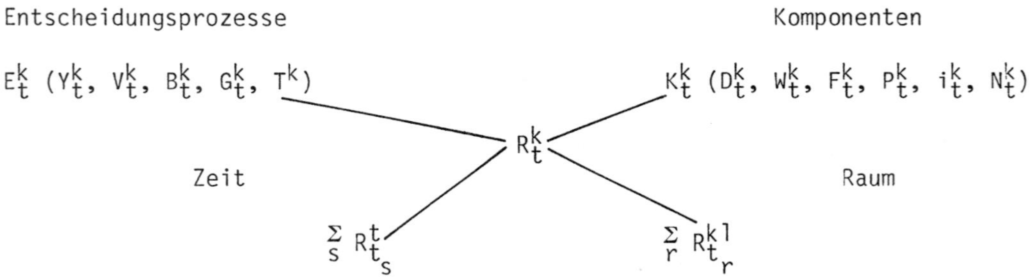

Entscheidungsprozesse   Komponenten

E_t^k (Y_t^k, V_t^k, B_t^k, G_t^k, T^k) K_t^k (D_t^k, W_t^k, F_t^k, P_t^k, i_t^k, N_t^k)

$$R_t^k$$

Zeit   Raum

$$\sum_s R_{t_s}^t \qquad \sum_r R_{t_r}^{kl}$$

In die Entscheidungsprozesse gehen neben den Präferenzen der Haushalte und ihrem Informationsstand über verschiedene Urlaubsmöglichkeiten vor allem folgende sozioökonomischen Variablen ein:

- das (gegenwärtige und erwartete) Einkommen (Y), einschließlich der Vermögenswerte (V),
- demographische Strukturen und Siedlungsstrukturen (B),
- Gewohnheiten (G) und Entwicklungstrends (T).

Als wichtigste Qualitätskomponenten von Ferienreisen gelten

- die Reise bzw. Aufenthaltsdauer (D),
- die Entfernung oder Weite der Fahrt (W) und die Fahrtkosten (F),
- die Qualität (Q) der Reise im engeren Sinn und der Unterkunft.

18

Dabei sind, wenn man die Gesamtausgaben ermitteln will, sowohl das jeweilige Preisniveau (P) für die betrachteten Qualitäten als auch die Reiseintensität (i) des beschriebenen Haushalts als die Reisehäufigkeit je Zeiteinheit für die gesamte Bevölkerung (N) zu berücksichtigen.

Die zeitliche Dimension bezieht sich hierbei auf die Saisonkomponente und damit die Verteilung der verschiedenen Reisen über das Jahr und die räumliche Dimension auf die Verteilung der Reiseaufenthalte und Ausgaben auf verschiedene Zielgebiete, welche vom Herkunftsort oder der Herkunftsregion aus aufgesucht werden.

Bei der Aufenthaltsdauer kann man zwischen Lang- und Kurzurlaubsreisen sowie Tagesausflügen unterscheiden, bei der Qualität zwischen Aufenthalten in Hotels, Pensionen, Ferienwohnungen und Zelten, genauso, wie zwischen verschiedenen Qualitäten der Reise selbst unterschieden werden kann.

Eine mikroökonomische Analyse geht von den in Abb. 1 aufgezeigten Elementen aus und versucht, wechselseitige Abhängigkeiten empirisch zu ermitteln. Die Ergebnisse sollen dazu dienen, Größen, die in der Wirklichkeit quantitativ nicht genügend zuverlässig erfaßt werden können, abzuschätzen und Prognosen zukünftiger Entwicklungen zu erstellen.

Eine Aggregation über sämtliche Haushalte der Herkunftsregion liefert ex post die notwendigerweise identischen Reiseausgaben während des betrachteten Zeitraums.

Die Reiseausgaben werden in der Ursprungsregion größtenteils aus Einkommen bestritten und sind damit (überwiegend) eine Funktion dieser Einkommen. Gleichzeitig tragen sie in der Zielregion zusammen mit den Reiseeinnahmen aus anderen Herkunftsregionen zur Einkommensbildung bei.

Diese Überlegungen führen zur Analyse

- der Einkommensbildung in den Zielregionen,
- der Beeinflussung der Struktur der Feriengebiete durch die Ausgabenentscheidung der Urlauber,
- der Entwicklung der Feriengebiete auf Grund von Investitionsentscheidungen in der Zielregion und zur
- Betrachtung wirtschaftspolitischer Maßnahmen und Möglichkeiten auf verschiedenen Ebenen.

Dies wird in Abb. 2 angedeutet. Entsprechend den jeweiligen Niveaus der Aggregation sind verschiedene Arten der Betrachtung mit Hilfe mikro- oder makroökonomischer Analysen möglich.

19

Abb. 2:

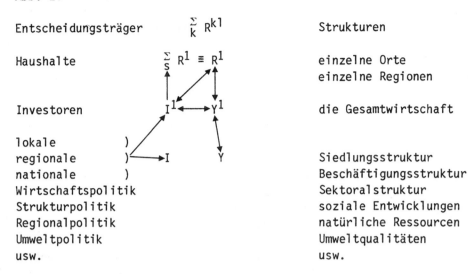

Entscheidungsträger $\underset{k}{\Sigma} R^{k1}$ Strukturen

Haushalte $\underset{s}{\Sigma} R^1 \equiv R^1$ einzelne Orte
einzelne Regionen

Investoren $I^1 \leftarrow\rightarrow Y^1$ die Gesamtwirtschaft

lokale	)	
regionale	) $\rightarrow I$ Y	Siedlungsstruktur
nationale	)	Beschäftigungsstruktur
Wirtschaftspolitik		Sektoralstruktur
Strukturpolitik		soziale Entwicklungen
Regionalpolitik		natürliche Ressourcen
Umweltpolitik		Umweltqualitäten
usw.		usw.

In der Größe R^{k1} findet der angedeutete Wechsel der Betrachtungsweise von der Herkunfts- zur Zielregion statt: Die Region 1 hat eine interne Struktur und ist Teil einer größeren Region oder eine Nation. Investitionsentscheidungen und Entwicklungstrends sind in wechselseitigen Abhängigkeiten und mit den daraus resultierenden Spezialisierungen und Arbeitsteilungen zu betrachten und die wirtschaftspolitischen Maßnahmen und Entwicklungen auf verschiedenen Ebenen zu sehen.

II. Mikroökonomische Ansätze im Rahmen der Fremdenverkehrsanalyse

Betrachtet man als Bestimmungsgrund der verschiedenen Ausgaben ausschließlich das Einkommen der privaten Haushalte, so kann man den Tourismus als ein Luxusgut bezeichnen, dessen Ausgabenteil mit steigendem Einkommen (unter sonst gleichen Bedingungen) wächst. Diese Schlußfolgerungen kann man aus (mikroökonomischen) Überlegungen für einzelne Haushalte ableiten. In Analogie zur graphischen Darstellung des Zwei-Güter-Falles für die Aufteilung der Gesamtausgaben eines Haushalts hat man bei der Fremdenverkehrsanalyse die Aufteilung auf andere Konsumgüter und auf Tourismusgüter, wenn einerseits die jeweilige Budgetsumme vorgegeben ist und andererseits von bestimmten Nutzenvorstellungen oder Präferenzen ausgegangen wird. Bei Budgeterhöhungen ergibt sich für die optimale Aufteilung der Ausgaben ein Expansionspfad, bei dem die Reiseausgaben relativ schneller steigen als die anderen Ausgaben, wie dies auch in der traditionellen Haushaltstheorie für ein Luxusgut üblich ist.

Für die Analyse ist es wichtig, daß man Vorstellungen von:

- dem Aussehen der Präferenzen der Haushalte in bezug auf Reisen und andere Konsumgüter,
- der Entwicklung der Präferenzen in Abhängigkeit von Einkommensänderungen der einzelnen Haushalte,
- der Rolle der Preise verschiedener Güter,
- der Bedeutung demographischer Faktoren, soziostruktureller Entwicklungen und der Veränderung der Siedlungsstruktur eines Landes,
- dem Verhalten der Haushalte im Konjunkturverlauf und insbesondere bei unterschiedlichen Graden der wirtschaftlichen Sicherheit, sowie
- den Möglichkeiten der Ableitung gesamtwirtschaftlicher Faktoren aus den Verhaltensfunktionen einzelner Haushalte hat.

In die als geg. betrachteten Präferenzen oder Nutzenfunktionen gehen vergangene Erfahrungen und insbesondere das bisher erreichte Konsumniveau und der Lebensstandard ein, also auch der Konsum und die Reisen während der letzten, der vorletzten, der vorvorletzten Zeitperiode - bis hin zu einem Zeitraum, vor dem alle früheren Erfahrungen nicht mehr bedeutsam sind.

Bei empirischen Untersuchungen kann man deshalb nicht von feststehenden Präferenzen ausgehen, sondern muß diese selbst als variabel ansehen. So ist beispielsweise in der Nachkriegszeit die Reisefreudigkeit kontinuierlich gewachsen. Der Wunsch zu verreisen ist stärker geworden, und ein über lange Zeit positiver Trend in den Realeinkommen hat häufigere und kostspieligere Reisen ermöglicht. Wie man diese beiden Wirkungen exakt trennt, ist nicht eindeutig zu sagen. Dies hängt auch davon ab, wie man als Reisewünsche die Präferenzen definiert, ob man fundamentale Einstellungen oder mehr oberflächliche Bedürfnisse betrachtet und welchen empirischen Ansatz man entsprechend wählt.

Für den erwarteten Beitrag eines bestimmten ins Auge gefaßten Reiseerlebnisses zum Wohlbefinden eines Haushalts gilt, daß dieser um so kleiner ist, je mehr der potentielle Reisende zu der betrachteten Zeit sich in dieser (Erlebnis-) Richtung als gesättigt fühlt und um so größer ist, je mehr er aufgrund von früheren Erlebnissen und/oder Berichten anderer auf den Geschmack gekommen ist.

Auch im Bewußtsein solcher Probleme kann man, wie dies in der Makroökonomie häufig gemacht wird, auf aggregierter Ebene annäherungsweise gültige Aussagen machen. Bei Zufallsereignissen erhält man durch Aggregation bessere Ergebnisse, als bei Betrachtung von Einzelentscheidungen oder einzelnen Ereignissen. Denn bei der Betrachtung von vielen Individuen kann man dann, wenn sie ihre Entscheidungen unabhängig voneinander treffen, davon ausgehen, daß zufällige Einflüsse einander ausgleichen. Man muß dabei allerdings beachten, daß in quantitativen ökonomischen Analysen eine Aggregation über eine Vielzahl von Individuen im strikten Sinn nur dann erlaubt ist, wenn - für unsere Frage grob formuliert - sie in bezug auf die betrachteten Entscheidungen entweder (a) sich alle gleich verhalten oder (b) für die einzelnen Bevölkerungsgruppen, welche sich unterschiedlich verhalten, die jeweiligen Anteile am Gesamteinkommen konstant sind.

III. Makroökonomische Zusammenhänge beim Gut Ferienreisen

Eine wichtige Eigenschaft der Reiseausgaben der Haushalte ist, daß sie (1) mit allen anderen Konsumausgaben der privaten Haushalte konkurrieren und (2) zur Einkommensbildung in der Volkswirtschaft beitragen. Folglich sind sie einerseits eine Funktion der gesamten Einkommen und andererseits ein konstituierender Teil dieser Einkommen. Das gilt für alle anderen Konsumausgaben auch, die quantitative Bedeutung ist jedoch von Gut zu Gut, von Land zu Land und von Region zu Region verschieden.

In der makroökonomischen Analyse ist es üblich, diese Zusammenhänge quantitativ zu untersuchen. Für Reiseländer, in denen der Tourismus einen großen Beitrag zum Sozialprodukt beiträgt, gewinnt die Erfassung von wechselseitigen Abhängigkeiten zwischen Tourismuseinnahmen und gesamtwirtschaftlicher Entwicklung eine große Bedeutung. Im Gegensatz zu den zuvor angestellten mikroökonomischen Überlegungen werden nun auch das Preisniveau und die Wechselkurse in die Analyse einbezogen. Auf jeden Fall kommt dem Einkommen in der Analyse des Fremdenverkehrs eine große Bedeutung zu, weshalb es bei allen makroökonomischen Analysen im Mittelpunkt steht.

In Studien über den Tourismus ist es zweckmäßig, den Tourismus-Sektor aus den übrigen wirtschaftlichen Aktivitäten auszugliedern. Die Tourismus- oder Reiseausgaben der Haushalte sind nicht unter die anderen Konsumausgaben subsumiert, und bei den Investitionen wird entsprechend zwischen den im Tourismussektor getätigten Investitionen und allen anderen Investitionen unterschieden. Für die Einkommensbildung im Inland ist es nun wichtig, zwischen den im Inland und im Ausland getätigten Reiseausgaben zu unterscheiden. Entsprechend sind die Exporte aufzuspalten in alle übrigen Exporte von Waren und Dienstleistungen und die von der Region oder dem Land für Ausländer erbrachten Waren- und Dienstleistungen als eine Art von unsichtbaren Exporten.

Für die Einkommensbildung der Haushalte ergibt sich entsprechend:
$$(C + R^H) + (I + I^R) + (X + X^R - M) = Y$$

und für die Einkommensverwendung:
$$Y = (C + R) + S = A + S$$

Für die Einkommensverwendung stellt sich die Frage, was die Bestimmungsgründe für die Ausgaben bzw. die Ausgabenquote und damit die Sparquote sind und wie sich die Ausgaben aufteilen. Durch empirische Beobachtungen läßt sich zeigen, daß in der Vergangenheit bei steigendem Gesamteinkommen und Gesamtausgaben der Haushalte der Anteil der Reiseausgaben systematisch gewachsen ist.

Für Untersuchungen und Prognosen von Reiseausgaben muß außer dem Einkommen auch die Bevölkerungsstruktur in die Betrachtung einbezogen werden. Sieht man von den Einkommensunterschieden ab, so sind im historischen Ablauf (1) die Altersstruktur der Bevölkerung, (2) die Berufsgruppenstruktur und (3) die Gemeindegrößenstruktur oder der Verstädterungsgrad eines Landes oder einer Region für die Reisefreudigkeit von Bedeutung gewesen. So reisen jüngere Leute traditionell mehr als ältere, Beamte mehr als Landwirte, die Stadtbevölkerung mehr als Leute vom Land. Die Unterschiede sind jedoch im Laufe der Zeit geringer geworden, d.h. die Reisegewohnheiten der verschiedenen gesellschaftlichen Gruppen haben sich aneinander angepaßt.

Die Reisegewohnheiten und ihre Änderungen sind eine wichtige Variable im Reiseverhalten gewesen und müssen deshalb in makro- und mikroökonomischen Analysen berücksichtigt werden; die Frage ist, wie dies geschehen soll. Zunächst kann man davon ausgehen, daß der Reiseausgabenkoeffizient eine Funktion der Sozialstruktur (Altersstruktur, Berufsgruppenstruktur, Gemeindegrößenstruktur) und der Gewohnheiten ist, wobei gleichzeitig eine Einkommensabhängigkeit besteht.

Soweit aber ein stetiges Wachstum der Einkommen besteht und im Zuge dieses Wachstums sich die Sozialstruktur und die Gewohnheiten parallel stetig ändern, folgen auch die Sozialstruktur und die Gewohnheiten einem Trend und können durch diese eine Variable beschrieben werden:

$$R = R (T, Y).$$

Darüber hinaus können die Einflüsse der Zeit und die Einflüsse der Einkommen nicht mehr vollständig statistisch getrennt werden, weil alle demselben Trend folgen. So gelangt man zurück zu der anfänglichen Formulierung, daß: $R = r Y$.

r mißt deshalb gleichzeitig in der Zeit parallel wirkende Einflüsse, und nicht nur die Wirkung von Einkommenserhöhungen.

Solange alle solche Einflußfaktoren sich auch in der Zukunft parallel und mit dem Einkommen entwickeln, ist dies für Prognosen unerheblich. Man braucht ja nur eine Variable zu kennen bzw. zu prognostizieren, um eine Aussage über die Gesamteinflüsse zu treffen. Eine mangelhafte Möglichkeit, für die Vergangenheit die verschiedenen Einflüsse zu trennen, d.h. die Unmöglichkeit einer

statistisch ökonometrischen Identifikation, wird dann zu einem Problem, wenn
für die Zukunft mit wesentlichen unterschiedlichen Entwicklungen der relevanten Einflußvariablen gerechnet werden muß. Will man die verschiedenen Einflüsse quantitativ erfassen, müssen sich in dem untersuchten Schätzzeitraum die
einzelnen Einflußfaktoren quantitativ meßbar unterschiedlich entwickelt haben.
Nur wenn die von anderen Variablen abweichende Entwicklung eines Faktors auch
zu Ausschlägen in der Entwicklung der Reiseausgaben gegenüber dem Entwick-
lungstrend der anderen Variablen führt, kann es gelingen, den gesonderten
Einfluß dieses Faktors zu erfassen.

Diese Überlegungen werden bei der Analyse konjunktureller Bewegungen wichtig,
wenn das Einkommen entweder fällt oder aber mit einer anderen Geschwindigkeit
steigt als dies dem längerfristigen Trend bzw. den systematischen Veränderungen der Bevölkerungs- und Sozialstruktur und der Gewohnheiten entspricht.
Während einer Rezession stehen möglicherweise weniger Mittel zur Verfügung als
zur Fortsetzung der bisherigen Entwicklung nötig wären, und die Menschen
disponieren häufig vorsichtiger und halten sich bei ihren Reiseplänen mehr
zurück, als es der unmittelbar beobachtete Rückgang der Einkommen erfordern
würde; dabei spielen die Erwartungen über die zukünftige Einkommensentwicklung
eine Rolle.

Das Zusammenspiel der erwähnten Strukturveränderungen und der Gewohnheitsbildung einerseits und der Einkommen andererseits kann man annäherungsweise durch
den Trend und die Einkommensvariable erfassen:

$$R_t = aY_t + bT.$$

Eine Spezifizierung dieses Ansatzes ist nur innerhalb einer konkreten empirischen Untersuchung möglich.

Der Koeffizient a wird als marginaler Ausgabenkoeffizient bezeichnet; in bezug
auf das Einkommen gibt er die Reiseausgabenerhöhung an, die aus einer Einkom-
menserhöhung um eine DM resultiert, wenn alle anderen Größen unverändert
bleiben. Die Größe a ist kleiner als der durch r definierte Reiseausgaben-
Koeffizient.

In vielen empirischen Untersuchungen hat sich der Ansatz:

$$R = aY_t + cR(t-1)$$

bewährt, bei dem die Ausgaben der Vorperiode gewissermaßen fortgeschrieben
werden und zusätzlich die Einkommenshöhe als Bestimmungsgrund der laufenden
Reiseausgaben berücksichtigt wird. Konjunkturelle Bewegungen werden damit
erfaßt, und man muß keinen stetigen Trend unterstellen. Die Wirkung der Ge-

wohnheitsbildung mag dabei so sein, daß eine Erhöhung der Reiseausgaben von Jahr zu Jahr ins Auge gefaßt wird. Wäre dabei der Einfluß des Einkommens sehr gering, würde der Koeffizient c einen Wert größer eins annehmen. Übt aber das Einkommen einen wesentlichen Einfluß aus, so daß der Koeffizient a bedeutsam ist, muß die Größe c weit unter eins liegen, beide Einflußfaktoren zusammen können dann die Reiseausgaben (R) von Jahr zu Jahr wachsen lassen.

Die konjunkturelle Lage kann zusätzlich Eingang in die Analyse finden, indem entweder die Einkommenserwartungen für das nächste Jahr, die erwarteten Veränderungen gegenüber dem laufenden Jahr oder aber die Veränderungen vom letzten Jahr bis zur Gegenwart eingeführt werden.

Mögliche Ansätze:

$$R_t = aY_t + cR_{t-1} + dY^e_{t+1}$$
$$R_t = aY_t + cR_{t-1} + e(Y_t - Y_{t-1}).$$

Diese unterschiedlichen Spezifizierungen bringen interessante Schätz- und Interpretationsprobleme, auf die an dieser Stelle jedoch nicht näher eingegangen werden soll. Neben den Sozialstrukturen der Bevölkerung samt ihren Reisegewohnheiten und dem Einkommen ist die Preisentwicklung eine wichtige Variable, insbesondere die Reise- und Aufenthaltskosten im Urlaub in Relation zu den Lebenshaltungskosten.

Wichtig ist dabei, daß die positive Wirkung der Gewohnheitsbildung in einer Rezession die negativen Einkommenswirkungen teilweise kompensieren kann. Die Ausgaben fallen deshalb weniger, als es dem Einfluß der Rezession entsprechen würde. Vernachlässigt man die Gewohnheitsbildung oder durch den Trend erfaßte Struktureffekte in einer quantitativen Analyse, so erscheint der Effekt der Rezession auf die Reiseausgaben unterschätzt und somit kleiner als er tatsächlich gewesen ist. Damit wird auch der nach einem erneuten wirtschaftlichen Aufschwung eintretende Wiederanstieg der Reiseausgaben unterschätzt. Gleichzeitig muß man sich hierbei allerdings auch die Frage stellen, ob nicht eine Rezession - wie jede Art von Änderungen der Rahmen- bedingungen - die Einstellung in der Bevölkerung und damit auch das Reiseverhalten längerfristig beeinflußt und die bisherigen Entwicklungstrends modifiziert. In diesem Zusammenhang sind auch Mode-Erscheinungen zu analysieren; diese sind jedoch weniger in bezug auf die Gesamthöhe der Ausgaben, als für die Aufteilung dieser Ausgaben auf verschiedene Typen oder Arten von Reisen und Unterbringungen wichtig.

IV. Überlegungen zur Ausgabenstruktur im Tourismus

1. Einfache Unterscheidungen

In diesem Abschnitt geht es um durchschnittliche Charakteristika von Reiseentscheidungen, wie sie zum Beispiel durch repräsentative Befragungen ermittelt
werden können.

Überlegungen über die Gesamtausgaben für Urlaubsreisen beinhalten immer Entscheidungen über die genaue Art und Qualität der Unterbringung, die Länge des
Aufenthalts und die Entfernung des zu wählenden Urlaubsortes, also Entscheidungen der Struktur der Gesamtausgaben. Die gesamten Ausgaben eines Landes
sollen als Produkt gesamtwirtschaftlicher Daten und deren Strukturen beschrieben werden.

Wichtige Bestimmungsfaktoren für die Reiseausgaben sind:

- die Bevölkerungszahl,
- die Reiseintensität oder Häufigkeit der Urlaubsreisen pro Kopf im Jahr,
- die Dauer der Reise,
- Art und Qualität der Unterbringung und Verpflegung einschließlich des
  Niveaus der unternommenen Aktivitäten,
- die Reiseentfernung und die Fahrtkosten,
- das Preisniveau der Reiseausgaben.

Sind das durchschnittliche Qualitätsniveau und das Preisniveau wohl definiert
und die Dauer bekannt, dann ergibt das Produkt $P*Q*L$ die Aufenthaltskosten für
eine Urlaubsreise an. F gebe an, um welchen Prozentsatz die Gesamtausgaben der
Reise auf Grund der Fahrtkosten steigen. Dann betragen die Gesamtausgaben für
eine Reise $P*Q*L(1+F)$. Die Anzahl der Reisen für das betrachtete Jahr ist $i*N$,
und damit ergeben sich als Reiseausgaben:

$$P*Q*L(1+F)iN = R.$$

Diese Beziehung ist definitorisch erfüllt, da sie eine Zerlegung der Gesamtausgaben enthält.

Unterscheidet man für empirische Zwecke zwischen verschiedenen Typen von
Unterbringung und Reisen, so muß man die Beziehung in verschiedene Komponenten
zerlegen. Die Art solcher Zerlegungen ergibt sich auf Grund praktischer,
zweckmäßiger Überlegungen oder durch die Möglichkeiten der Datenerhebung.
Solche Beziehungen kann man benutzen, wenn man aus bekannten Größen auf eine
letzte oder auf das mathematische Produkt zweier unbekannter Größen schließen
will.

Wichtiger ist jedoch die Formulierung für Projektionen oder Prognosen. Änderungen der Anteile bzw. relativer Häufigkeiten verschieden kostspieliger Reisen schlagen sich in unterschiedlich hohen Gesamtausgaben nieder. Bei der Untersuchung solcher Änderungen geht man zweckmäßigerweise von bestimmten Basiswerten aus. Für jede einzelne Kategorie von Reisen drückt man die Werte P,Q,L und (1+F) in Prozenten der Werte des Basisjahres aus und schätzt jeweils Veränderungsraten oder relative Niveaus.

Alle Größen sind wechselseitig und vom Einkommen abhängig. Zusätzlich zu den oben angedeuteten Beziehungen kann man einkommensabhängige und strukturabhängige Trends in den einzelnen Komponenten der Reiseausgaben analysieren.

So wirken Strukturveränderungen auf die Reiseintensität, Preisänderungen beeinflussen die Reiseausgaben, und Angebotsänderungen können die Reise insgesamt attraktiver machen, die Ausgaben erhöhen oder zu Substitutionsprozessen innerhalb der betrachteten Größen führen.

Abschätzungen der Komponenten sind wichtig für die Prognose regionaler Aufgliederungen in den Reiseausgaben und damit für regionale Entwicklungsmöglichkeiten sowie für Angebotsüberlegungen im Tourismus, wobei man schließlich immer den allgemeinen Zusammenhang und die Entwicklung des Einkommens als wichtige Beschränkung nicht aus dem Auge verlieren darf.

Als Grundlage makroökonomischer Analysen bieten sich somit ganz unterschiedliche Methoden an. Im Rahmen solcher verschiedener Einzelansätze kann man makroökonomische Entwicklungen, aber auch Geschmacksveränderungen (z.B. in Form von Modeerscheinungen) mit Aussicht auf Erfolg intensiver zu analysieren versuchen. Dies zu vertiefen, ist Aufgabe der interdisziplinären Forschung.

2. Die Aufteilung von Reiseausgaben auf regionaler und internationaler Ebene

Die erwähnten Gewohnheiten und Motive spielen neben den eigentlichen ökonomischen Faktoren auch bei der regionalen und internationalen Aufteilung der Reiseausgaben eine Rolle. Neben der Sektor- oder Qualitätsstruktur ist die Regionalstruktur von Interesse.

Für jedes Reiseland ist vor allem interessant, welcher Anteil an den internationalen Tourismusströmen in das eigene Gebiet fließt, und die Einkommen und/oder Devisen, die damit erwirtschaftet werden können.

Im Rahmen der makroökonomischen Ansätze geht es um die Analyse der Art der Aufteilung der Reiseausgaben eines Landes auf die potentiellen Reise-Zielländer und die jeweiligen Beiträge zu deren Exporten von Waren und Dienstleistun-

gen. Die Beiträge zu den Einkommen hängen u.a. davon ab, in welcher Höhe zu
der Bereitstellung dieser Dienstleistungen Importe von Gütern notwendig sind.

Bei einer empirischen Analyse hat man die Möglichkeit, mehrere Schwerpunkte zu
setzen: So kann man die Aufteilung der Touristen auf verschiedene Reiseziele
mit Hilfe anderer Variablen zu erklären versuchen oder von einem in der Vergangenheit erreichten Niveau ausgehen und jeweils die Veränderungen von Tou-
ristenströmen analysieren. Ob man nun die Änderung als die, durch andere
Veränderungen zu erklärende Variable betrachtet oder das absolute Niveau in
der Gegenwart durch das absolute Niveau der Vergangenheit, ist dabei unerheblich. Der Hauptunterschied zwischen den beiden Ansätzen besteht darin, ob man
Gewohnheiten zu erklären versucht oder als gegeben betrachtet.

Es ist unmittelbar einsichtig, daß die Frage der Aufteilung der Reiseausgaben
auf verschiedene Zielgebiete oder Zielorte schwieriger zu beantworten ist als
die Frage nach der Höhe der Gesamtausgaben der Touristen. Die einzelnen Größen
sind weniger stabil und weniger leicht vorhersagbar als deren Summe.

Die Bestimmungsgründe für die Aufteilung der gesamten Reiseausgaben kann man
für eine makroökonomische Betrachtungsweise folgendermaßen zusammenfassen:

- die Größe des Ziellandes und seines Angebots,
- die Attraktivität der Ferienmöglichkeiten,
- der Bekanntheitsgrad,
- die Unterbringungs- und Aufenthaltskostenniveaus,
- die Entfernungen und Reisekosten.

Um meßbare Größen, die im Einzelfall genauer zu spezifizieren sind, für eine
Analyse zu erhalten, bietet es sich an, (1) die Größe des Angebots anhand der
Bettenzahl, (2) die Attraktivität durch die durchschnittliche Zahl der Sonnentage in den Ferienmonaten s_e und (3) den Bekanntheitsgrad durch die Stärke der
Handelsströme i_e, in denen sich persönliche Bekanntschaften der Völker und ein
gemeinsames Kulturerbe niederschlagen, zu quantifizieren; (4) das Preisniveau
p_e im Fremdenverkehrsland kann unter Berücksichtigung des Wechselkurses im
Vergleich zu den einheimischen Preisen erfaßt werden, und (5) die Entfernungen
sind durch repräsentative Fahrtkosten f_e zu berücksichtigen.

In allen Fällen geht es um Vergleiche, und es sind daher überall relative
Werte zu nehmen.

Bei der Beeinflussung der Ausgaben ist eine multiplikative Wirkung zu vermuten, die in der Regel nicht proportional zu den Veränderungen der Einflußfaktoren ist. Vernachlässigt man alle anderen Zufallsgrößen, so ergibt sich für
die Reiseströme von k in alle Länder 1 (1 = 1...L):

28

$$R_{k1} = c_\alpha b_1^\alpha s_1^\beta i_1^\gamma p_1^\delta f_1^\epsilon \quad \text{mit} \quad \sum_1 R_{k1} = R_k.$$

Dabei ist c eine Niveau-Konstante. Exponenten α, β, γ mit Werten größer eins bedeuten überproportionale Wirkungen, also eine Art wachsender Agglomerationsvorteile ($\alpha > 1$) und überproportional mit der Zahl der Sonnentage wachsende Attraktivität ($\beta > 1$) sowie überproportionale Wirkungen der Handelsströme ($\gamma > 1$), während die Preiswirkungen üblicherweise negativ sind ($\gamma < 0$) mit entsprechenden (negativen) Preiselastizitäten größer oder kleiner eins. Im Koeffizienten für die Entfernung beziehungsweise die Reisekosten steckt bei diesem einfachen Ansatz eine kombinierte Wirkung: die der Präferenzen für die Ferne und die der Belastung durch das Reisen.

Für eine empirische Anwendung ist dieser Ansatz insbesondere durch die Einbeziehung von Wechselwirkungen zwischen einzelnen Reisezielen zu ergänzen.

Vom Standpunkt des Ziellandes aus und unter Beschränkung auf die Betrachtung von Änderungen in den Reiseeinnahmen sind die wichtigsten, quantitativ zu erfassenden Ursachen für Änderungen der Reiseausgaben, Änderungen der Einkommen der Herkunftsländer der Touristen sowie Preissteigerungen im gewählten Urlaubsland gegenüber anderen Reiseländern. Bei konstanten Preisrelationen ist der einfachste Fall derjenige, in dem die Einkommenssteigerungen proportional den bisherigen Veränderungen bzw. Reiseländern zugute kommen.

Die Änderungen der Reiseeinnahmen betragen dann:

$$\Delta R_1 = \sum_k w_{k1} \Delta Y_k.$$

Dieser Ansatz entspricht wegen seiner konstanten Anteile w dem der Input-Output Analyse. Modifikationen ergeben sich durch Änderungen der Preise und der Erreichbarkeit. Dies führt zur Betrachtung von Wechselbeziehungen zwischen wirtschaftlichen Größen und damit interdependenten Modellen, auf die an dieser Stelle nicht weiter eingegangen werden soll.

V. Die Angebotsseite in makroökonomischen Modellen

Makroökonomische Aussagen haben im Tourismus nur eine begrenzte Aussagekraft. Trotzdem haben Globalzahlen insoweit einen Sinn, wie einzelne Gemeinden bzw. einzelne Hotels ihre eigene Attraktivität im Vergleich zu ihren Konkurrenten abzuschätzen vermögen. Für ganze Feriengebiete sind die Wirkungen von generellen Nachfrageverschiebungen unter Einfluß von Zufallsereignissen im allgemeinen leichter abzuschätzen als für einzelne Hotels.

Auch für die Angebotsseite des Tourismus gilt, daß zusätzliche Investitionen nur dann vorgenommen werden, wenn eine zufriedenstellende Auslastung erwartet wird, d.h. wenn genügend zusätzliche Gäste erwartet werden, und deren Unterbringung bzw. Bedienung bei den zu erwartenden Kosten und den zu erzielenden Preisen rentabel ist und die finanziellen Mittel bei zugrundegelegten Zinsbelastungen auch tatsächlich beschafft werden können. Kapazitätsauslastungen und Rentabilität sind von Unternehmen zu Unternehmen verschieden, in diesem Fall von Ort zu Ort und Beherbergungsstätte zu Beherbergungsstätte.

Für den gesamten Tourismus kann man festhalten, daß in einer Zeitperiode die geplanten Investitionen als eine Funktion der mittelfristig erwarteten Nachfragesteigerung, also der zusätzlich erwarteten Touristen und deren Anspruchs- und Ausgabenniveau darstellbar sind. Sind die vorhandenen Kapazitäten normal ausgelastet und sind die geplanten Investitionen (Kapazitätserweiterungen) in bezug auf die zusätzlich erwarteten Gäste proportional zu den bisherigen Kapazitäten, so gilt:

$$I_t^R = \beta \, c_r \cdot (\hat{R}_{t+1} - R_t).$$

Dabei gibt der Koeffizient c_r als ein Akzelerationskoeffizient das Verhältnis der Erweiterungskosten (je Bett) zu den Ausgaben der Touristen (je Bett) pro Zeiteinheit gerechnet an. Die Größe β gibt hier an, ein wie hoher Anteil der notwendigen Anpassungen an die erwartete Nachfragesteigerung in der laufenden Periode realisiert wird. Sind die Investoren vorsichtig, so sind die Erweiterungen kleiner - man behilft sich erst einmal -, ganz abgesehen von der erforderlichen Zeitdauer bis zur vollständigen Fertigstellung der zusätzlichen Kapazitäten.

$\hat{R}_t$ ist eine Erwartungsgröße.

Kapazitätserweiterungen werden oft in der Erwartung vorgenommen, daß Werbeaktionen die entsprechenden Besucherzahlen bringen. Damit ändert sich der ursprüngliche Kausalzusammenhang und R ist abhängig von I . Grundlage für die Erwartungen können Befragungen, Bestellungen oder Trendanalysen sein.

Die Investitionsentscheidungen mögen einfach auf Veränderungsraten basieren, so daß gilt:

$$I_t^R = \beta \, c_r \cdot (R_t - R_{t-1}).$$

Wenn die auf Grund der Erwartungen benötigten Kapazitäten gleich $\hat{K}_t$ und die tatsächlichen Kapazitäten, welche in der Vorperiode "übernommen" wurden, gleich K_{t-1} sind, dann gilt:

$$I_t^R = \beta\,(\hat{K}_t - Kt_{t-1}).$$

Soll die Konkurrenzfähigkeit durch Verbesserungsinvestitionen erhöht werden, so müßten spezielle Branchenkenntnisse und genaue Rentabilitäts- und Finanzierungsüberlegungen als Korrekturfaktoren zusätzlich in die üblichen makroökonomischen Betrachtungen eingeführt werden.

VI. Wechselseitige Abhängigkeiten im Tourismus

Bei den Entscheidungen über das zu wählende Reiseland wie auch bei den Entscheidungen über die Qualität bestehen wechselseitige Abhängigkeiten zwischen verschiedenen Variablen in einem Entscheidungsprozeß jeweils eines potentiellen Reisenden. Im nächsten Abschnitt sollen Interdependenzen verschiedener Variablen erörtert werden, die von verschiedenen Wirtschaftssubjekten in (mehr oder weniger) unabhängigen Entscheidungsprozessen bestimmt werden und über gesamtwirtschaftliche Wechselbeziehungen in einem Zusammenhang stehen.

1. Das Einkommen eines Reiselandes: Export- Basis- Ansatz

Die Dienstleistungsexporte eines Reiselandes schaffen in diesem Lande Einkommen, und diese werden (zumindest zum Teil) wieder ausgegeben und schaffen damit in der nächsten Periode erneut Einkommen.

Diese Zusammenhänge sollen anhand des Modells eines reinen Reiselandes, dessen Bewohner selbst nicht ins Ausland reisen, dargestellt werden. Gefragt wird nach den Bestimmungsgründen und der Höhe des Einkommens, wenn die Staatsausgaben sowie die Investitionen I (autonom) festgelegt sind, und die Exporte lediglich aus Dienstleistungsexporten (Tourismus) bestehen, in der Höhe durch ökonomische Größen des Auslands bestimmt sind und die Konsumausgaben und die Importe eine Funktion der inländischen Einkommen sind, wobei gilt:

$$c_t = a + bY_t \quad \text{und} \quad M_t = mY_t.$$

Wir nehmen der Einfachheit halber also an, daß sich Konsum- und Importausgaben jeweils noch in der laufenden Periode voll an die Höhe des Einkommens anpassen, wobei die Importe proportional zum Einkommen sind.

Unterstellen wir generell, daß alle vom Inland und vom Ausland nachgefragten Güter zu konstanten Preisen jeweils auch erstellt werden, die Nachfrage sich also immer in entsprechenden Einkommen niederschlägt, dann ist die Höhe des Einkommens durch diese Gleichung bestimmt:

$$Y_t = a + bY_t + I^O + G^O + {}^RX^O - mY_t.$$

Erhöhte Einkommen führen erst in der folgenden Periode zu höheren Konsumausgaben und Importen.

Ausklammern von Y ergibt die Beziehung

$$(1-b+m)Y = a + I^O + G^O + {}^RX^O$$

oder

$$Y = \frac{1}{1-(b-m)} (a+I^O+G^O+{}^RX^O) \equiv V (a + I^O + G^O + {}^RX^O)$$

Das Einkommen ist um so höher, je größer die autonomen Größen a, I^O, G^O und $^RX^O$ sind, und es hängt davon ab, welcher Anteil der durch diese Ausgaben geschaffenen Einkommen wieder im Inland ausgegeben wird: dies sind die - je DM zusätzliches Einkommen gerechnet - ausgegebenen Beträge (b) abzüglich dessen, was davon für Importe ausgegeben wird (m) und somit von einem engeren Standpunkt aus dort (zunächst) "versickert" in dem Sinne, daß dadurch nicht direkt einheimische Einkommen geschaffen werden (auf die Importe wird noch eingegangen). Zunächst kommt es somit auf die marginale Ausgabenneigung im Inland 1-(b-m) an.

Die Größe 1/1-(b-m) ist für eine entsprechende, theoretische Volkswirtschaft der Ausgabenmultiplikator. Die autonomen Ausgaben werden mit diesem Wert multipliziert und die Rückwirkungen in der übrigen Welt sind vernachlässigbar, wie dies üblicherweise für ein kleines Land angenommen werden kann. Dies beinhaltet, daß die Importe im Vergleich zum Sozialprodukt dieses Landes groß sind. Liegt der Wert für (b-m) zwischen einhalb und dreiviertel, so nimmt der Multiplikator einen Wert zwischen zwei und vier an. Das gesamte Einkommen liegt damit, wegen der über dem Wert b induzierten Ausgaben, um ein Vielfaches über den autonomen Ausgaben. Für ein kleines Land oder eine Region können Exporte eine wichtige oder die einzige Einnahmequelle sein, über die man sich dann die Gesamtstruktur der Wirtschaft aufgebaut denken kann. Dieser Zusammenhang gilt auch für die Exporte an Dienstleistungen im Fremdenverkehr.

Die Wirkungen, die von Änderungen in den Exporten ausgehen, sind häufig von besonderem Interesse. Betrachten wir - unter Vernachlässigung der dadurch induzierten Investitionen - eine Erhöhung der Exporte, so ergibt sich ein neues Einkommensniveau Y(1). Da in beiden Situationen die Werte a, I und G die gleichen sind, sieht man schnell, daß sich die Differenz Y-Y(1) errechnet aus X/(1-b+m). Die Exportsteigerung in Form erhöhter Reiseausgaben in diesem Lande bewirkt eine Gesamt-Einkommenssteigerung um das 1/(1-b+m)-fache:

man erhält den

Fremdenverkehrsmultiplikator: $v = \dfrac{\Delta Y}{\Delta R_X} = \dfrac{1}{1-(b-m)}$

Dieser Multiplikator gibt die Erhöhung des Niveaus an, wenn alle Anpassungs-
vorgänge wie angenommen schon vollendet sind. Man kann sich diesen Anpassungsprozeß von der Erhöhung der Exporte über die induzierten Ausgabenerhöhungen
bis auf das k-fache leicht vor Augen führen (wie schon erwähnt) mit Hilfe
eines Modells, in welchem erhöhte Einkommen erst in der nächsten Periode für
erhöhte Ausgaben genutzt werden;

daraus ergibt sich:

$C_t = a + bY_{t-1}$ und $M_t = mY_{t-1}$.

Nach vollständiger Anpassung aller Größen an die neuen Werte ergibt sich:

$\Delta Y = v \Delta R_X$.

Dabei ist es für eine kleine Region einerseits leichter, zu Lasten anderer
Ferienziele ihre Einnahmen zu steigern, andererseits aber wegen der Ausgaben-
flüsse in andere Regionen viel schwerer, einen zusätzlichen Einkommensgewinn
zu erzielen, weil der Multiplikator gering ist.

2. Wechselseitige Zusammenhänge zwischen Sektoren und Ländern: allgemeine Schlußbemerkungen

Die beschriebenen Entscheidungsprozesse wirken auch auf andere Sektoren. Zu-
nächst sei auf die Investitionen im Fremdenverkehr verwiesen, die entweder in
Antizipation und zur Anregung zusätzlicher Besucher oder als (nachträgliche)
Reaktion auf die größeren Besucherzahlen verstanden werden können.

Die Investitionen in der Gegenwart sind eine Funktion der Steigerung der
Besucherzahlen (gemessen durch deren Ausgaben R_X in der Gegenwart gegenüber
der letzten Periode, also $R_{X_t} - R_{X_{t-1}}$. Damit hat man zusätzlich zu der beschriebenen Multiplikatorwirkung eine Akzeleration in den Ausgaben:

$Y_t = a + bY_{t-1} + I^0 + c(R_{X_t} - R_{X_{t-1}}) + G^0 + R_{X_t} - mY_{t-1}$

Dadurch beschreibt man einfache Anpassungen an die jeweilige Nachfrage nach
Fremdenverkehrsleistungen in diesem Land.

Dieser Anpassungsprozeß führt zu Fluktuationen im Einkommen auf Grund der Investitions-Niveau-Anpassungen an Veränderungen der Nachfrage. Verharren die Reiseausgaben dann wieder auf einem konstanten Niveau, so nähert sich das Einkommen in gedämpften Schwingungen einem (wieder konstanten) Wert (Y) an, bei dem keine Nettoinvestitionen mehr getätigt werden. Diese ökonomischen Prozesse und ihre Fluktuationen gelten nur bei einer bestimmten Datenkonstellation, weshalb sich eine weitere Darstellung nicht lohnt. Die Erarbeitung entsprechender Daten ist die Aufgabe empirischer Untersuchungen, insbesondere über die Konsum- und Investitionsentscheidungen. Diese Entscheidungen hängen von privaten Erwartungen und Rentabilitätsüberlegungen sowie von der staatlichen Politik ab, die insbesondere die Investitionsentscheidungen begleitet und die einem Ausbau der Fremdenverkehrs-Kapazitäten und den entsprechenden Auswirkungen auf die "Qualität" des Landes gegenüber entweder positiv, neutral oder zurückhaltend eingestellt ist.

Für eine verschiedene Raumeinheiten übergreifende staatliche Politik ist es eine entscheidende Frage, wo im einzelnen die komparativen Vorteile liegen. Eine Frage ist deshalb auch, ob diese überhaupt innerhalb einer makroökonomischen Analyse erfaßt werden können. Dies führt zu einer Verbindung von mikro- und makroökonomischen Betrachtungen im Rahmen der Fremdenverkehrspolitik.

Innerhalb der theoretischen Diskussion sind folgende allgemeinen Überlegungen wichtig:

(1) Ein Ausbau der Fremdenverkehrseinrichtungen zieht über Multiplikator- und Akzelerator-Wirkungen auch andere Investitionen im Inland nach sich.

(2) Eine Analyse der induzierten Importe ergibt, daß die Nettoerhöhung des Einkommens relativ gering sein kann, wenn für den Ausbau der Produktionskapazitäten, bzw. allgemein für die Vorleistungen im Fremdenverkehr, zusätzliche Importe benötigt werden.

(3) Aus der Nachfrageerhöhung durch die Touristen können Preiserhöhungen und zusätzliche Überfüllungen an manchen Orten resultieren, wodurch das betrachte Urlaubsland (Ort) wieder weniger attraktiv wird. In diesem Zusammenhang sind auch mögliche Wechselkurssteigerungen auf Grund erhöhter Nachfrage zu bedenken.

Selbst wenn es sich um ein kleines Land handelt, haben die erwähnten Importsteigerungen bestimmte Einkommenswirkungen im Ausland, und sei es nur in angrenzenden Regionen. Für große Reiseländer können wechselseitige Zusammenhänge mit den Einkommen, Preisen und Wechselkursen anderer Länder keineswegs vernachlässigt werden. Dabei sind die Exporte als Variable in Abhängigkeit von ausländischen Einkommen und Preisen zu betrachten und die Importe $m_k Y_k$ als die

Summe $\Sigma_1 X_{1k}$ ausländischer Exporte nach k zu sehen, welche selbst zur Entstehung der Einkommen im Ausland (den einzelnen Ländern 1) beitragen.

Mögliche Vereinfachungen bei der Analyse der Exporte in bezug auf die ausländischen Einkommen bestehen darin, entweder wie in Input- Output-Ansätzen proportionale Veränderungen der einzelnen Reiseströme zu unterstellen oder die Veränderungen ausländischer Einkommen zu gewichten und damit Wahrscheinlichkeiten dafür einzuführen, daß zusätzliche Reiseausgaben im betrachteten Land getätigt werden. Dabei können die Gewichte wie in Potentialansätzen eine fallende Funktion der Entfernungen sein oder in den Anteilen des Reiselandes an den Ausgaben der einzelnen Länder bestehen. In ähnlicher Weise wären Preisänderungen in Konkurrenzländern entsprechend ihrer Bedeutung für das Urlaubsland zu gewichten.

Die makroökonomische Analyse des Fremdenverkehrs kann immer nur einige wenige Fragestellungen herausgreifen und muß den Zielen entsprechend vereinfachen. Erst in der empirischen Analyse selbst kann man die zweckmäßigste Art der Konkretisierung und Spezifizierung festlegen.

WIRTSCHAFTLICHE WIRKUNGEN DES URLAUBSREISEVERKEHRS IN DER BUNDESREPUBLIK DEUTSCHLAND

von
Alfred Koch und Manfred Zeiner, München

Gliederung

I. Die Urlaubsreisen der Bevölkerung der Bundesrepublik Deutschland

II. Die regionale Verteilung und Entwicklung der Urlaubsreisen der bundesdeutschen Bevölkerung

    1. Verteilung der Urlaubsreisen nach inländischen Fremdenverkehrsgebieten und ausländischen Zielländern

    2. Die Entwicklung der Nachfrage und des Angebots innerhalb einzelner Fremdenverkehrsgebiete in der Bundesrepublik Deutschland

        2.2.1 Der Bayerische Wald
        2.2.2 Das bayerische Alpen/Voralpengebiet
        2.2.3 Die Seebäder Niedersachsens

    3. Faktoren, die für die regionalen Entwicklungstrends maßgebend sind

III. Die ökonomische Bedeutung des Fremdenverkehrs in der Bundesrepublik

    1. Der Beitrag des Fremdenverkehrs zum Nettosozialprodukt zu Faktorkosten in der Bundesrepublik Deutschland

    2. Der vom Fremdenverkehr ausgehende Beschäftigungseffekt

IV. Die Bedeutung des Fremdenverkehrs für die Regionalentwicklung

    1. Der Fremdenverkehr als Instrument zum Abbau bestehender wirtschaftlicher Disparitäten

    2. Entwicklungsgrenzen in ökonomischer Sicht

    3. Beurteilung des Fremdenverkehrs für regionale Wirtschaftsförderung

Anmerkungen

Empirische Untersuchungen ergeben, daß der Tourismus durchaus geeignet ist, ökonomische Nachteile in strukturschwachen Regionen zu mildern bzw. abzubauen. Vor einer einseitigen Ausrichtung ist jedoch zu warnen, da zu große Abhängigkeiten vom Tourismus zu untragbaren Risiken führen können.

I. Die Urlaubsreisen der Bevölkerung der Bundesrepublik Deutschland

Schon in den fünfziger Jahren wurde versucht, mittels repräsentativer Erhebungen mehr Informationen zum Urlaubsverhalten zu gewinnen, aber erst seit 1963 hat die amtliche Statistik Untersuchungen zum Urlaubsverhalten in ihr Programm aufgenommen und im Rahmen des Mikrozensus zunächst mit 3-jährigem Abstand und später jährlich Sonderbefragungen durchgeführt.

Seit 1970 wird auf privater Basis jährlich eine Befragung zum Urlaubsverhalten der deutschen Bevölkerung durchgeführt, die vom Studienkreis für Tourismus im Subskriptionsverfahren organisiert wird.

Sowohl die Mikrozensus-Erhebung als auch die Reiseanalyse vermitteln Werte zur Beteiligung der Bevölkerung am Urlaubsreiseverkehr, die mit der sogenannten "Reiseintensität" ausgedrückt wird. Sie besagt, wieviel Prozent der Bevölkerung jährlich eine oder mehrere Urlaubsreisen mit wenigstens 5 Tagen Aufenthalt unternehmen. Darüber hinaus wird die Verhaltensweise in z.T. sehr differenzierter Weise analysiert. Die Ergebnisse liefern u.a. wertvolle Hinweise für das Marketing, lassen Trends erkennen und geben schließlich Anhaltspunkte zur künftigen Entwicklung der touristischen Nachfrage.

Da es sich in beiden Fällen um Repräsentativerhebungen im Sinne von Zufallsstichproben handelt, unterliegen die Ergebnisse bestimmten mathematisch errechenbaren "Fehlern". Die Kenntnis dieser möglichen Abweichungen bei den Ergebnissen der Stichprobe gegenüber der untersuchten Grundgesamtheit ist notwendig, um Fehlinterpretationen zu vermeiden. Grundsätzlich gilt, daß die Fehlergrenzen umso geringer ausfallen, je größer die Stichprobe angesetzt wird und umgekehrt.

Diese in der Wahrscheinlichkeitsrechung gegebenen Fehlerbereiche begrenzen auch die Zuverlässigkeit der Aussagen, wobei mit zunehmender Aufsplittung der Befragungsergebnisse die relativen Fehlerbereiche wachsen.

Während der Stichprobenumfang beim Mikrozensus etwa 60 000 Personen umfaßt, stützen sich die Ergebnisse der Reiseanalysen des Studienkreises für Tourismus auf rund 6000 befragte Personen. Für viele Fragestellungen reichen im allgemeinen kleine Stichproben; eine sehr starke Untergliederung der Befragungsergebnisse führt jedoch zu erheblichen Fehlerbereichen. Damit sind den Repräsen-

Tab. 1: Entwicklung der Reiseintensität

Mikrozensus			Reiseanalyse		
Jahr	Reisende in % der Wohnbevölkerung	Reisende absolut in Tsd.	Jahr	Reisende in % der Wohnbevölkerung über 14 Jahre	Reisende absolut (über 14 Jahre) in Tsd.
1962	27,0	14 974	1970	41,6	18 500
1966	34,1	20 120	1971	47,2	20 900
1969	36,4	22 031	1972	49,0	21 800
1970	37,5	22 962	1973	50,1	22 200
1971	42,2	25 742	1974	52,5	23 500
1972	39,2	24 257	1975	55,9	25 100
1975	47,1	29 005	1976	53,0	24 000
1976/77	44,3	27 188	1977	53,7	24 300
1977/78	47,4	29 054	1978	56,2	25 800
1978/79	47,5	29 125	1979	57,0	26 500
1979/80	49,9	30 690	1980	57,7	27 100
1980/81	48,0	29 593	1981	55,9	26 600
1981/82	50,0	30 815	1982	55,0	26 300

Quelle: Statistisches Bundesamt, Urlaubs- und Erholungsreisen (Mikrozensus) 1962 ff.

Quelle: Studienkreis für Tourismus, Urlaubsreisen 1982,
Starnberg 1983.

39

tativuntersuchungen hinsichtlich ihrer Aussagegenauigkeit klar erkennbare Grenzen gesetzt.

Abgesehen von dieser einschränkenden Bemerkung reicht zumindest die Mikrozensuserhebung für eine relativ zuverlässige Aussage zur Verteilung nach Zielgebieten aus.

In der vorstehenden Übersicht werden die Ergebnisse des Mikrozensus ab 1962 und der Reiseanalyse ab 1970 dargestellt. Die durchweg höheren Werte der Reiseanalyse werden mit der Beschränkung der Befragung auf erwachsene Personen begründet. Die Steigerungsraten weichen im vergleichbaren Zeitraum nicht allzu sehr ab.

Eine steigende Reiseintensität der Bevölkerung ist in starkem Umfang von der Entwicklung des Realeinkommens abhängig. Neben dieser ökonomischen Einflußgröße wirken jedoch noch andere Einflüsse auf die Höhe der Reiseintensität. Hier ist auf bestimmte soziologische Einflüsse, aber auch auf Besonderheiten des Wohnumfeldes zu verweisen.

So ist neben dem Einkommen unter anderem die Wohnortgröße, das Alter, die Familiengröße, die Schulbildung, der ausgeübte Beruf und nicht zuletzt das Klima mitbestimmend für den Grad der Reiseintensität.

II. Die regionale Verteilung und Entwicklung der Urlaubsreisen der bundesdeutschen Bevölkerung

1. Verteilung der Urlaubsreisen nach inländischen Fremdenverkehrsgebieten und ausländischen Zielländern

Von besonderer Bedeutung ist zunächst, welche regionalen Entwicklungen sich im Inlandstourismus abzeichneten und ob hier bestimmte Trends erkennbar sind, die in der Regionalpolitik nutzbar gemacht werden können.

Im besonderen Maße interessiert hiermit die Urlaubsnachfrage, die hinsichtlich der Richtung der Fremdenströme lenkbar erscheint.

Eine Analyse der bisherigen Entwicklung kann wichtige Anhaltspunkte zu einer möglichen verstärkten Nutzung der Urlaubsnachfrage in der Regionalpolitik bringen.

Die Auswertung der Zusatzbefragungen zum Urlaubsreiseverkehr im Rahmen des Mikrozensus ist dabei allerdings auf die vorgegebenen Untergliederungen nach

Fremdenverkehrsgebieten bzw. Zielländern beschränkt, aber durchaus geeignet, einen ersten Einblick in regionale Entwicklungstrends zu geben.

Im Durchschnitt ergab sich für die Urlaubsreisen im Inland auf Grund dieser Repräsentativbefragungen von 1962 bis 1980 ein Wachstum von 50 % oder jährlich 2,3 %. Über diesen Werten liegen die Nord- und Ostseeküste, die Lüneburger Heide, der Harz, der Schwarzwald, die Schwäbische Alb, die Alpen/Voralpen und der Bayerische Wald, der die höchsten Zuwachsraten aufwies. Wenn man von der Schwäbischen Alb absieht, sind dies alles bekannte, traditionelle Fremdenverkehrsgebiete.

Ein geringes Wachstum oder einen Rückgang der Nachfrage zeigen dagegen viele kleinere Mittelgebirgslandschaften, aber auch der Bodensee und die sonstigen Gebiete der Bundesrepublik. Dadurch verschob sich die Struktur der Urlaubsreisen ins Inland nach Fremdenverkehrsgebieten ganz erheblich. Während 1962 nur rd. 36 % der Inlandsurlaubsreisen in die namhaften Fremdenverkehrsgebiete (Ost- und Nordsee, Harz, Schwarzwald, Alpen/Voralpen und Bayerischer Wald) führten, wuchs deren Anteil bis 1980 auf rd. 57 %. Eine Erklärung könnte u.a. der 1962 noch relativ hohe Anteil der Aufenthalte bei Verwandten und Bekannten sein, die in der Mehrzahl auf die sonstigen Gebiete der Bundesrepublik entfallen dürften.

Des weiteren könnte zunächst gefolgert werden, daß relativ neue bzw. kleinere Fremdenverkehrsgebiete, deren Bekanntheitsgrad regional begrenzt ist, an der steigenden Nachfrage nicht oder nur wenig partizipieren konnten. Andererseits zeigen sich erhebliche Unterschiede auch zwischen den traditionellen Fremdenverkehrsgebieten, unter denen besonders die Nord- und Ostseeküste und der Bayerische Wald weit über dem Durchschnitt liegende Wachstumsraten aufweisen.

Wenn man bisher davon ausging, daß der inländische Fremdenverkehr weit hinter dem Wachstum der Auslandsnachfrage zurückblieb, so ist das zwar global gesehen richtig, aber die Analyse der Nachfrage nach Zielgebieten zeigt auch, daß eine ganze Reihe von inländischen Zielgebieten wie etwa die Nord- und Ostsee und der Bayerische Wald höhere Zuwachsraten aufwiesen als traditionelle ausländische Zielgebiete.

Faßt man etwa die bekanntesten und gleichzeitig bedeutendsten inländischen Zielgebiete, nämlich die Küstengebiete, das Alpen- und Voralpengebiet, den Schwarzwald, den Harz und den Bayerischen Wald zusammen, so zeigt sich kein Unterschied zu den Zuwachsraten für die Zielgebiete Österreich, Schweiz und Italien.

Man muß sich hier die Frage stellen, ob das deutsche Fremdenverkehrsangebot insgesamt die Marktchancen nicht voll wahrgenommen hat. Sicherlich ist eine

Tab. 2: Entwicklung der Zielgebietsverteilung bei Urlaubs- und Erholungsreisen im Inland 1962 bis 1980

Zielgebiete	1962		1972		1980		Steigerung 1962-1980 i.v.H.	∅ jährlicher Zuwachs/ Abnahme
	in Tsd.	i.v.H.	in Tsd.	i.v.H.	in Tsd.	i.v.H.		
Nordsee	426	4,4	1 221	10,1	1 784	12,1	+ 319	8,3
Ostsee	285	2,9	928	7,6	1 127	7,7	+ 295	7,9
Lüneburger Heide	136	1,4	292	2,4	371	2,5	+ 173	5,7
Harz	221	2,2	394	3,3	444	3,0	+ 101	4,0
Teutoburger Wald			194	1,6	151	1,0		
Weserbergland	671	6,8	209	1,7	225	1,5		
Kurhessen/Waldeck			495	4,1	460	3,2	- 7,5	- 0,4
Sauerland								
Siegerland/Bergisches Land	390	4,0	159	1,3	146	1,0		
Eifel/Hunsrück			271	2,2	248	1,7		
Mosel			132	1,1	151	1,0		
Rhein	906	9,3	270	2,2	264	1,8	+ 20	1,0
Taunus/Westerwald			271	2,2	284	1,9		
Bergstraße/Odenwald/ Taubergrund			179	1,5	140	1,0		
Spessart/Rhön	145	1,5	175	1,4	220	1,5	+ 52	2,4
Schwarzwald	849	8,7	1 255	10,3	1 452	9,9	+ 71	3,0
Schwäbische Alb	107	1,1	165	1,4	242	1,6	+ 126	4,6
Bodensee	335	3,4	344	2,8	398	2,7	+ 19	1,0
Alpen			939	7,8	1 104	7,5		
Voralpen	1 379	14,1	1 084	8,9	1 497	10,2	+ 89	3,6
Bayerischer Wald	178	1,8	450[1]	3,7	949[1]	6,5	+ 433	9,7
sonstige Gebiete bzw.keine Angabe	3 754	38,4	2 686	22,2	3 050	20,7	- 18,8	- 1,0
Inland insgesamt	9 783	100,0	12 116	100,0	14 707	100,0	+ 50	2,3

1) Der Wert für den Bayerischen Wald wurde unter Verwendung der amtlichen Fremdenverkehrsstatistik geschätzt.

Quelle: Statistisches Bundesamt, Urlaubs- und Erholungsreisen (Mikrozensus) 1962 - 1980.

Tab. 3: Entwicklung der Zielgebietsverteilung bei Urlaubs- und Erholungsreisen in das Ausland

Zielgebiete	Urlaubs- und Erholungsreisen in Tsd.		Zuwachs i.v.H.
	1962	1980	
Belgien/Luxemburg	42	115	+ 173
Dänemark	152	631	+ 315
Frankreich	265	1 590	+ 500
Griechenland	36	770	+ 2 038
Großbritannien	74	390	+ 427
Italien	1 694	4 146	+ 145
Jugoslawien	105	1 683	+ 1 502
Niederlande	423	637	+ 51
Österreich	2 358	5 000	+ 112
Schweiz	452	1 100	+ 143
Spanien	349	2 614	+ 649
sonstige Länder	308	3 316	+ 976
Ausland insgesamt	6 258	21 991	+ 251
Deutsche Demokratische Republik und Berlin (Ost)	- [1]	611	-
Inland insgesamt	9 783	14 707	+ 50
Nordsee/Ostsee/Harz/Schwarz-wald/Bayerischer Wald/Alpen/Voralpen	3 338	8 357	+ 150

1) 1962 nicht ausgewiesen.

Quelle: Statistisches Bundesamt, Urlaubs- und Erholungsreisen (Mikrozensus) 1962, 1980.

der Voraussetzungen für die Nutzung wachsender Nachfrage in der Bereitstellung entsprechender Beherbergungskapazitäten zu sehen; die Fremdenverkehrsgebiete der Bundesrepublik, die einen Ausbau des Angebots vornahmen, hatten - das zeigen die Übernachtungszahlen - gleich hohe oder sogar höhere Wachstumsraten der Nachfrage aufzuweisen als manches ausländische Zielgebiet. So könnte es sich bei der überproportional gewachsenen Nachfrage nach ausländischen Zielgebieten möglicherweise auch um eine gewisse Verdrängung der Nachfrage handeln, da es an einer ausreichenden inländischen Kapazität insgesamt mangelte.

Dort, wo neue Kapazitäten geschaffen wurden, stellten sich auch entsprechende Wachstumsraten der Nachfrage ein.

Nun läßt sich zwar nicht eindeutig sagen, ob bei einer stärkeren Ausweitung des inländischen Angebots ein größerer Teil der Nachfrage im Inland verblieben wäre, die Erfolge der Fremdenverkehrsgebiete im deutschen Küstengebiet, aber auch im Bayerischen Wald, sprechen jedoch für sich.

Eine Korrektur dürfte heute, nachdem mit keinen weiteren nennenswerten Steigerungen der gesamten Urlaubsnachfrage zu rechnen ist, schwierig sein, zumal die ausländischen Anbieter alles daransetzen werden, ihre Marktanteile zu halten.

Eine andere Frage ist allerdings die nach der Wirtschaftlichkeit entsprechender Investitionen, die vermutlich mitverantwortlich für einen eventuell zu geringen Ausbau der inländischen Beherbergungskapazitäten war. Zuwachsraten bei den Übernachtungen sagen zunächst nichts über den wirtschaftlichen Erfolg aus. Es ist bekannt, daß ein nicht geringer Teil der neu geschaffenen Kapazitäten über sogenannte Abschreibungsgesellschaften finanziert wurde und die Zunahme der Arbeitsplätze hinter den Wachstumsraten bei Fremdenbetten zurückblieb, wofür u.a. auch die überproportionale Zunahme an Ferienwohnungen, die nur verhältnismäßig wenig Dauerarbeitsplätze schaffen, mitverantwortlich zeichnet.

Hinzu kommt, daß der Nutzungsgrad der Fremdenbetten in der Bundesrepublik aufgrund der bei uns besonders stark ausgeprägten, klimabedingten Saisonschwankungen zu wünschen übrig läßt. Allerdings gilt das auch für das benachbarte Ausland wie etwa Österreich, die Schweiz und Norditalien.

Unter den ausländischen Zielländern verzeichneten Jugoslawien, Spanien und Frankreich besonders hohe Steigerungsraten bei der deutschen Nachfrage, wobei im Falle Jugoslawiens die geringe Ausgangsbasis 1962 zu berücksichtigen ist. In diesen Ländern erfolgte im Betrachtungszeitraum ein überaus starker Ausbau des Beherbungsangebots, der diese Zunahme der deutschen Nachfrage überhaupt erst ermöglichte. Ähnliches ließe sich noch für andere Länder, insbesondere im Mittelmeerbereich sagen.

Andererseits zeigt ein zwischenstaatlicher Vergleich, daß die Auslandsreiseanteile der Bevölkerung weder von Großbritannien noch von Frankreich oder Italien auch nur annähernd so hoch liegen wie im Fall der Bundesrepublik, wobei zumindest für Großbritannien das Argument günstiger klimatischer Bedingungen im eigenen Land nicht gelten kann. In diesen Ländern wurde das Fremdenverkehrsangebot zügig erweitert, so daß ein Verdrängungseffekt unterblieb. Diese Länder waren nicht nur in der Lage, ihre steigende inländische Nachfrage zu befriedigen; es gelang ihnen auch, die Nachfrage aus dem Ausland durch Bereitstellung neuer Kapazitäten wesentlich zu erhöhen.

Auch wenn für die Bundesrepublik die rasch zunehmende Auslandsreiselust der Deutschen in den vergangenen Jahren aus volks- und devisenwirtschaftlichen Gründen begrüßt wurde, so muß gesagt werden, daß heute eine spürbare Rückorientierung der deutschen Reiseströme auf inländische Feriengebiete nur unter großen Anstrengungen und unter sehr erschwerten Wettbewerbsbedingungen erreicht werden könnte, da sich die international geschaffene Angebotsverteilung von Fremdenverkehrsangeboten kurzfristig im Rahmen einer freien Marktwirtschaft nicht oder nur geringfügig verändern läßt. Im wesentlichen können eventuelle künftige Nachfragesteigerungen deshalb weniger aufgrund einer Umstrukturierung der Fremdenströme als auf einer - wenn auch geringen - allgemeinen Erhöhung der Nachfrage erwartet werden.

2. Die Entwicklung der Nachfrage und des Angebots innerhalb einzelner Fremdenverkehrsgebiete in der Bundesrepublik Deutschland

Wie aus den statistischen Daten hervorgeht, konnten in den vergangenen zwei Dekaden die traditionellen Fremdenverkehrsgebiete die größten Zuwachsraten erzielen. Es ist nun zu prüfen, ob diese Entwicklung innerhalb der Fremdenverkehrsgebiete weitgehend gleichmäßig erfolgte oder ob sich hier ortsbezogene Unterschiede abzeichneten.

Für eine bis auf Ortsebene gehende Untergliederung müssen allerdings Daten der Beherbergungsstatistik herangezogen werden, da die Ergebnisse des Mikrozensus nur eine Untergliederung nach Fremdenverkehrsgebieten zulassen. Die Verwendung von zwei unterschiedlichen Quellen scheint nicht unproblematisch, doch konnte festgestellt werden, daß die Steigerung der Zahl der Urlaubsreisen (Mikrozensus) und der Übernachtungen (Beherbergungsstatistik) für Fremdenverkehrsgebiete parallel lief, so daß die Gegenüberstellung von Ortsdaten (Beherbergungsstatistik) zu Gebietswerten (Mikrozensus) vertretbar ist.

Für diese Fremdenverkehrs-Gebietsanalyse wurden der Bayerische Wald, das Alpen-/Voralpengebiet und die niedersächsischen Seebäder gewählt. Diese Fremdenverkehrsgebiete wiesen zwischen 1962 und 1980 Steigerungsraten auf, die zwar unterschiedlich, aber in der Summe noch über der Gesamtsteigerung im Urlaubsreiseverkehr lagen.

2.1 Der Bayerische Wald

In diesem Fremdenverkehrsgebiet betrug die Steigerung der Urlaubsreisenachfrage von 1962 bis 1980 etwa 433 %. Zu Beginn der Betrachtungsperiode erfaßte die bayerische Fremdenverkehrsstatistik nur 6 Fremdenverkehrsberichtsgemeinden in diesem Gebiet, die zusammen eine Steigerung von 280 % aufwiesen. Bis 1980 erhöhte sich die Zahl der Berichtsgemeinden im Bayerischen Wald auf 78.

Dieses Fremdenverkehrsgebiet erfuhr damit die größte Expansion. Auch die relativ wenigen, schon 1962 in der Statistik geführten Fremdenverkehrsorte weisen ein überproportionales Wachstum auf. Erwähnenswert ist vor allem Grafenau, das in unmittelbarer Nähe des Nationalparks eine besonders ausgeprägte Aufwärtsentwicklung erfuhr.

Tab. 4: Entwicklung der Fremdenverkehrs-Nachfrage und der Fremdenverkehrsintensität in ausgewählten Gemeinden im Bayerischen Wald

Gemeinde	Übernachtungen i.Tsd. 1962	Übernachtungen i.Tsd. 1980	Steigerung %	Fremdenverkehrsintensität 1962	Fremdenverkehrsintensität 1980	Steigerung %
Bayer.Eisenstein	108	184	+ 70	7 078	11 727	+ 65
Bodenmais	218	654	+ 200	6 480	19 108	+ 195
Grafenau	84	540	+ 543	3 404	6 660	+ 96
Lam	119	332	+ 178	4 982	11 156	+ 124
Spiegelau	107	225	+ 110	4 583	5 389	+ 18
Zwiesel	105	288	+ 175	1 297	2 821	+ 117
Insgesamt:	2 227	8 472	+ 280	-	-	-

Quelle: Amtliche Bayerische Fremdenverkehrsstatistik.

Allein die Zunahme an Berichtsgemeinden unterstreicht die große Beliebtheit des Bayerischen Waldes als Fremdenverkehrsgebiet. 1980 wählten über 2,5 % der deutschen Urlauber dieses Zielgebiet, während es 1962 erst 1,1 % waren. Der Bayerische Wald konnte damit seinen Marktanteil mehr als verdoppeln.

Besonders wichtig unter regionalpolitischen Entwicklungsaspekten ist die flächenhafte Entwicklung, d.h., daß es nicht nur zu einer Konzentration auf einige wenige Orte kam.

Die 1962 bereits ausgewiesenen Fremdenverkehrsorte konnten zwar noch erhebliche Nachfragesteigerungen verzeichnen, die zum Teil weit über dem allgemeinen Nachfragewachstum im Urlaubsreiseverkehr lagen, aber ihr Anteil am gesamten Fremdenverkehrsaufkommen in diesem Gebiet betrug 1980 nur noch etwa 26 % (1962 dürfte der Anteilswert noch weit über 50 % gelegen sein; genauere Berechnungen lassen sich nicht vornehmen, da für 1962 Übernachtungszahlen nur für diese 6 Fremdenverkehrsgemeinden vorliegen).

Die Fremdenverkehrsintensität und ihre Steigerung deutet darauf hin, daß ein hoher Anteil des Einkommens in diesen Gemeinden bereits aus dem Fremdenverkehr resultiert. Eine Fremdenverkehrsintensität von 10 000 Übernachtungen je 100 Einwohner kann im Bayerischen Wald bereits einen Einkommensbeitrag aus dem Fremdenverkehr von 25 % bis 30 % bewirken (der Wirkungsgrad ist um so höher, je niedriger das durchschnittliche Pro-Kopf-Einkommen ist).

Für die beiden Landkreise Regen und Freyung/Grafenau errechnet sich 1980 eine Fremdenverkehrsintensität von 3610 bzw. 3274; das bedeutet, daß etwa 10 % der Einkommen aus dem Fremdenverkehr resultieren, wenn man nur die erste Umsatzstufe berücksichtigt. Wegen der vielen Vorleistungen, die ebenfalls in der Region erbracht werden, und unter Berücksichtigung der multiplikativen Wirkung der erzielten Einkommen aus dem Fremdenverkehr ist der wirtschaftliche Effekt des Fremdenverkehrs erheblich höher einzuschätzen.

2.2 Das bayerische Alpen/Voralpengebiet

Das bayerische Alpen/Voralpengebiet zählt zu den ältesten Fremdenverkehrsregionen der Bundesrepublik. Sein Anteil an der gesamten Urlaubsnachfrage der Deutschen betrug 1980 etwa 7 % (im inländischen Urlaubsverkehr allein ca. 18 %). Allerdings war 1962 der Marktanteil noch etwas höher, nämlich 8,6 % aller Urlaubsreisen.

In der Zeit von 1962 bis 1980 erzielte dieses Fremdenverkehrsgebiet einen Nachfragezuwachs von 89 %. Es lag damit bei den Steigerungsraten noch beachtlich über dem Durchschnittswert für das gesamte Inland und blieb nur wenig hinter der Steigerung der gesamten Urlaubsnachfrage der Deutschen (98 %).

Innerhalb dieses Fremdenverkehrsgebietes ergaben sich jedoch sehr unterschiedliche Entwicklungstrends. Viele etablierte Fremdenverkehrsorte erzielten ge-

Tab. 5: Entwicklung der Fremdenverkehrsnachfrage und der Fremdenverkehrsintensität in ausgewählten Orten im Bayerischen Alpen- und Voralpengebiet

Ort	Übernachtungen in Tsd			Fremdenverkehrsintensität		
	1962	1980	Veränderung in %	1962	1980	Veränderung in %
Anger	84	140	+ 68	6 074	4 102	- 33
Bergen	144	184	+ 28	7 401	5 061	- 32
Farchant	115	144	+ 26	5 440	4 401	- 19
Garmisch-Partenkirchen	1 520	1 253	- 18	6 078	4 514	- 26
Grainau	466	648	+ 39	16 525	19 271	+ 17
Inzell	326	806	+ 148	14 071	22 762	+ 62
Krün	237	455	+ 92	15 024	23 646	+ 57
Mittenwald	809	813	± 0	9 495	9 368	- 1
Oberau	62	63	+ 1	2 847	2 535	- 11
Oberstdorf	1 542	2 236	+ 45	18 519	19 599	+ 6
Ohlstadt	88	112	+ 26	4 212	4 705	+ 12
Pfronten	339	742	+ 119	5 535	10 903	+ 97
Piding	70	61	- 12	3 364	1 686	- 50
Reit im Winkl	382	665	+ 74	16 512	26 121	+ 58
Ruhpolding	763	900	+ 18	13 805	14 086	+ 2
Scheidegg	104	364	+ 251	3 333	10 058	+ 202
Siegsdorf	101	484	+ 381	3 194	6 955	+ 118
Sonthofen	55	371	+ 571	428	1 861	+ 335
Unterwössen	130	238	+ 83	7 361	8 842	+ 20
Wallgau	125	242	+ 94	13 467	21 440	+ 59

Quelle: Amtliche Bayerische Fremdenverkehrsstatistik.

ringe oder keine Zuwachsraten, im Fall Garmisch-Partenkirchen kam es sogar zu einem Übernachtungsrückgang.

Auch die in unmittelbarer Nähe von Garmisch-Partenkirchen gelegenen Fremdenverkehrsorte (Farchant, Grainau, Oberau, Ohlstadt) erzielten nur einen geringen oder keinen Zuwachs. Ähnliches gilt für andere traditionelle Fremdenverkehrsorte wie Mittenwald (+/- 0), Ruhpolding + 18 %) und auch Oberstdorf, das auch nur eine Steigerung von 45 % zu verzeichnen hatte.

Getragen wurde die Zunahme der Übernachtungen von Orten, die zunächst bis 1962 eher im Schatten der traditionsreichen Orte standen, nun aber kräftig aufholten. Die Gründe für diese Entwicklung sind noch näher zu erforschen, da sich hier vermutlich wichtige regionale Entwicklungstrends abzeichnen.

Die traditionsreichen Fremdenverkehrsorte im Alpen/Voralpengebiet dürften ungeachtet der nur mäßigen Zuwachsraten bei Übernachtungen aufgrund ihrer zentralen Funktion einen nicht unbeachtlichen wirtschaftlichen Nutzen aus dem Fremdenverkehr ziehen, zumal die Konzentration touristischer Infrastruktur viele Urlauber in benachbarten kleineren Fremdenverkehrsorten veranlaßt, dorthin Tagesausflüge zu unternehmen und durch Ausgaben im Verpflegungs-, Unterhaltungs- und Sportbereich auch entsprechende Umsätze zu bewirken.

Eine ganze Reihe dieser zentralen Fremdenverkehrsorte, die auf eine lange Tradition zurückblicken können, weisen heute eine Fremdenverkehrsintensität auf, die erheblich niedriger liegt als vor 20 Jahren und auch oftmals nicht die Werte von kleineren Fremdenverkehrsorten erreicht.

Die Gründe für diese Entwicklung, die auch in anderen Fremdenverkehrsgebieten zu beobachten ist, können sehr vielschichtig sein und bedürfen zur Klärung noch weitergehender Untersuchungen.

Vermutlich liegen die Ursachen der Stagnation im Übernachtungssektor; u.a. im überproportionalen Anstieg der Bodenpreise, die eine Erstellung von neuen Beherbergungsstätten wegen der erzielbaren Übernachtungspreise wenig attraktiv erscheinen läßt, und zum anderen kam es in vielen dieser attraktiven und bekannten Orte zu einem verstärkten Zuzug von wohlhabenden Ruheständlern, die ihrerseits die Entwicklung der Bodenpreise nach oben beschleunigten, aber nicht bereit waren, selbst Fremdenverkehrsangebote bereitzustellen. Durch diesen Zuzug kann es nicht nur zum Absinken der Fremdenverkehrsintensität (Übernachtungen je 100 Einwohner), sondern vermutlich auch zu verstärktem passiven Widerstand der neuen Bevölkerungsteile gegenüber einem weiteren Ausbau des Fremdenverkehrsangebots kommen.

Dagegen brachte die Entwicklung·von Feriensiedlungen manchen kleineren Fremdenverkehrsorten einen überproportionalen Anstieg der Übernachtungszahlen ohne entsprechende Zunahme der Bevölkerung, da diese Unterkunftsform relativ wenig Dauerarbeitsplätze schafft.

Die Bevölkerungsentwicklung in den angeführten Orten liegt zwar in fast allen Fällen über dem Bundesdurchschnitt und dürfte im wesentlichen auf Wanderungsgewinne zurückzuführen sein, sie besagt aber nichts über eventuelle strukturelle Umschichtungen in der jeweiligen Bevölkerung. Die Vermutung liegt jedoch nahe, daß die älteren Bevölkerungsteile rascher zunahmen, besonders wenn es sich um attraktive Wohnsitze handelt.

2.3 Die Seebäder Niedersachsens

Der Fremdenverkehr in den Seebädern Niedersachsens wurde zunächst auf den Ostfriesischen Inseln Borkum, Juist, Norderney, Baltrum, Spiekeroog, Langeoog und Wangeroge entwickelt. Bis lange nach dem 2. Weltkrieg blieb - wenn man von Cuxhaven als Festlandsseebadeort einmal absieht - der Fremdenverkehr in Seebädern nahezu ausschließlich auf diese Inselbäder konzentriert. 1962 waren noch etwa 70 % der Betten auf den Inseln, allerdings hat der Ausbau des Angebots im Küstenbereich inzwischen zu einem ausgeglichenen Verhältnis zwischen dem Angebot der Insel- und der Küstenbäder geführt. Von den 97 000 Betten insgesamt waren 1980 rd. 49 000 auf den Inseln und rd. 48 000 an der Küste, wovon auf Wilhelmshaven und Cuxhaven allein rd. 21 000 Betten entfallen. In dieser Periode konnten die Inselbäder eine Nachfragesteigerung von 72 %, die Küstenbäder jedoch von 321 % erzielen. Die Küstenbäder ohne Wilhelmshaven und Cuxhaven wiesen eine Steigerung von 723 % auf (Tabelle 6).

Durch entsprechende Fremdenverkehrs-Infrastrukturmaßnahmen war es nicht nur möglich, die Attraktivität der Küstenbadeorte wesentlich zu erhöhen, sondern in vielen Fällen wurden überhaupt erst die Voraussetzungen für einen entsprechenden Ausbau des Beherbergungs- und Verpflegungsbereichs geschaffen.

Auch im Falle der niedersächsischen Seebäder ist zu erkennen, daß der Kapazitätserweiterung in den traditionellen Fremdenverkehrsorten Grenzen gesetzt sind. So haben die Inselbäder eine Fremdenverkehrsintensität erreicht, die Wachstumsraten der Nachfrage nur ermöglicht, wenn auch die Wohnbevölkerung zunimmt und entsprechende Arbeitskräfte für den touristischen Bereich bereithält.

Tab. 6: Entwicklung der Fremdenverkehrsnachfrage und der Fremdenverkehrsintensität in ausgewählten Seebädern
der niedersächsischen Nordseeküste

Ort	Übernachtungen in Tsd		Veränderung	Fremdenverkehrsintensität		Veränderung
	1962	1980	in %	1962	1980	in %
Baltrum	211	322	+ 52	26 532	37 605	+ 42
Borkum	615	1 121	+ 82	10 625	14 018	+ 32
Juist	437	667	+ 41	20 862	29 825	+ 43
Langeoog	279	729	+ 161	12 449	27 679	+ 122
Norderney	782	1 227	+ 57	10 655	15 088	+ 42
Spiekeroog	153	398	+ 160	19 953	44 287	+ 122
Wangerooge	282	341	+ 21	15 561	18 256	+ 17
Küstenbäder ohne Wilhelms-hafen und Cuxhaven	309	2 545	+ 723	-	-	-
Küstenbäder insgesamt	1 033	4 348	+ 321	-	-	-
Seebäder insgesamt	3 828	9 153	+ 139	-	-	-

Mit Ausnahme von Borkum und Norderney ist auf den Inseln ein Fremdenverkehrs-Intensitätsgrad erreicht, der eine Ausweitung des Angebots und der Nachfrage nur bei einem Zuwachs der Wohnbevölkerung oder durch verstärkten Einsatz von Pendlern während der Saison möglich erscheinen läßt; es sei denn, es werden verstärkt Angebote geschaffen, die wenig oder keine Arbeitskräfte erfordern (Camping, aber auch Ferienwohnungen).

Alle Inselbäder weisen im Betrachtungszeitraum beachtliche Steigerungen der Fremdenverkehrsintensität auf, wobei Werte von mehr als 25 000 Übernachtungen je 100 Einwohner auf einen erheblichen Einsatz von Pendlern bzw. Saisonar-beitskräften (die nicht zur ständigen Wohnbevölkerung zählen) schließen lassen.

Anders als in den meisten Fremdenverkehrsregionen des Binnenlandes ist im räumlich begrenzten Küstengebiet jedoch schon heute eine Begrenzung der Ausbaumöglichkeiten zu erkennen; insbesondere im Bereich der Inselbäder.

Immerhin zeigt die bisherige Entwicklung der Küstenbäder, daß durch entsprechende Infrastrukturmaßnahmen der dort lebenden Bevölkerung neue Arbeits- und Verdienstmöglichkeiten geboten werden konnten, die in dem wirtschaftlich strukturschwachen Raum von Bedeutung sind. Berücksichtigt man nur den unmittelbaren Küstenbereich, so hat der Fremdenverkehr inzwischen einen Stellenwert erlangt, der höher als der anderer Wirtschaftszweige einzuschätzen ist. Insbesondere gewinnt der Tagesbesuchsverkehr ständig an Bedeutung und dürfte schwerpunktmäßig den übernachtenden Fremdenverkehr in bestimmten Küstenabschnitten bereits übertreffen.

3. Faktoren, die für die regionalen Entwicklungstrends maßgebend sind

Die regionalen Entwicklungstrends, die beispielhaft aufgezeigt werden konnten, weisen trotz gewisser Unterschiede einige Gemeinsamkeiten auf, so daß gleiche oder ähnliche Einflußfaktoren dafür verantwortlich gemacht werden können.

In allen 3 dargestellten Fremdenverkehrsgebieten wird ein Trend zur Dezentralisierung deutlich, d.h., im Zeitverlauf kam es immer stärker zu einer flächenmäßigen Entwicklung des Angebots, die in einzelnen Fällen bis zu einer Stagnation oder gar zu einem rückläufigen Trendansatz in zentralen Fremdenverkehrsorten führte.

Wenngleich für diese Entwicklung Steuerungsmaßnahmen seitens des Staates mitverantwortlich zeichnen mögen, so darf unterstellt werden, daß Fremdenverkehrsinvestitionen im Berherbergungssektor zunehmend unter dem Zwang steigender Grundstückspreise auf Orte bzw. Regionen ausweichen, die wegen geringerer Grundstückspreise noch akzeptable Bedingungen bieten.

Dabei darf unterstellt werden, daß es ursächlich nicht die Rentabilität von Beherbergungsbetrieben in zentralen Fremdenverkehrsorten war, die für den Preisanstieg verantwortlich zeichnet; vielmehr kommt es vermutlich aufgrund der Attraktivität der Fremdenverkehrsorte zu einem verstärkten Zuzug von wohlhabenden Bevölkerungskreisen mit der Folge steigender Grundstückspreise, die eine Rentabilität der Beherbergungsunternehmen in Frage stellen. Eine ähnliche Entwicklung zeichnet sich auch für das Beherbergungsgewerbe in Städten ab, so daß neue Betriebe nicht wie früher im Stadtzentrum, sondern mehr und mehr in den Randbezirken entstehen.

Die zentrale Funktion der traditionellen Fremdenverkehrsorte bleibt jedoch meist erhalten, nur drückt sich dies nicht mehr in hoher oder steigender Fremdenverkehrsintensität aus, die letztlich nur eine quantitative Meßzahl darstellt, sondern läßt sich vermutlich nur an den auf touristische Nachfrage zurückzuführenden anteiligen Umsätzen in allen übrigen Bereichen des Fremdenverkehrsangebots nachweisen. Des weiteren ist in zentralen Fremdenverkehrsorten ein zunehmender Anteil des Urlauberlokalverkehrs (Tagesausflüge der Urlauber im Fremdenverkehrsgebiet) zu unterstellen. Untersuchungen in Fremdenverkehrsgebieten haben ergeben, daß mit nahezu jeder 2. Übernachtung der Urlauber ein Tagesausflug verbunden ist, dessen Ziel überwiegend der zentrale Fremdenverkehrsort mit seinen vielseitigen, attraktiven Angeboten an Unterhaltungs-, Sport- und Einkaufsmöglichkeiten ist. Ein Nachweis dieser These müßte allerdings noch durch gezielte Untersuchungen geführt werden.

Neben den in traditionellen Fremdenverkehrsorten rascher steigenden Grundstückspreisen, die zu einer regionalen Umstrukturierung des Bettenangebots in Fremdenverkehrsgebieten führen, könnte auch die durch den Zuzug neuer Bevölkerungsschichten geänderte Struktur der Bevölkerung, die in und im näheren Umfeld der zentralen Fremdenverkehrsorte zu beobachten ist, für die Stagnation des Beherbergungsangebots mitverantwortlich zeichnen; denn trotz des Bevölkerungszuwachses kommt es zu keiner Vermehrung des für touristische Dienstleistungen zur Verfügung stehenden Arbeitskräftepotentials und erschwert damit die Ausweitung des touristischen Beherbergungsangebots (wachsender Anteil älterer Bevölkerungsschichten).

Als wesentlichster Faktor für stark verlangsamte Wachstumsraten bzw. einer Stagnation des Beherbergungsangebots und damit der Fremdenübernachtungen dürfte jedoch in vielen Fällen die bereits erreichte hohe Fremdenverkehrsintensität anzusehen sein, die ein weiteres absolutes Wachstum der Übernachtungen nur bei einer Zunahme der Bevölkerung erwarten läßt.

Wie noch darzustellen sein wird, ist die Fremdenverkehrsintensität allein jedoch nicht ausreichend zur Erklärung der Wachstumsgrenze, da der Tagesausflugsverkehr in dieser Kennzahl nicht berücksichtigt wird, aber ebenfalls zu einer Behinderung des weiteren Wachstums führen kann, sofern eine bestimmte ökonomische Belastungsgrenze erreicht wird.

III. Der ökonomische Stellenwert des Fremdenverkehrs in der Bundesrepublik

Die Bedeutung des Fremdenverkehrs für die Wirtschaft eines Staates wird in vielfacher und oft sehr unterschiedlicher Weise dargestellt. Abgesehen vom Einfluß des Fremdenverkehrs auf die Zahlungsbilanz, wobei allerdings nur der internationale Fremdenverkehr berücksichtigt wird, kann der Fremdenverkehr am Umsatz, am Beitrag zum Bruttosozialprodukt oder zum Nettosozialprodukt zu Faktorkosten, aber auch als Quelle von Einkommen und Beschäftigung, beurteilt werden.

In allen diesen Fällen handelt es sich um eine Darstellung mehr oder weniger quantitativer Größen, die absolut oder relativ am gesamten Wirtschaftsvolumen eines Landes oder einer Region gemessen werden. Ein hoher oder niedriger Anteil an der gesamten Wirtschaft sagt zwar etwas über den Grad der wirtschaftlichen Abhängigkeit aus, nicht dagegen, wie der Fremdenverkehr für die Entwicklung der Wirtschaft insgesamt im Vergleich zu anderen wirtschaftlichen Aktivitäten für eine Volkswirtschaft zu beurteilen ist. Eine wertende Antwort auf diese Frage ließe sich finden, wenn alternative Möglichkeiten wirtschaftlicher Betätigung gegeben sind und dabei Wirtschaftsbereiche mit Hilfe von Kosten/Nutzenanalysen geprüft werden könnten. Wenngleich nützliche und praktische Ansätze einer Kosten/Nutzenanalyse des Fremdenverkehrssektors bereits vorliegen, so ist doch festzuhalten, daß eine verläßliche Umsetzung der Kosten/Nutzentheorie in die Praxis bisher wegen bestehender Unzulänglichkeiten in der Beschaffung des erforderlichen Datenmaterials auf größte Schwierigkeiten stieß.

Im Rahmen der hier vorliegenden Untersuchung soll deshalb das Schwergewicht zur wirtschaftlichen Beurteilung des Fremdenverkehrssektors auf den meßbaren Beitrag zum Nettosozialprodukt zu Faktorkosten (Volkseinkommen) und auf den Beschäftigungseffekt gelegt werden.

1. Der Beitrag des Fremdenverkehrs zum Nettosozialprodukt zu Faktorkosten in der Bundesrepublik Deutschland

Ausgangswert für die Berechnung des Nettosozialproduktes zu Faktorkosten (Volkseinkommen) im Rahmen der Volkswirtschaftlichen Gesamtrechnung ist der

Produktionswert, der um die Vorleistungen anderer Wirtschaftsbereiche zu mindern ist und zur Bruttowertschöpfung führt, die zusammen mit den Einfuhrabgaben das Bruttoinlandsprodukt ergibt. Ergänzt um den Saldo der Erwerbs- und Vermögenseinkommen zwischen Inländern und der übrigen Welt errechnet sich das Bruttosozialprodukt, das, vermindert um die Abschreibungen und indirekten Steuern (abzüglich der Subventionen), schließlich zum Nettosozialprodukt zu Faktorkosten oder dem Volkseinkommen führt.

Analog kann im Fremdenverkehrssektor verfahren werden, wobei der Produktionswert dem durch die touristische Nachfrage erzielten Umsatz entspricht. Mit Hilfe von Kostenstrukturanalysen läßt sich analog zur Volkswirtschaftlichen Gesamtrechnung der vom Fremdenverkehr verursachte Beitrag zum Volkseinkommen berechnen.

Besondere Probleme entstehen bei der Bestimmung der fremdenverkehrsbedingten Umsätze, die sich nur nachfrageseitig mit einiger Zuverlässigkeit bestimmen lassen. Auch wird bei dieser Verfahrensweise zunächst nur die erste Umsatzstufe berücksichtigt.

Vorleistungen, auch wenn sie nur aufgrund der touristischen Nachfrage zustande kommen, bleiben außer acht. Allerdings wäre es vertretbar, bestimmte Vorleistungen wie z.B. jene der Bauwirtschaft oder des Verkehrssektors, aber auch nicht wenige andere Vorleistungen, einzubeziehen, denn bei Ausfall der touristischen Nachfrage werden auch sie nicht produziert. Je enger die räumliche Abgrenzung, umso mehr können Vorleistungen der Region als direkt vom Fremdenverkehrskonsum abhängig Berücksichtigung finden (Es handelt sich dabei um eine Verlagerung von Vorleistungen). Die Produktion von vielen Vorleistungen wächst zwar nicht in der gesamten Volkswirtschaft, kann aber regional bedeutsam sein (Lebensmittelverbrauch der Touristen am Fremdenverkehrsort bedingt andererseits einen Ausfall am ständigen Wohnsitz). Da eine exakte Abgrenzung der Vorleistungen nach Produktionsstandorten praktisch nicht möglich ist, soll dieser Aspekt rechnerisch nicht weiter verfolgt werden, zumal er gesamtwirtschaftlich von geringer Bedeutung ist.

Eine 1978/79 für die Bundesrepublik Deutschland durchgeführte Ausgabenstrukturuntersuchung im Fremdenverkehr (nur übernachtende Nachfrage) und die gleichzeitig ermittelte Wertschöpfung erbrachte einen Beitrag zum Volkseinkommen ohne Berücksichtigung der Verkehrsleistungen von 0,74 %. Da je Übernachtung im Durchschnitt ein Wert von DM 30 Nettosozialprodukt zu Faktorkosten ermittelt wurde, waren zu diesem Zeitpunkt rd. 540 Übernachtungen pro Jahr erforderlich, um das Pro-Kopf-Einkommen eines Einwohners zu erzielen (1978 = DM 16 403). Da 1978 insgesamt 239 Mio Übernachtungen bei 61 Mio Einwohnern gezählt wurden, ergab sich eine Fremdenverkehrsintensität von 392 oder knapp 4 Übernachtungen je Einwohner.

Diese Berechnung des Fremdenverkehrsbeitrags zum Volkseinkommen beinhaltet jedoch nicht die gesamte touristische Wertschöpfung im Inland, da der Tagesausflugsverkehr quantitativ und qualitativ wegen des Fehlens entsprechender Daten nicht erfaßt werden konnte. Inzwischen konnten jedoch Näherungsrechnungen durchgeführt werden, die zu dem Resultat führten, daß mit etwa 5 Tagesausflugsbesuchen der gleiche Wertschöpfungsbeitrag erreicht wird wie bei einer Übernachtung. Ein Tagesausflug führte 1980, wie regionale Untersuchungen im Schwarzwald ergaben, im Durchschnitt zu einem Umsatz von 14 DM am Aufenthaltsort, während der entsprechende Umsatz je Übernachtung mit 68 DM berechnet wurde[1].

Wenn in der Bundesrepublik für 1980 das Volumen des Tagesausflugsverkehrs auf rd. 1 Mrd. geschätzt wird, übertraf der Umsatz aus dieser Nachfrage jenen der Urlauber (ca. 122 Mio. Übernachtungen) erheblich. Hinzu kommen noch die Fahrtkosten, die pro Ausflug wesentlich stärker ins Gewicht fallen als bei den Urlaubern.

Auf die Bedeutung des Tagesausflugsverkehrs wird im Zusammenhang mit der Fremdenverkehrsintensität noch näher einzugehen sein, insbesondere wenn es um die regional bzw. örtlich zu bestimmenden ökonomischen Belastungsgrenzen geht.

2. Der vom Fremdenverkehr ausgehende Beschäftigungseffekt

Ist der Beitrag zum Volkseinkommen bekannt, so kann auch der Beschäftigungseffekt geschätzt werden. Über die Kennzahl Volkseinkommen je Beschäftigter bzw. unter der Annahme gleicher Einkommenssituation bei allen Beschäftigten entspräche der prozentuale Beitrag zum Volkseinkommen auch dem vom Fremdenverkehr ausgehenden Beschäftigungseffekt. Das wäre allerdings eine sehr grobe und nicht korrekte Bestimmung des Beschäftigungseffekts.

Eine Untersuchung des touristischen Arbeitsmarktes[2] erbrachte für die Bundesrepublik eine Zahl von rd. 730 000 vom Tourismus abhängig Beschäftigten, was einem Anteil an den Erwerbstätigen von rd. 2,8 % entspricht. Hierbei wurde zunächst die tatsächliche Anzahl von Erwerbstätigen in allen touristischen Leistungsbereichen ermittelt. Da jedoch die dort registrierten Umsätze nur zum Teil auf touristische Nachfrage zurückzuführen sind, erfolgte zunächst eine Unterscheidung nach vom Tourismus abhängigen und sonstigen Umsätzen (z.B. Konsum der ortsansässigen Bevölkerung). Der gegenüber dem Beitrag zum Volkseinkommen höhere Beschäftigungseffekt resultiert aus einem unter dem Bundesdurchschnitt liegenden Einkommen bei Tätigkeiten im Fremdenverkehr. Dabei spielt natürlich auch die Teilzeit- und Saisonbeschäftigung eine Rolle.

Nicht berücksichtigt wurde bei den Zahlen aus der Arbeitsmarktuntersuchung der über die Vorleistungen anderer Wirtschaftsbereiche ausgelöste Beschäftigungseffekt, der jedoch bei regionaler Betrachtungsweise zu berücksichtigen ist.

IV. Die wirtschaftliche Bedeutung des Fremdenverkehrs für die Regionalentwicklung

In gleicher Weise wie für die Bundesrepublik insgesamt, läßt sich die wirtschaftliche Bedeutung des Fremdenverkehrs für einzelne Regionen bzw. Orte bestimmen. Während bei der Berechnung des Fremdenverkehrseinflusses auf die Wirtschaft der Bundesrepublik die Vorleistungen anderer Wirtschaftsbereiche außer Betracht blieben, da es sich vielfach nur um regionale Produktions- und Konsumverlagerungen handelt (Lebensmittelerzeugung, Energieverbrauch usw.), die als Vorleistungen beim Warenverbrauch und den sonstigen Betriebskosten anfallen, können regional diese Vorleistungen, soweit sie im Fremdenverkehrsgebiet erstellt werden, als vom Fremdenverkehr abhängig Berücksichtigung finden. In der Praxis wird man sich allerdings mit mehr oder weniger genauen Schätzwerten behelfen müssen, da die Herkunft der Vorleistungen nie exakt und nur mit erheblichem Arbeitsaufwand bestimmbar ist.

Desgleichen sollte bei der regionalen Betrachtungsweise Unterschieden im Bruttosozialprodukt pro Kopf der Bevölkerung Rechnung getragen werden. In der Regel ist dem Fremdenverkehr in strukturschwachen Gebieten mit geringem Bruttosozialprodukt (BSP) pro Kopf ein höherer wirtschaftlicher Wirkungsgrad beizumessen als in Regionen mit relativ hohem BSP pro Kopf.

Allerdings sind bei einer zu starken Ausrichtung auf den Sektor Fremdenverkehr auch nachteilige Einflüsse nicht ganz auszuschließen, insbesondere die starke Saisonabhängigkeit und natürlich auch Schwankungen der Fremdenverkehrsnachfrage, denn dieser Konsumbereich ist, das haben Untersuchungen ergeben, nach wie vor konjunkturabhängig.

1. Der Fremdenverkehr als Instrument zum Abbau bestehender wirtschaftlicher Disparitäten

In der Vergangenheit konnte der Fremdenverkehr besonders in strukturschwachen Gebieten als wirtschaftsbelebendes Element eingesetzt werden und hat, wie die Erfahrung zeigt, wesentlich zum Abbau bestehender ökonomischer Unterschiede durch Anhebung der Einkommen und Schaffung von Beschäftigungsmöglichkeiten beigetragen.

Zur Beurteilung des Fremdenverkehrs als Wirtschaftsfaktor lassen sich einige Kennziffern aufstellen, die eine Berechnung des ökonomischen Beitrages des Fremdenverkehrs erleichtern.

Eine der wichtigsten ökonomischen Größen ist der Tagesausgabensatz je Übernachtung sowie die daraus abzuleitende Wertschöpfung. Natürlich ist dabei nach der Angebotsqualität und damit den Preisen bei Übernachtung, Verpflegung und sonstigen Konsumbereichen zu differenzieren. Eine Übernachtung in einem First-class-Hotel kostet nicht nur entsprechend mehr als in einem einfachen Quartier, auch die Wertschöpfung ist - absolut gesehen - entsprechend höher. Durchschnittswerte für das Bundesgebiet und die Nachfrage insgesamt sollten nicht auf einzelne Fremdenverkehrsorte und -gebiete übertragen, sondern entsprechend der Angebotsstruktur gesondert berechnet werden.

Im Durchschnitt der Bundesrepublik errechnete sich für 1978 ein Tagesausgabensatz je Übernachtung von rd. 75 DM. Von diesem Umsatz entfallen etwa 40 % auf Löhne, Gehälter und Gewinne (Nettowertschöpfung).

Mit Daten dieser Art läßt sich in vereinfachter Weise der Grad der wirtschaftlichen Abhängigkeit ermitteln, wobei im Einzelfall sowohl den unterschiedlichen Tagesausgaben je Gebiet als auch abweichenden Kostenstrukturen und damit Nettowertschöpfungsquoten Rechnung zu tragen ist.

Für das Bundesgebiet insgesamt errechnete sich beispielsweise 1978 ein Volkseinkommen je Einwohner von 16 403 DM. Um diesen Wert ausschließlich durch Fremdenverkehrsleistungen zu erzielen, wären rd. 540 Übernachtungen pro Jahr und Einwohner erforderlich (540 X 30 DM = 16 200 DM), was einer Fremdenverkehrsintensität von 54 000 entsprechen würde. Der Grad der Abhängigkeit der Einkommen vom Tourismus (nur erste Umsatzstufe) ergäbe sich demnach aus

$$\frac{\text{Fremdenverkehrsintensität des Gebietes}}{54\ 000} \times 100,$$

wobei der Wert 54 000 je 100 Einwohner einer theoretisch 100 %igen Einkommensabhängigkeit vom Tourismus entspricht.

Ferner ist die Frage nach den erforderlichen Angebotskapazitäten zur Erreichung bestimmter Fremdenverkehrsintensitäten wichtig. Wegen der saisonalen Schwankungen der Nachfrage ergibt sich in Feriengebieten eine durchschnittliche Auslastung des Bettenangebotes (mit Unterschieden nach Betriebsart) von ca. 35 % oder knapp 130 Übernachtungen je Bett.

Um eine Fremdenverkehrsintensität von 13 000 zu erzielen (das entspräche einem wirtschaftlichen Abhängigkeitsgrad vom Fremdenverkehr von ca. 24 %), wäre eine

Angebotsbereitstellung von 1 Fremdenbett je Einwohner erforderlich. Auch hierbei gilt es, die Angebotsqualität zu berücksichtigen. Je einfacher das Angebot, umso größer muß die Kapazität sein, um den gleichen Einkommenseffekt zu erzielen. Das geht auch aus der Kennzahl "Beschäftigte in Beherbergungsbetrieben je Bett" hervor. Je hochwertiger das Angebot ist, umso höher liegt diese Kennziffer.

Vollzeitbeschäftigte in Beherbergungsbetrieben je Bett 1979[3]

Hotels, Hotel-garnis, Gasthöfe	0,22
Pensionen und Fremdenheime	0,04
Erholungs- und Ferienheime	0,03
Durchschnitt:	0,16 Beschäftigte je Bett

Im Falle der Hotels liegt der Beschäftigungseffekt drei- bis viermal so hoch wie bei Pensionen, aber auch die Investitionssumme je Bett dürfte entsprechend höher sein; nicht nur weil die Qualität besser ist, sondern weil auch mehr Leistungsbereiche im Hotel angeboten werden als in Pensionen.

Diese Unterschiede machen deutlich, daß nicht die Quantität (Betten) allein für den ökonomischen Wirkungsgrad, sondern auch die Qualität des Angebots entscheidend ist. Welche Qualität angeboten werden kann, entscheidet jedoch die Marktsituation, d.h. die Nachfrage.

2. Entwicklungsgrenzen in ökonomischer Sicht

Heute ist vielfach von Belastungsgrenzen die Rede, wobei vor allem an ökologische Belastungsgrenzen gedacht wird. Trotz vieler Bemühungen scheint es noch nicht gelungen zu sein, wesentliche Fortschritte in der Ermittlung absoluter Belastungsgrenzen ökologischer Art zu erzielen. Wenngleich hier schwerwiegende Probleme zur Lösung anstehen und deren Dringlichkeit unbestritten ist, so fehlt es doch noch weitgehend an einem brauchbaren Instrumentarium zur Bestimmung ökologischer Belastungsgrenzen.

Anders ist die Situation im ökonomischen Bereich. Obzwar man hier den Begriff "Belastungsgrenze" richtiger durch den der "Entwicklungsgrenze" ersetzt, handelt es sich letztlich doch um eine Art Belastung, aber eben ökonomischer Art.

Diese Belastung ist weniger im finanziellen Bereich zu suchen, wenngleich die Frage nach der finanziellen Belastbarkeit etwa der Gemeinden durchaus ihre Berechtigung hat, als vielmehr in dem zur Verfügung stehenden Arbeitskräftepotential einer gegebenen Bevölkerung.

Die bisherige Erfahrung zeigt, daß Fremdenverkehrsintensitäten um 25 000 bis 30 000 das absolute Maximum darstellen. Diese Fremdenverkehrsintensität kommt einem Abhängigkeitsgrad vom Tourismus von etwa 50 % gleich. Eine höhere Fremdenverkehrsintensität konnte, mit wenigen Ausnahmen, bisher nicht beobachtet werden. Diese Ausnahmen höherer Fremdenverkehrsintensitäten kamen durch das Vorhandensein von Pendlern zustande, die nicht zur Wohnbevölkerung zählen. Eine absolute Zunahme der Übernachtungen scheint in Fällen bereits hoher Fremdenverkehrsintensitäten nur durch Zuwachsraten in der Bevölkerung oder durch Pendler möglich, so daß Fremdenverkehrsintensitäten von 25 000 bis 30 000 die Obergrenze der touristischen Entwicklung einer Fremdenverkehrsgemeinde andeuten.

Ein Teil der Bevölkerung und damit der Erwerbstätigen ist in jedem Fall für andere Tätigkeiten erforderlich, einschließlich der Erstellung von Vorleistungen, die vom Tourismussektor in Anspruch genommen werden.

Die Fremdenverkehrsintensität allein ist jedoch nicht ausreichend, den Abhängigkeitsgrad vom Tourismus und die touristischen Entwicklungsgrenzen anzuzeigen, da der Tagesausflugsverkehr, als Teil der touristischen Nachfrage, mit der Kennziffer "Fremdenverkehrsintensität" nicht berücksichtigt wird. Tatsächlich weisen bekannte und traditionelle Fremdenverkehrsorte relativ niedrige Fremdenverkehrsintensitäten auf, was auf den ersten Blick schwer zu erklären ist.

Aufgrund von einigen Untersuchungen zu den Ausgaben der Tagesausflügler kann unterstellt werden, daß der Umsatz einer Übernachtung jenem von 5 Tagesausflüglern entspricht. 500 Tagesausflugsbesuche binden etwa gleich viel Arbeitskräfte wie 100 Übernachtungen, da der Wertschöpfungsfaktor im Tagesausflugsverkehr ebenfalls ca. 40 % beträgt (hauptsächlich Verpflegungsleistungen). Einer Fremdenverkehrsintensität von 28 000 entspricht die Nachfrage von 1400 Ausflüglern pro Einwohner und Jahr. Wenn eine Fremdenverkehrsintensität von 28 000 (280 Übernachtungen je 100 Einwohner) die ökonomisch zu verkraftende Obergrenze darstellt, so ist dieser "Belastungsgrad" ebenfalls bei 1400 Ausflugsbesuchen je Einwohner und Jahr erreicht.

Je stärker der Ausflugsverkehr in einer Fremdenverkehrsgemeinde in Erscheinung tritt, umso niedriger wird zwangsläufig die Fremdenverkehrsintensität ausfallen. So läßt sich auch die gelegentlich geringere Fremdenverkehrsintensität in zentralen Fremdenverkehrsorten erklären, die einen starken Tagesausflugsverkehr von Urlaubern aus der Region aufweisen. Es besteht offensichtlich eine starke Wechselbeziehung zwischen der Fremdenverkehrsintensität und dem anteiligen Besuch von Tagesausflüglern aus Agglomerationszentren bzw. aus der Urlaubsregion. Ein starker Tagesbesuchsverkehr muß dabei unter ökonomischen Gesichtspunkten nicht unbedingt als nachteilig angesehen werden. Allerdings kommt es beim Tagesausflugsverkehr zu zwar geringer ausgeprägten saisonalen Schwankungen der Nachfrage, aber gleichzeitig zu einer starken Konzentration auf das Wochenende. Betriebswirtschaftlich bedeutet das eine Bereitstellung von stark an Nachfragespitzen orientierten Kapazitäten, was zu verstärkten Auslastungsproblemen und sehr ungleichmäßigem Arbeitseinsatz der Beschäftigten führt. Hier muß jedoch zwischen der Herkunft der Ausflügler unterschieden werden. Der Urlauberlokalverkehr (Tagesausflüge der Urlauber in der Region) verteilt sich relativ gleichmäßig auf die Wochentage, nur der Auflugsverkehr aus Agglomerationszentren konzentriert sich stark auf das Wochenende und die Feiertage. Nicht wenige Fremdenverkehrsorte versuchen deshalb, den Tagesbesuchsverkehr einzudämmen, da sie in ihm eher eine störende Nachfrage sehen und negative Auswirkungen auf die Attraktivität als Urlaubsort befürchten.

3. Beurteilung des Fremdenverkehrs für regionale Wirtschaftsförderung

Anhand der bisherigen Entwicklung des Fremdenverkehrs in der Bundesrepublik wird deutlich, daß der Tourismus durchaus geeignet ist, vornehmlich in strukturschwachen Regionen bestehende ökonomische Nachteile zu mildern bzw. abzubauen. Allerdings darf der Tourismus nicht schlechthin als die einzige Möglichkeit zur Wirtschaftsbelebung ins Auge gefaßt werden, zumal eine zu einseitige Ausrichtung auf diesen Wirtschaftszweig auch nachteilige Folgen mit sich bringt. Das Fremdenverkehrsangebot unterliegt nicht nur einem zunehmenden Wettbewerbsdruck, nicht zuletzt bedingt durch ein langsameres Wachsen der Nachfrage, sondern bewirkt darüber hinaus wegen seiner Saisonabhängigkeit eine im Jahresverlauf unstete Beschäftigungslage.

Das Ziel kann nicht sein, eine möglichst hohe Fremdenverkehrsintensität und damit allzu starke Abhängigkeit von einer nach wie vor konjunkturell reagiblen Nachfrage anzustreben, sondern den Fremdenverkehr als einen, wenn auch nicht unbedeutenden Wirtschaftszweig neben anderen Wirtschaftssektoren zu fördern. Welcher Anteil am gesamten Wirtschaftspotential einer Region anzustreben ist, hängt vom Einzelfall ab, doch sollte keine zu große Abhängigkeit vom Tourismus geschaffen werden, um mit dem Fremdenverkehr verbundene Risiken in tragbaren Grenzen zu halten.

Die Untersuchung der bisherigen Entwicklung ergab ferner, daß in Fremdenverkehrsgebieten die Erweiterung des Bettenangebots weniger in den zentralen Fremdenverkehrsorten, sondern eher dezentral in Fremdenverkehrsgebieten erfolgte; eine Entwicklung, die unter regionalpolitischen Gesichtspunkten zu begrüßen ist.

Gleichzeitig war festzustellen, daß im wesentlichen nur landschaftlich besonders attraktive Gebiete am Wachstum des mit Übernachtung verbundenen Fremden-

verkehrs teilnehmen konnten, während die Mehrzahl von kleinen Fremdenverkehrsgebieten vor allem in der Nähe von Industrieregionen bzw. Großstädten keine
oder nur geringe Wachstumsraten aufwiesen. Hier dürfte allerdings der ebenfalls angesprochene Naherholungsverkehr ein bedeutendes Gewicht haben, der
aber mit der Fremdenverkehrsberichterstattung, die sich bislang auf Übernachtungen bzw. Fremdenankünfte stützt, nicht nachgewiesen werden kann.

Auf den wechselseitigen Zusammenhang von Fremdenverkehrsintensität (Fremdenübernachtungen bezogen auf die Bevölkerung) und Tagesbesuchsverkehr wurde
bereits hingewiesen. Auch beim Tagesausflugsverkehr dürfte zunehmend eine
flächenhafte Ausbreitung vorliegen.

So betrachtet trägt der Fremdenverkehr nicht nur dazu bei, die Wirtschafts-
kraft in strukturschwachen Gebieten insgesamt zu beleben, er kann auch innerhalb der Region zu einer besseren Verteilung der Einkommen und der Beschäftigung beitragen.

Anmerkungen

1) Beurteilung der Auswirkungen einer leistungsfähigen Straßenverbindung
zwischen Freiburg und Donaueschingen auf die Fremdenverkehrswirtschaft der Region, DWIF, München 1981.

2) Strukturanalyse des touristischen Arbeitsmarktes, Heft 36 der Schriftenreihe des DWIF, München 1982, S. XVII der Zusammenfassung.

3) Strukturanalyse des touristischen Arbeitsmarktes, Heft 36 der Schriftenreihe des DWIF, München 1982, S. 236.

Zur Bedeutung des Ausländertourismus in der Regionalentwicklung

von

Rainer Burchard, Bonn

Gliederung

Nach allen verfügbaren, wenn auch insgesamt unzureichenden Datensätzen hat die Bedeutung des Tourismus von Ausländern in die Bundesrepublik Deutschland generell zugenommen. Der Anteil an den registrierten Touristenübernachtungen von rd. 13 % und die Deviseneinnahmen von ausländischen Touristen von mehr als 17 Mrd. DM (1985) sind Größenordnungen, die nicht mehr vernachlässigt werden können, selbst wenn der Tourismus in Deutschland nach wie vor durch die Inländernachfrage geprägt ist.

I. Ausländertourismus in der Bundesrepublik Deutschland und Berlin/West

Die Bundesrepublik Deutschland ist weltweit als bedeutende und leistungsfähige Industrienation bekannt. 1984 erzielte sie einen Handelsbilanzüberschuß von rd. 50 Mrd. DM; für 1985 wird ein Handelsbilanzüberschuß von mehr als 70 Mrd. DM erwartet.

Die Deutschen gelten, nicht zuletzt wegen der relativ hohen privaten Einkommen, als besonders reisefreudig. In großem Umfang zieht es sie im Urlaub ins Ausland. 1984 ließen sie im Reiseverkehr fast 40 Mrd. DM im Ausland, 1985 werden es über 42 Mrd. DM sein. Gesamtwirtschaftlich leisten die Touristen damit einen beachtlichen Beitrag, um die Leistungsbilanz, d.h. die gesamte Außenwirtschaftsrechnung, auszugleichen.

Weitaus weniger beachtet wird, daß immer noch rd. 40 % aller Urlaubsreisen (5 Tage und länger), die Mehrzahl der Kurzurlaubsreisen (bis 4 Übernachtungen) und sicher weit über 80 % aller Tagesausflugsfahrten der Deutschen zu Zielen in der Bundesrepublik Deutschland führen dürften. Hinzu kommen einige Millionen ausländische Touristen, die Jahr für Jahr unser Land besuchen. Das führt zu immerhin so beachtlichen Deviseneinnahmen aus dem Tourismus der Ausländer, daß die Bundesrepublik Deutschland damit weltweit an 6. Stelle unter allen Nationen steht. 1984 waren es 15,6 Mrd. DM und in 1985 dürften es mehr als 17 Mrd. DM sein.

Eine solche Zunahme der Deviseneinnahmen aus dem Tourismus in einem Land mit relativ hoher Preisstabilität läßt bereits darauf schließen, daß die Zahl der nach und in Deutschland reisenden Ausländer derzeit, wie schon seit einigen Jahren, beachtliche Zuwachsraten aufweist. Darauf wird im einzelnen noch einzugehen sein.

Gemessen an den Übernachtungen in den Beherbergungsstätten, die derzeit von der Beherbergungsstatistik des Bundes nachgewiesen werden[1], ist der Anteil des Ausländertourismus am Gesamttourismus in Deutschland dennoch nicht sehr hoch. 1983 belief er sich auf 11,3 %, für 1984 wird er mit 12,6 % ausgewiesen. Schon der Vergleich der Sommerhalbjahre[2], 1983 (Anteil 11,4 %) und 1984 (Anteil 12,9 %) weist, wie die Deviseneinnahmen, auf einen Anstieg und damit auf eine zunehmende Bedeutung des Ausländertourismus in Deutschland hin. Nach deutlichen Anzeichen, die allerdings statistisch noch nicht belegt sind, hält der Zuwachs des Ausländertourismus nach Deutschland auch in 1985 mit beachtlichen Steigerungsraten an.

Dennoch ist selbst bei weiterer starker Zunahme des Ausländertourismus nach Deutschland nicht zu erwarten, daß er in Deutschland jemals das Gewicht erreicht, das der Ausländertourismus in den meisten europäischen Nachbarstaaten hat, letzteres nicht zuletzt dank des intensiven deutschen Auslandsreiseverkehrs.

II. Verteilung auf die Bundesländer

Die Beherbergungsstatistik vermag nichts über den Reiseanlaß, weder bei deutschen noch bei ausländischen Touristen, auszusagen. So ist in der Vergangenheit vielfach vermutet worden, daß Ausländer das industrie- und exportstarke Deutschland vor allem aus geschäftlichen Gründen besuchen. Schon das absolute und das relative Gewicht des Ausländertourismus in den einzelnen Bundesländern spricht jedoch dagegen.

64

Wie Tabelle 1 am Beispiel der Übernachtungen in 1984 deutlich macht, gehen mehr als ein Viertel des Ausländertourismus nach Bayern und fast 84 % in die 5 Flächenländer Bayern, Baden-Württemberg, Hessen, Nordrhein-Westfalen und Rheinland-Pfalz. Nach den Stadtstaaten Hamburg und Bremen, wo die Ausländer- übernachtungen 35,4 % bzw. 26,2 % erreichen, ist das relative Gewicht des Ausländertourismus in Rheinland-Pfalz mit 21,6 % am größten. In Süddeutsch- land, wo absolut die meisten Ausländerübernachtungen registriert werden, vor allem aber in den beiden norddeutschen Flächenländern und auch im Saarland,

Tab. 1: Absolutes und relatives Gewicht der Ausländerübernachtungen nach Bundesländern 1984

	in Tsd.	Anteil an der Gesamtzahl der Übernachtungen im Bundesland i.v.H.	Anteil an den Ausländer- übernachtungen im Bundesgebiet i.v.H.
a) **Flächenländer**			
1. Bayern	6.913	11,58	26,43
2. Baden-Württemberg	3.924	11,83	15,01
3. Hessen	3.929	16,84	15,02
4. Nordrhein-Westfalen	3.854	13,72	14,74
5. Rheinland-Pfalz	3.314	21,63	12,67
1. - 5. Zwischensumme	21.934	13,74	83,87
6. Niedersachsen	1.467	6,54	5,61
7. Schleswig-Holstein	498	3,04	1,90
8. Saarland	114	9,96	0,44
1. - 8. zusammen	24.013	12,03	91,82
b) **Stadtstaaten**			
9. Hamburg	1.019	35,39	3,90
10. Berlin	925	19,26	3,54
11. Bremen	194	26,15	0,74
9. - 11. zusammen	2.138	25,38	8,18
Bundesgebiet (11 Länder) insgesamt	26.151	12,58	100,00

Quelle: Statistisches Bundesamt, Fachserie 6, Reihe 7.1, Übernachtungen in Beherbergungsstätten (ohne Campingplätze).

liegt die relative Bedeutung des Ausländertourismus hingegen unter dem Bundesdurchschnitt.

Auf die 8 Flächenländer entfallen rd. 92 % der Ausländerübernachtungen, auf die 3 Stadtstaaten zusammen lediglich rd. 8 %[3].

Vergleichsweise unergiebig ist leider die Bundesstatistik nach Reisegebieten in den einzelnen Bundesländern[4]. Nur eine Sonderauswertung könnte Aufschluß geben über die Bedeutung der Ausländerübernachtungen für die 94 einzeln ausgewiesenen Reisegebiete. Allerdings decken diese naturräumlich abgegrenzten Fremdenverkehrsgebiete sich auch nicht in allen Fällen mit den Fremdenverkehrsgebieten, die in der Regionalförderung besonders festgelegt sind.

Wenn eine detaillierte quantitative und qualitative Bewertung der Bedeutung des Ausländertourismus für die Regionalentwicklung mit Blick auf die Fremdenverkehrsgebiete der Gemeinschaftsaufgabe 'Verbesserung der regionalen Wirtschaftsstruktur' notwendig erscheint, dürfte eine eingehende Analyse, ggf. anhand einer repräsentativen Zahl einzelner Fremdenverkehrsgemeinden, unvermeidbar sein. Sie könnte die für die Regionalentwicklung wie für das touristische Marketing gleichermaßen wichtige Frage beantworten, wo und aus welchen Gründen die ausländische Tourismusnachfrage sich konzentriert.

III. Gliederung nach Gemeindegruppen

Die Beherbergungsstatistik gliedert die Übernachtungen nach Gemeindegruppen. Allerdings wurde diese Gliederung kürzlich geändert. Während bis 1983 Großstädte als eigene Gliederungsgruppe ausgewiesen waren, sind sie ab 1984 in den 'sonstigen Berichtsgemeinden' enthalten. Da aber seit 1983 kaum eine wesentliche Änderung im Reiseverhalten der Inländer und Ausländer eingetreten sein dürfte, wird für die derzeitige Bewertung die aus Tabelle 2 erkennbare Verteilung des Ausländertourismus in 1983 zugrunde gelegt werden können.

Hier mag zunächst außer Betracht bleiben, daß die Inländerübernachtungen 1983 rückläufig, die Ausländerübernachtungen hingegen mit einer Zunahme ausgewiesen werden. Von Bedeutung ist jedoch, daß 1983 rd. 74 % aller Ausländerübernachtungen in den 'sonstigen Berichtsgemeinden' einschließlich der Großstädte verzeichnet wurden.

Auf die Großstädte allein entfallen mit 47,2 % die Masse der Ausländerübernachtungen; nur 26,7 % sind denjenigen Gemeinden zuzurechnen, die weder prädikatisiert noch den Großstädten zugeordnet sind. Dies läßt auf einen hohen Anteil aus geschäftlichen Gründen in Deutschland reisender Ausländer schließen.

Daß es sich dennoch nicht überwiegend um Geschäftsreisende handelt, kann aus der Tatsache vermutet werden, daß 65,3 % aller von der Beherbergungsstatistik nachgewiesenen Ausländerübernachtungen in 1983 auf die 6 Monate des Sommerhalbjahres (April bis September) entfallen und auch in dieser Periode der Anteil der Großstädte mit 43 % nicht nennenswert vom Gesamtjahresdurchschnitt 1983 abweicht (Tabelle 3). Übernachtungen in den sonstigen Gemeinden (ohne Großstädte) erreichen im Sommer mit 28,6 % einen nur geringfügig höheren Anteil.

Die jahreszeitliche Konzentration des Ausländertourismus auf die sog. Sommermonate entspricht zudem recht deutlich der bei deutschen Inlandstouristen zu beobachtenden. Die Sommermonate erbringen bei Inländern 64,5 % der Übernachtungen des Gesamtjahres.

Allerdings entfallen von den Übernachtungen der Inländer lediglich 10,9 % im Sommerhalbjahr und 13,4 % im gesamten Jahr 1983 auf die Großstädte. In den 'sonstigen Gemeinden' ohne jedes Prädikat übernachten nur 18,4 % der Inländer im Jahresdurchschnitt, allerdings 28,3 % im Sommerhalbjahr 1983. Festzuhalten ist, daß der Übernachtungsanteil der sonstigen Gemeinden ohne die Großstädte im Sommer für Inländer und Ausländer nahezu gleich hoch ist.

Für die Regionalpolitik mag der hohe Anteil des Ausländertourismus in die Großstädte von geringerer Bedeutung sein; er manifestiert immerhin, daß Großstädte mit ihrem pulsierenden Leben, ihrem kulturellen, aber auch ihrem Einkaufsangebot noch immer auf Ausländer eine große Anziehungskraft ausüben.

Die sog. prädikatisierten Fremdenverkehrsgemeinden verzeichnen zusammengenommen etwa ebenso viele Ausländerübernachtungen, wie die 'sonstigen Gemeinden' ohne Großstädte. Das gilt gleichermaßen für das Gesamtjahr 1983 wie für das Sommerhalbjahr 1983 (vgl. Tabellen 2 und 3). Dabei ist zu beachten, daß die Heilbäder unter den prädikatisierten Gemeinden wiederum mit Abstand die größte Zahl von Ausländerübernachtungen verzeichnen. Allerdings haben die Luftkurorte und Erholungsorte zusammen auch rd. 1/6 aller Ausländerübernachtungen in Deutschland. Diese weisen im übrigen im Sommer 1984 die größten Zuwachsraten auf (s. Tabelle 4).

Generell kann davon ausgegangen werden, daß Luftkurorte und Erholungsorte in typischen Fremdenverkehrsgebieten liegen, die wiederum in ihrer Mehrzahl zu den Fördergebieten der Regionalpolitik gehören. Das gilt übrigens auch für diejenigen Heilbäder (Kurorte), die vorzugsweise von Ausländern besucht werden. Nach den Ausweisungen des Deutschen Bäderverbandes werden 2/3 aller ausländischen Gäste in den Mitgliedsorten des Verbandes in den Heilklimatischen Kurorten registriert; nach Übernachtungen sind es mehr als 55 %.

Tab. 2: Ausländer-Übernachtungen 1983

| | Ausländeranteil | Ausländer | | Inländer | |
| | | | Veränderung zum Vorjahr | | Veränderung zum Vorjahr |
	i.v.H.	in Mio.	i.v.H.	in Mio.	i.v.H.
Gesamtzahl	11,3	21,60	+ 3,5	169,2	- 3,4
davon in					
Heilbädern	4,3	2,44	+ 7,6	54,0	- 7,1
Seebädern	0,7	0,10	+ 11,3	14,9	- 2,3
Luftkurorten	6,2	1,51	- 0,9	22,9	+ 2,0
Erholungsorten	8,4	1,58	+ 8,4	23,6	+ 3,0
allen anderen Gemeinden	22,9	15,97	+ 2,7	53,8	- 4,8
darin Großstädte	31,1	10,20	+ 3,4	22,6	- 0,6

Tab. 3: Ausländer-Übernachtungen Sommerhalbjahr 1983 (April - September)

| | Ausländeranteil | Ausländer | | Inländer | |
| | | | Veränderung zum Vorjahr | | Veränderung zum Vorjahr |
	i.v.H.	in Mio.	i.v.H.	in Mio.	i.v.H.
Gesamtzahl	11,4	14,11	+ 2,3	109,2	- 3,5
davon in					
Heilbädern	4,7	1,67	+ 4,9	34,1	- 6,1
Seebädern	0,6	0,08	+ 26,2	12,8	- 3,8
Luftkurorten	6,8	1,12	- 3,8	15,3	+ 1,8
Erholungsorten	6,8	1,17	+ 5,2	16,1	+ 2,0
anderen Gemeinden	24,6	10,07	+ 2,0	30,9	- 6,4
darin Großstädte	33,8	6,09	+ 3,5	11,9	+ 0,4

Tab. 4: Ausländer-Übernachtungen Sommerhalbjahr 1984 (Mai - Oktober)

| | Ausländeranteil | Ausländer | | Inländer | |
| | | | Veränderung zum Vorjahr | | Veränderung zum Vorjahr |
	i.v.H.	in Mio.	i.v.H.	in Mio.	i.v.H.
Gesamtzahl	12,9	17,61	+ 10,2	119,3	- 0,5
davon in					
Heilbädern	5,5	2,18	+ 8,8	37,5	+ 3,6
Seebädern	0,6	0,09	- 7,9	13,9	- 2,5
Luftkurorten	9,1	1,61	+ 17,3	16,1	- 4,4
Erholungsorten	9,8	1,33	+ 19,4	12,2	- 2,0
anderen Gemeinden	24,2	12,58	+ 8,6	39,3	- 1,3

Quelle: Statistisches Bundesamt, Fachserie 6, Reihe 7.1.

Heilklimatische Kurorte befinden sich in ihrer Mehrzahl (32 von insgesamt 40) in den Bundesländern Baden-Württemberg (14), Bayern (9) und Niedersachsen (9)[6]. Eine dankenswerterweise vorgenommene Sonderauswertung der verbandseigenen Statistik des Deutschen Bäderverbandes weist im einzelnen auch die Verteilung der ausländischen Gäste und deren Übernachtung auf die Bundesländer nach (s. Tabelle 5).

Tab. 5: Statistik des Deutschen Bäderverbandes - Ausländer-Kurverkehr 1984

	stationäre Kurgäste				Übernachtungen			
	MM	S	Kn	HK	MM	S	Kn	HK
Baden-Württemberg	28.306	---	5.369	48.843	196.225	---	32.345	254.105
Bayern	10.966	---	3.727	19.380	96.481	---	38.010	114.611
Hessen	4.380	---	802	3.988	44.816	---	8.318	9.095
Niedersachsen	3.016	4.560	1879	63.043	15.408	37.052	14.541	306.383
Nordrhein-Westfalen	574	---	41	282	3.839	---	416	4.606
Rheinland-Pfalz	577	---	755	469	8.589	---	6.751	1.669
Schleswig-Holstein	1	6.100	---	---	28.	51.346	---	---
	47.820	10.660	12.573	136.005	365.386	88.398	100.381	690.469

Bei den vorstehend dargelegten Ergebnissen ist allerdings auf einen Aspekt der statistischen Erhebungspraxis hinzuweisen, der die Wertigkeit dieser Ergebnisse relativieren dürfte. Alle in Betracht kommenden Flächenländer legen bei der statistischen Erhebung die Prädikatisierung von Gemeinden oder Gemeindeteilen nach Landesrecht zugrunde, wobei davon ausgegangen werden kann, daß die landesrechtliche Prädikatisierung weitgehend und insoweit bundesweit vergleichbar den Prädikatisierungsempfehlungen des Deutschen Bäderverbandes und des Deutschen Fremdenverkehrsverbandes folgt. Nicht gesichert erscheint jedoch eine gleiche Handhabung in allen Ländern hinsichtlich der räumlichen Ausdehnung der prädikatisierten Gemeinden.

So berücksichtigen einige Länder bei der Gemeindegruppenzuordnung nur die Gemeindeteile, die eine entsprechende Prädikatisierung besitzen. Andere Länder wenden hingegen bei unterschiedlicher oder teilweiser Prädikatisierung von einzelnen Gemeindeteilen das Schwerpunktprinzip an, ordnen also jeweils die ganze Gemeinde mit den gesamten Übernachtungszahlen einer Gemeindegruppe zu und richten sich dabei nach der dominierenden Prädikatisierung.

Eine solche unterschiedliche Praxis wirkt sich notwendigerweise bei der als Restgröße zu verstehenden Gesamtgruppe 'sonstige Gemeinden' aus. Diese ist bei

Beschränkung der prädikatisierten Gemeindegruppen auf Gemeindeteile verständlicherweise größer als bei der Anwendung des Schwerpunktprinzips. In welchem Ausmaße dies auf die dargestellten Ergebnisse Einfluß hat, wird ohne Detailuntersuchung kaum abgeschätzt werden können. Bei weitgehender paralleler Entwicklung, wie sie sich in jüngster Zeit beim Ausländertourismus zu ergeben scheint, mag die unterschiedliche Handhabung von geringem Gewicht sein.

IV. Inanspruchnahme der Unterkunftsarten

Über alle Gemeindegruppen hinweg werden die Ausländerübernachtungen zu fast 85 % in Hotels, Gasthöfen und gleichartigen Beherbergungsbetrieben registriert und zu knapp 10 % in Ferienzentren, -häusern und -wohnungen (Sommer 1984). Stark abweichend hiervon sind von Ausländern in Erholungsorten zu 41 %, in Luftkurorten zu 32 % und in Heilklimatischen Kurorten zu 23 % Ferienzentren, Ferienwohnungen oder Ferienhäuser als Übernachtungsstätten gewählt worden. An der angebotenen Beherbergungskapazität haben diese Unterkunftsformen aber in keiner dieser Gemeindegruppen einen höheren Anteil als 15 %[7].

Besondere Beachtung erfordert darüber hinaus der Anteil von Ausländern an den Übernachtungen auf Campingplätzen. Im Sommer 1984 erreichte er fast 24 %[8]. Dabei ist allerdings hervorzuheben, daß allein die Niederländer mit rd. 2,3 Mio Campingübernachtungen 61 % aller Übernachtungen von Ausländern auf Campingplätzen erbringen. Daneben sind Übernachtungen von Dänen mit fast 32 000, von Briten mit rd. 300 000, von Belgiern mit 130 000 und von Franzosen mit 115 000 Übernachtungen auf deutschen Campingplätzen noch von größerer Bedeutung.

Daraus läßt sich zumindest für einen Teil der ausländischen Touristen in Deutschland auf ein beachtenswertes Nachfrageverhalten schließen. So ergibt sich für den Sommer 1984, daß von 1,1 Mio. Übernachtungen von Dänen fast 29 % auf Campingplätzen erfolgten; bei den Belgiern waren es 17 %, bei den Franzosen fast 13 % und bei den Niederländern entfielen sogar 39 % der insgesamt über 5,9 Mio Übernachtungen im Sommerhalbjahr 1984 auf Campingplätze. An den Inländerübernachtungen hatten die Campingplätze hingegen nur einen Anteil von knapp über 9 %. Dabei ist allerdings anzumerken, daß die Beherbergungsstatistik bislang nur die Übernachtungen der Tourismus-Camper, nicht die der Dauercamper, erfassen will.

Aus Tabelle 6 wird im übrigen deutlich, daß allein 28,1 % aller Campingübernachtungen von Ausländern in Rheinland-Pfalz stattfinden und weitere 38,9 % in Baden-Württemberg und Bayern. Zwei Drittel aller ausländischen Camper bevorzugen also diese drei Bundesländer. Auch wenn die Bundesstatistik nicht erkennen läßt, aus welchen Herkunftsländern die ausländischen Camper in den deutschen

Tab. 6: Campingübernachtungen von Ausländern im Sommer 1984
(nach Ländern in 1 000)

	Inländer		Ausländer	
	mehr	weniger	mehr	weniger
Gesamt		4.000	320	
davon in:				
Heilbädern		2.100	80	
Seebädern		500	20	
Luftkurorten	270			60
Erholungsorten	330		220	
Zwischensumme	600	2.600	320	60
allen anderen Gemeinden		2.000	60	
	600	4.600	380	60

Zielgebieten kommen, läßt sich zumindest für Rheinland-Pfalz und Nordrhein-Westfalen vermuten, daß es im wesentlichen Niederländer sind.

Für Campingplätze gilt in ähnlicher Weise wie für Erholungsorte, Luftkurorte und Heilklimatische Kurorte, daß sie vornehmlich in typischen Fremdenverkehrsgebieten liegen, die vielfach auch Fördergebiete der Regionalpolitik sind. Die Bedeutung des Ausländercampings für die Fördergebiete im einzelnen würde eine gesonderte Untersuchung erfordern.

Bei der Beurteilung der bisher dargelegten Relationen ist zu beachten, daß die Verkürzung der statistischen Erhebungen auf Beherbergungseinrichtungen, die regelmäßig mehr als 8 Betten anbieten, in den Sommermonaten eine Überbewertung des Ausländeranteils an der Gesamtzahl der Übernachtungen in der Bundesrepublik Deutschland bewirken dürfte. In typischen Ferienorten spielen die Kleinstbetriebe und die Privatzimmer in den Sommermonaten eine wichtige Rolle, vornehmlich für die Beherbergung von inländischen Gästen. Von ausländischen Gästen werden sie hingegen (nach den Erfahrungen bis zum Jahre 1980) weniger benutzt.

Jüngste Ergebnisse der von der Deutschen Zentrale für Tourismus (DZT) durchgeführten Marktforschung enthalten allerdings Hinweise, daß die Ausländernachfrage nach Privatquartieren und Unterkunft in kleinen Beherbergungsstätten inzwischen als bedeutsamer einzuschätzen ist. Da die Beherbergungsstatistik des Bundes hier bedauerlicherweise eine Lücke läßt, ist ihre Bedeutung derzeit kaum abzuschätzen.

Nur der Vollständigkeit halber ist zu erwähnen, daß ein weiterer Unsicherheitsfaktor daraus resultiert, daß die amtliche Statistik die Touristen-Übernachtungen selbst in den berichtspflichtigen Beherbergungsstätten nicht immer vollständig zu erfassen vermag. Nach Befragungsergebnissen der DZT-Marktforschung muß damit gerechnet werden, daß vor allem bei Campingplätzen, Ferienwohnungen und Jugendherbergen ein Meldeausfall von 25 % und mehr auftritt. Inwieweit solche Meldeausfälle, die in erster Linie bei Inländerübernachtungen vermutet werden, auch bei der Erfassung der Ausländerübernachtungen zutreffen, ist nicht bekannt. Daher können die möglichen Auswirkungen von Meldeausfällen auf Analysen auch nicht abgeschätzt werden.

Meldeausfälle können verschiedene Ursachen haben. Soweit die Ursachen methodisch erfaßbar sind, werden sie mit Hilfe von Schätzverfahren berücksichtigt.

V. Wachsende Bedeutung des Ausländertourismus

Noch vor wenigen Jahren galt es in der deutschen Fremdenverkehrswirtschaft als anzustrebendes Ziel, den Ausländertourismus an den Übernachtungszahlen gemessen auf einen Anteil von wenigstens 10 % im Bundesdurchschnitt zu steigern. Die in den Tabellen 1 bis 4 wiedergegebenen Übernachtungszahlen zeigen, daß die 10 %-Marke in den letzten Jahren überschritten worden ist. Nur zu einem Teil dürfte das darauf zurückzuführen sein, daß die von Inländern mehr als von Ausländern in Anspruch genommene Beherbergung in Kleinstbetrieben (bis zu 8 Betten) und in Privatquartieren seit 1981 in der Bundesstatistik nicht mehr nachgewiesen wird. Wesentlicher erscheint, daß die jüngste Vergangenheit durch eine Stagnation der touristischen Inlandsnachfrage der Deutschen gekennzeichnet ist. Sie ist insgesamt noch keineswegs überwunden, auch wenn einige Fremdenverkehrsgebiete wieder oder auch weiterhin Übernachtungszuwächse erreicht haben. Demgegenüber hat der Ausländertourismus nach Deutschland seit Beginn der 80er Jahre deutlich zugenommen. Auch 1985 dürften sich wieder beachtliche Zuwachsraten ergeben.

Die Tabellen 2 bis 4 lassen erkennen, daß sich die Zunahme des Ausländertourismus auch in den Fremdenverkehrsorten in der Fläche mit hohen Steigerungsraten und einer spürbaren Erhöhung der Ausländerübernachtungen in den prädikatisierten Gemeindegruppen niederschlägt. Ausgenommen bleiben lediglich die Seebäder.

Versucht man, diese Entwicklung zu quantifizieren, dann ergibt sich ein erstaunliches Bild. Das Sommerhalbjahr 1983 war dadurch gekennzeichnet, daß die Zahl der Inländerübernachtungen insgesamt um rd. 4 Mio. geringer war als im Sommer 1982, während die Zahl der Ausländerübernachtungen im gleichen Zeitraum um rd. 320 000 zunahm (Tabelle 7).

Tab. 7: Veränderungen 1983 - Sommerhalbjahr (April-September) - in 1 000 Übernachtungen (gerundet)

	Absolut	Anteil am Gesamt in v.H.	Ausländeranteil je Land in v.H.
Rheinland-Pfalz	1.053	28,1	37,8
Baden-Württemberg	789	21,0	34,5
Bayern	670	17,9	22,6
Nordrhein-Westfalen	373	9,9	43,1
Niedersachsen	372	9,9	12,5
Hessen	255	6,8	22,0
Schleswig-Holstein	161	4,3	5,9
4 restliche Länder	78	2,1	-,-
zusammen	3.751	100,0	23,6

Quelle: Statistisches Bundesamt, Fachserie 6, Reihe 7.1, Tabellengruppe 4.2.

Für das Gesamtjahr 1983 ergab sich sogar ein Verlust an Inländerübernachtungen von fast 6 Mio. und ein Zuwachs an Ausländerübernachtungen von nahezu 3/4 Mio.

Für das Sommerhalbjahr 1984, das erstmals wieder eine leichte Zunahme der Gesamtzahl der Touristenübernachtungen in Deutschland brachte, erweist sich, daß die Entwicklung ganz entscheidend vom Ausländertourismus nach Deutschland getragen war. Obwohl die Ausländerübernachtungen nur einen Anteil von knapp 13 % an der Gesamtzahl der Übernachtungen erreichten, trugen sie mit einem Plus von 1,6 Mio. Übernachtungen allein zum positiven Gesamtergebnis bei. Die Inländerübernachtungen waren im Sommer 1984 erneut rückläufig (Tabelle 8).

Dieser Quantifizierungsversuch macht darüber hinaus deutlich, daß insbesondere im Sommer 1984 eine beachtliche Zahl von Ausländern gerade in den Luftkurorten und Erholungsorten sowie in den 'sonstigen Gemeinden' mehr Übernachtungen verbrachte, in denen die deutschen Gäste weniger wurden.

Eine Ausnahme scheinen dabei die Heilbäder zu machen. Für die Monate Mai bis Oktober 1984 weist die Beherbergungsstatistik des Bundes aber nach, daß die Zahl der Inländerübernachtungen in Heilklimatischen Kurorten nochmals um 4,8 %

Tab. 8: Veränderungen 1984 - Sommerhalbjahr (Mai-Oktober) - in 1 000 Übernachtungen (gerundet)

| | Inländer | | Ausländer | |
	mehr	weniger	mehr	weniger
Gesamt		570	1.630	
davon in:				
Heilbädern	1.300		180	
Seebädern		365		5
Luftkurorten		740	240	
Erholungsorten		250	215	
Zwischensumme	1.300	1.355	635	5
allen anderen Gemeinden		515	1.000	
	1.300	1.870	1.635	5

Quelle: Statistisches Bundesamt, Fachserie 6, Reihe 7.1.

oder rd. 420 000 gegenüber dem gleichen Zeitraum 1983 zurückgegangen ist. Gleichzeitig stieg die Zahl der Ausländerübernachtungen um 13,1 % oder rd. 90 000 an, also in einem ähnlichen Ausmaß wie in den Luftkurorten und den Erholungsorten.

Die Schlußfolgerung erscheint nicht unberechtigt, daß für die Heilklimatischen Kurorte der Ausländertourismus eine ähnliche Bedeutung erlangt hat wie für Luftkurorte und Erholungsorte. Mit 9,4 % liegt hier der Ausländeranteil auch deutlich höher als in den übrigen Heilbädern.

Das legt die Frage nahe, inwieweit sich die von Ausländern offensichtlich zunehmend aufgesuchten Fremdenverkehrsorte und -gebiete auf die steigende Bedeutung dieser Nachfrage einstellen. Hierüber gibt es keine zusammenfassende Übersicht. Durch die Deutsche Zentrale für Tourismus e.V. (DZT), deren Aufgabe die Werbung im Ausland für Reisen nach Deutschland ist, ist allerdings bekannt, daß vermehrt Anbieter aus den peripheren deutschen Fremdenverkehrsgebieten und -orten sich um die Gewinnung ausländischer Gäste bemühen. Die DZT hilft ihnen seit geraumer Zeit, ihr Angebot so aufzubereiten, daß es für ausländische Gäste attraktiv ist. Die DZT bringt solche Angebote seit einigen Jahren auch unmittelbar in ihre Angebotswerbung ein. Inwieweit diese Bemühungen zum registrierten Anstieg der Tourismusnachfrage des Auslandes beigetragen haben, ist kaum nachzuweisen. Die Vermutung erscheint aber nicht unbegründet, daß sich weitere Zunahmen durchaus erreichen lassen, wenn und soweit sich die deutschen Anbieter verstärkt auf die ausländische Nachfrage einstellen. Die

Bedeutung des Ausländertourismus für die regionale Entwicklung kann daher in Zukunft noch weiter zunehmen. Die bisher erkennbare, statistisch noch nicht belegte Entwicklung in 1985 deutet bereits darauf hin.

VI. Herkunft und Struktur des Tourismus

Im Jahre 1983 kamen rd. 60 % aller ausländischen Touristen in Deutschland aus nur 5 Ländern bzw. Regionen, im Sommer 1984 waren es 63 % (bezieht man die Campingtouristen ein, waren es sogar 65 %). Die 10 wichtigsten Herkunftsländer bzw. -regionen erbringen mehr als 80 % aller Ausländerübernachtungen, alle anderen Länder zusammen also nur knapp 1/5 (Tabelle 9).

An erster Stelle stehen die Niederländer, die es ohne die Camper bereits auf fast 20 % aller Ausländerübernachtungen in der Bundesrepublik Deutschland bringen und bei Einbeziehen des Campings einen Anteil von 24,8 % erreichen. Ihnen folgen auf dem 2. Platz die Nordamerikaner, also Touristen aus den USA und Kanada, die ohne Campingübernachtungen sogar auf den 1. Platz vorrücken.

Mit einem Anteil von über 9 % folgen die Briten auf dem 3. Platz, gefolgt von den Touristen aus Asien, die es auf einen Anteil von rd. 8 % bringen. Auf dem 5. bis 7. Platz liegen dicht beieinander Frankreich, Dänemark und die Schweiz mit je etwa 4,5 % aller Ausländerübernachtungen in der Bundesrepublik Deutschland. Bezieht man die Camper ein, dann kommt der 5. Platz eindeutig den Dänen mit einem Anteil von fast 5 % zu.

Noch deutlicher wird das Gewicht der ersten 5 Länder bzw. Regionen, wenn man den Übernachtungszuwachs 1984 gegenüber 1983 betrachtet (Tabelle 10). Vom gesamten Zuwachs des Ausländertourismus kamen nämlich über 77 % aus diesen 5 wichtigsten Ländern/Regionen und über 90 % aus nur 10 Ländern/Regionen. Nur diese haben somit für die Ausrichtung des deutschen Tourismusangebotes auf die Ausländernachfrage eine ernsthafte Bedeutung.

In diesem Zusammenhang ist darauf hinzuweisen, daß die Deutsche Zentrale für Tourismus e.V. sich intensiv darum bemüht, Reisemotive und Reiseverhalten der Deutschlandtouristen aus den wichtigsten Herkunftsländern bzw. -regionen in regelmäßigen Abständen von wenigen Jahren zu untersuchen. Auch wenn hier nicht der Ort ist, die Erkenntnisse für die einzelnen Herkunftsländer oder Regionen abzuhandeln, läßt sich trotz zahlreicher nationaler Besonderheiten generell folgendes anmerken:

a) Weit über die Hälfte aller ausländischen Deutschlandtouristen kommen als Individualreisende. Das gilt auch für die nicht aus Kontinentaleuropa, also nicht über Landgrenzen, einreisenden Touristen.

b) Unter den ausländischen Touristen kommt ein hoher Prozentsatz vor allem, um Freunde oder Verwandte zu besuchen. Aus einigen Ländern beträgt der Anteil dieser Touristen mehr als 50 %. Der hohe Anteil der Besucher von Verwandten und Freunden ist einer der Gründe für das Auseinanderklaffen der Erkenntnisse aus der Beherbergungsstatistik und aus der Devisenstatistik der Deutschen Bundesbank. Offenbar übernachtet ein erheblicher Teil dieser Verwandten- und Freundesbesucher nicht oder nicht ausschließlich in Beherbergungsstätten, die zur Statistik berichten. Bei den Deviseneinnahmen rangiert z.B. Österreich noch vor den Niederlanden und den USA, obwohl es sich in der Beherbergungsstatistik nicht unter den 10 wichtigsten Herkunftsländern ausländischer Touristen befindet. Frankreich rückt in der Devisenstatistik auf den 4. Platz vor, Italien auf den 5. Platz.

Tab. 9: Ausländerübernachtungen[1] - nach Herkunftsländern

	1 9 8 3		1 9 8 4	
	In Tsd.	Veränderung zum Vorjahr in v.H.	In Tsd.	Veränderung zum Vorjahr in v.H.
Alle Länder	21.599	+ 3,5	25.872	+ 10,0
darunter aus:				
1. Niederlande	4.474	+ 1,1	4.984	+ 6,5
2. Nordamerika	3.774	+ 23,8	5.053	+ 25,5
3. Großbritannien	1.971	+ 1,6	2.360	+ 6,6
4. Asien	1.780	+ 10,1	2.063	+ 13,0
5. Frankreich	981	- 12,9	1.210	+ 9,8
1. - 5. Länder/Regionen	12.980	+ 6,8	15.670	+ 13,2
6. Dänemark	952	- 1,6	1.116	+ 5,0
7. Schweiz	994	+ 3,9	1.101	+ 7,6
8. Belgien/Luxemburg	912	- 2,7	902	+ 1,1
9. Italien	889	+ 4,4	998	+ 6,7
10. Schweden	721	- 4,3	884	+ 16,3
6. - 10. Länder zusammen	4.468	- 0,8	5.001	+ 7,0
1. - 10. Länder/Regionen	17.448	+ 4,7	20.671	+ 11,6
das sind in v.H.	80,8		79,9	
aus allen anderen Ländern	4.151	- 1,3	5.201	+ 4,0

1) Ohne Camping, 1983 auch ohne Kinderheime und Jugendherbergen. Statistisches Bundesamt, Fachserie 6, Reihe 7.1.

c) Über 50 % aller ausländischen Touristen besuchen die beiden süddeutschen Bundesländer, die nach der Beherbergungsstatistik mit rd. 42 % aller Über-nachtungen ebenfalls an der Spitze liegen.

d) Besichtigungsreisen in Städte und Landschaften stehen beim Reiseverhalten der ausländischen Touristen mit großem Abstand an 1. Stelle. Das erklärt die relativ kurze durchschnittliche Aufenthaltsdauer ausländischer Touristen in einzelnen Beherbergungsstätten von lediglich 2,2 Tagen. Dem steht nicht entge-gen, daß ausländische Touristen immer wieder für einige Tage ein 'Standquar-tier' wählen, von dem aus sie Besichtigungen unternehmen.

e) Unter den ausländischen Touristen herrscht die Altersgruppe zwischen 35 und 55 Jahren vor, vom Einkommen und Lebenszuschnitt zur Mittelschicht gehörend.

Tab. 10: Ausländerübernachtungen, Veränderung in Tsd. (gerundet) jeweils gegenüber gleichem Vorjahreszeitraum, ohne Camping

Herkunft	1983 Jahr	1984 Jahr
Alle Länder	+ 730	+ 2.350
darunter aus:		
1. Niederlande	+ 49	+ 304
2. Nordamerika	+ 725	+ 1.027
3. Großbritannien	+ 31	+ 146
4. Asien	+ 163	+ 237
5. Frankreich	- 145	+ 108
1. - 5. Länder/Regionen	+ 823	+ 1.822
= in v.H.	112,7	77,5
6. Dänemark	- 56	+ 53
7. Schweiz	+ 37	+ 78
8. Belgien/Luxemburg	- 32	+ 124
9. Italien	+ 38	+ 63
10. Schweden	- 25	+ 10
6. - 10. Länder zusammen	- 38	+ 328
1. - 10. Länder/Regionen	+ 785	+ 2.150
= in v.H.	107,5	91,4
aus allen anderen Ländern	- 55	+ 200

Nach: Statistisches Bundesamt, Fachserie 6, Reihe 7.1.

Deutlich hebt sich allerdings die Zusammensetzung der Gäste in Ferienzentren, Ferienwohnungen und Ferienhäusern ab, die meist mit Kindern nach Deutschland kommen.

f) Die ausländischen Touristen sind nicht als in erster Linie preisempfindlich einzuschätzen, wohl aber sensibel für Wechselkursänderungen und inflationäre Preisentwicklungen. Dies erklärt zu einem Teil den hohen Zuwachs an ausländischen Touristen in der Bundesrepublik Deutschland ab 1982.

g) Fast 50 % aller ausländischen Touristen in Deutschland besuchen auf ihrer Reise nicht nur die Bundesrepublik, sondern in der Regel mehrere Länder, am häufigsten neben der Bundesrepublik Deutschland noch Östereich und die Schweiz. Dabei darf nicht unerwähnt bleiben, daß das Geschehen auf den deutschen Fernverkehrsstraßen auch durch einen erheblichen Strom ausländischer Touristen geprägt wird, die vor allem aus Nord- und Nordwesteuropa kommend die Bundesrepublik Deutschland im Transit durchqueren und in der Beherbergungsstatistik nur geringen Niederschlag finden.

VII. Schlußfolgerungen

- Zwar gehen über 40 % des Ausländertourismus nach Deutschland in die großen Städte, die Mehrzahl der ausländischen Touristen übernachtet jedoch in den gleichen Fremdenverkehrsgebieten und -orten wie die deutschen Inlandstouristen, allerdings relativ wenig in den Fremdenverkehrsgebieten in der norddeutschen Tiefebene.

- Nur eine geringe ausländische Nachfrage finden die deutschen Seebäder sowie die Mineral- und Moorbäder und die Kneippheilbäder.

- Die vorzugsweise in den deutschen Fremdenverkehrsgebieten liegenden Heilklimatischen Kurorte, Luftkurorte und Erholungskurorte stoßen in jüngster Zeit auf eine deutlich anwachsende Nachfrage ausländischer Touristen.

- Bei noch immer stagnierender Inlandsnachfrage hat sich die Bedeutung der ausländischen Nachfrage für die überwiegend als Ferienorte anzusprechenden Fremdenverkehrsgemeinden deutlich erhöht. Sie kann weiter ansteigen, wenn sich die Anbieter noch mehr darauf einstellen und ggf. die gebotenen Hilfen im Auslandsmarketing (DZT) nutzen.

- Das verfügbare und benutzte Datenmaterial erlaubt keine exakte quantitative und qualitative Zuordnung der vorstehenden Erkenntnisse zu den Fremdenverkehrsgebieten der Gemeinschaftsaufgabe 'Verbesserung der regionalen Wirtschaftsstruktur'. Soweit dies erforderlich erscheint, wird abzuwägen sein, ob Sonderauswertungen der Beherbergungsstatistik des Bundes oder speziellen Untersuchungen repräsentativ auszuwählender Orte und/oder Regionen der Vorzug zu geben ist.

Die gebotene Beschränkung der Untersuchung auf eine relativ kurze Zeitspanne und mannigfache nicht vollständig bewertbare Auswirkungen von Modifikationen bei der Erfassung und Darstellung der Beherbergungsstatistik des Bundes mindern die Verläßlichkeit der Untersuchungsergebnisse. Eine Weiterbeobachtung über eine größere Zeitspanne erscheint notwendig.

Anmerkungen

1) Statistisches Bundesamt, Fachserie 6, Reihe 7.1 'Übernachtungen in Beherbergungsstätten', Angaben 1983 ohne Kinderheime, Jugendherbergen, Campingplätze; 1984 einschl. Kinderheime und Jugendherbergen, aber ohne Campingplätze.

2) 1983 Sommerhalbjahr 1.4. bis 30.9.; 1984 Sommerhalbjahr 1.5. bis 31.10.

3) Die Relation verschiebt sich nur unwesentlich, wenn man das Jahr 1983 oder das Sommerhalbjahr 1984 zugrunde legt.

4) Statistisches Bundesamt, Fachserie 6, Reihe 7.1, Tabelle 1.2.

5) Deutscher Bäderverband e.V., Jahresbericht 1984.

6) Wie vor, Tabelle 10.

7) Vgl. Statistisches Bundesamt, Fachserie 6, Reihe 7.1, 1984, Tabellengruppe 1.5.

8) Statistisches Bundesamt, a.a.O., Sommerhalbjahr 1984, Tabelle 4.2.

DIE ENTWICKLUNG DER RAHMENBEDINGUNGEN FÜR DEN FREMDENVERKEHR IN DER BUNDESREPUBLIK DEUTSCHLAND

von
Dietrich Storbeck, Bielefeld

Gliederung

I. Wirtschaftliche Rahmenbedingungen

II. Technische Grundlagen

III. Die institutionellen Rahmenbedingungen

IV. Die gesellschaftlichen Rahmenbedingungen

V. Wirtschaftspolitische Rahmenbedingungen

Literatur

Anhang: Tabellen 1 - 16

Die Akademie für Raumforschung und Landesplanung hat einen Arbeitskreis gebildet, der sich mit Untersuchungen über den Beitrag des Fremdenverkehrs zur Regionalentwicklung befaßt. Untersuchungen über den Beitrag des Fremdenverkehrs zur Regionalentwicklung kommen angesichts der Praxis der Regionalpolitik in der Bundesrepublik nicht an der Frage vorbei, ob denn eine staatliche Förderung des Fremdenverkehrs als Instrument der Verbesserung der regionalen Wirtschaftsstruktur tauge. Diese Frage läßt sich genau - unter Kenntnis vieler Strukturdaten - nur im Einzelfall beantworten.

Eine allgemeine Vorfrage dazu gilt aber den Expansionsmöglichkeiten der Fremdenverkehrsnachfrage; denn man wird kaum davon ausgehen können, daß die bisher vom Fremdenverkehr weniger berührten Gebiete allein durch eine staatliche Förderung der öffentlichen und privaten Investitionen in die Lage versetzt werden, Teile der bestehenden Fremdenverkehrsnachfrage aus dessen bisherigen Zielgebieten abziehen zu können.

Für die Einarbeitung der empirischen Befunde danke ich Herrn Dipl.-Soz. Uwe Brömer.

Nachfolgend werden die einzelnen Rahmenbedingungen jeweils für die Entwicklung bis 1980, die Gegenwart (1980-1985) und für die zukünftige Entwicklung skizziert.

I. Wirtschaftliche Rahmenbedingungen

a) Einkommen und Fremdenverkehr

Eine der wichtigsten Rahmenbedingungen für den Fremdenverkehr dürfte die Entwicklung des Realeinkommens der Bevölkerung sein. Ihre Darstellung erfolgt deshalb hier auch ausführlich und wird sogleich mit einer quantitativen Darstellung der Entwicklung des Fremdenverkehrs der Bevölkerung der Bundesrepublik Deutschland verbunden. Der Anstieg der Realeinkommen bis 1980, dabei infolge der Steuerprogression insbesondere auch in den unteren und mittleren Einkommensklassen, bewirkte bis dahin einen ständigen Zuwachs der Reisebeteiligung und der Fremdenverkehrsumsätze.

So stiegen die durchschnittlichen Nettorealverdienste der beschäftigten Arbeitnehmer von 1960 bis 1970 insgesamt um 61,1 % und von 1970 bis 1979 noch um 21,7 %, einen leichten Rückgang gab es lediglich 1976 (vgl. Tab. 6). Der reale Bruttostundenverdienst der Industriearbeiter stieg von 1970 bis 1979 sogar um 30,8 % an (siehe Tab. 7). Schließlich erhöhten sich die Versichertenrenten der Arbeiter und Angestellten von 1960 bis 1979 nominal ungefähr auf das Vierfache (bezogen auf den durchschnittlichen Rentenzahlbetrag; Quelle: Die Rentenbestände in der Rentenversicherung ... 1984, S. 74/75).

So konnten wachsende Anteile des verfügbaren Einkommens für Freizeit und Urlaub verwendet werden. Von 1965 bis 1983 stieg außerdem der Anteil der Aufwendungen für Freizeitgüter und Urlaub am gesamten privaten Verbrauch für 4-Personenhaushalte mit mittlerem Einkommen von 10,7 % auf 15,4 % (Datenreport 1985, S. 110).

Parallel zu der raschen Aufwärtsentwicklung der Wirtschaft nach dem 2. Weltkrieg erhöhte sich kontinuierlich die Reisebeteiligung der Wohnbevölkerung. 1979 betrug sie knapp 50 %, es unternahmen also doppelt so viele Personen eine oder mehrere Urlaubsreisen wie 1962, nämlich 30,8 Mio. gegenüber 15,0 Mio Reisenden. Einen leichten, wohl konjunkturbedingten Rückgang mußte man lediglich 1976 verzeichnen (vgl. hierzu die Ergebnisse des Mikrozensus in Tab. 1).

Bei der Zahl der Urlaubs- und Erholungsreisen (siehe Tab. 2) ergibt sich ein ähnliches Bild, ihre Gesamtzahl nahm von 16,0 Mio (1962) auf 39,0 Mio im Jahre 1979 zu, also um 144 %, wobei der Anteil der Auslandsreisen bis 1980 beständig bis auf knapp 60 % anstieg. Auch die jährlichen Übernachtungszahlen der amtlichen Beherbergungsstatistik wiesen bis 1980 regelmäßig Zuwächse auf, ebenso wie die Zahlen der Ankünfte (siehe Tab. 4).

Entsprechend stiegen die Umsätze des Gastgewerbes von 1970 bis 1980 sowohl nominal, und zwar um 71,9 % (vgl. Tab. 5), als auch real. Etwa seit 1980 ist infolge der Auswirkungen der Rezession (1979ff.) eine Stagnation der Fremdenverkehrsumsätze festzustellen. Während sie nominal noch anstiegen, allerdings deutlich geringer als in den Jahren zuvor, gingen sie nach einer ersten Stagnation 1980 in den folgenden Jahren bis 1984 real zurück, am stärksten 1982 mit -4,0 % (Datenreport 1985, S. 286).

Auch die Zahl der Übernachtungen nahm von 1981 auf 1983 um 9,1 % ab. (Für 1981 läßt sich aufgrund der Umstellung des Berichtssystems keine Veränderungsrate berechnen). Die errechnete durchschnittliche Aufenthaltsdauer der Gäste nimmt außerdem seit 1980 - im Vergleich zu den Vorjahren - relativ schnell ab (von 4,6 Tagen 1980 auf nur noch 3,6 Tage 1984; vgl. dazu Tab. 4). - Sowohl bei der Reisebeteiligung als auch bei der absoluten Zahl der Urlaubsreisen war 1980 ein deutlicher Rückgang zu verzeichnen (-1,8 % bzw. - 4,4 %), dabei nahmen jedoch die Inlandsreisen (-7,3 %) stärker ab als die Auslandsreisen (-2,2 %; siehe Tab. 1 und 2).

Für die Jahre ab 1982 sind keine Mikrozensus-Daten verfügbar, ersatzweise kann man aber auf die "Reiseanalysen" des Studienkreises für Tourismus zurückgreifen, die allerdings nur die deutsche Wohnbevölkerung ab 14 Jahren berücksichtigen. Die Ergebnisse der "Reiseanalysen" geben für das Jahr 1983 eine um 3,3 % niedrigere Reiseintensität an als für 1980, und auch die Gesamtzahl der Reisen stagnierte nach dieser Quelle praktisch bis 1983 (siehe Tab. 1 und 3).

Die schwierige Situation des Fremdenverkehrs in der Bundesrepublik zu Beginn der 80er Jahre läßt sich zum einen mit den sinkenden Realeinkommen und der größeren wirtschaftlichen Unsicherheit erklären. Immerhin nahmen die jährlichen Nettorealverdienste der beschäftigten Arbeitnehmer von 1979 bis 1984 um ca. 6,6 % ab (vgl. Tab. 6). Und daß die Reisebeteiligung vom Einkommen abhängig ist, ist offensichtlich; sie nimmt mit steigendem Haushaltsnettoeinkommen deutlich zu, 1981/82 etwa betrug sie 34,7 % für die unterste und 62,8 % für die oberste Einkommensklasse (siehe Tab. 8).

Zum anderen ist die beschriebene Stagnation sicherlich auch eine Konsequenz der ab 1980/81 stark angestiegenen und noch anhaltenden Arbeitslosigkeit. Erwerbslose unternehmen nämlich - verständlicherweise - deutlich weniger Ur-

laubsreisen. 1980 etwa traten von 100 Erwerbslosen nur rund 35 eine Urlaubsreise an (und nur 32,4 % derer, die überwiegend auf Arbeitslosengeld oder -
hilfe angewiesen waren), während die Reiseintensität der Erwerbstätigen 53,0 %
und der Bundesdurchschnitt noch 48,0 % betrug (Fachserie 6, Reihe 7.3,
1980/81, S. 11).

In jüngster Zeit dürfte die Reisebeteiligung der Erwerbslosen sogar noch
gesunken sein, da die Zahl der Dauerarbeitslosen gestiegen ist: 1984 waren
schon 32,7 % der Erwerbslosen länger als ein Jahr arbeitslos (Datenreport
1985, S. 93). Zudem ist der Anteil der leistungsberechtigten Erwerbslosen von
76 % im Jahre 1982 auf 71 % im Jahre 1984 gefallen (Datenreport 1985, S. 95).
Die geringe Reiseintensität dieser Gruppe wird indirekt bestätigt durch eine
Befragung von mindestens ein Jahr lang Arbeitslosen im Sommer 1983, von denen
sich 71,3 % bei Urlaubsreisen stark einschränken mußten (Brinkmann 1984, S.
654ff.).

Die außerhalb des "Beschäftigungssystems" stehenden Menschen im erwerbsfähigen
Alter scheiden offenbar aus dem "Tourismussystem" weitgehend aus und gelangen
vermutlich allenfalls noch über staatlich subventionierte Projekte ("Familien
aufs Land" etc.) zu einer Beteiligung am Fremdenverkehr.

Interessanterweise scheint trotz der allgemein schwierigen wirtschaftlichen
Situation der Anteil der Auslandsreisen am Urlaubsreiseverkehr nicht nennenswert abgenommen, sondern lediglich zeitweise stagniert zu haben. Einen minima-
len Rückgang um 0,2 % gab es nach den Ergebnissen des Mikrozensus nur 1979.
Die "Reiseanalysen" berichten für die Jahre 1980 bis 1982 von einer Stagnation (absolut wie relativ), für 1983 und 1984 dann aber wieder von deutlich
steigenden Zahlen (vgl. Tab. 3). So betrug der Auslandsreisenanteil für die
Haupturlaubsreisen 1984 65,6 % gegenüber 60,8 % im Jahre 1982, in absoluten
Zahlen gab es einen Zuwachs von 1,5 Mio Reisen (+9,4 %).

Die Inlandsreisen dagegen hielten sich in den 70er Jahren auf einem gleich-
bleibenden Niveau von ca. 16 Mio pro Jahr, jedoch mit sinkendem Anteil (Mikrozensus-Daten in Tab. 2). Seit 1980 nahm dann ihre Anzahl bis 1984 um beachtliche 14,8 % ab, so daß ihr Anteil weiter sank (siehe Tab. 3). - Nun werden
Inlandsreisen aber gerade von denjenigen Bevölkerungsgruppen bevorzugt unternommen, die die Folgen der Wirtschaftskrise am ehesten spüren, also von älteren Menschen und Haushalten mit niedrigem Einkommen. So betrug 1981 der Anteil
der Inlandsreisen bei Haushalten mit einem Haushaltsnettoeinkommen von unter
1600 DM 54,5 % gegenüber 43 % bei allen gereisten Haushalten (aus. Fachserie
6, Reihe 7.3, 1981/82, S. 50). Möglicherweise ist dieser Tatbestand in Verbindung mit den gesunkenen Realeinkommen eine Erklärung für die abnehmende Zahl
der Inlandsreisen in den 80er Jahren, obwohl natürlich auch der wieder stärker
bemerkbare Trend zur Auslandsreise mit dafür verantwortlich ist. Außerdem sind

Inlandsreisen häufig Zweit- oder Drittreisen und werden daher von Mehrfachreisenden bei notwendigen Einsparungen eher zurückgestellt.

Auch an den Devisenausgaben der Deutschen im Auslandsreiseverkehr läßt sich die vorübergehende Stagnation des Fremdenverkehrs ablesen, obgleich dabei nicht nur Urlaubsreisen erfaßt sind (vgl. Tab. 9). 1982 stagnieren die Ausgaben nach früher deutlichen Zunahmen und gehen 1983 sogar um 1 Mrd. DM zurück (-2,5 %), um 1984 und 1985 wieder stärker anzusteigen (1985: 42.1 Mrd. DM, das sind +7,1 % gegenüber 1982; Quelle: Bundestagsdrucksache 10/5455, S. 8).

Die Ausgaben der Bundesbürger für Urlaubs- und Erholungsreisen stiegen bis 1981/82 zwar nominal ständig an (auf zuletzt 35,4 Mrd. DM; siehe Tab. 10), nahmen jedoch 1980/81 real, also preisbereinigt, um rund 5 % ab (vgl. Tab. 11). Die Ausgaben für Auslandsreisen gingen real sogar von 1979/80 auf 1981/82 um zusammen 5,4 % zurück. In den letzten fünf Jahren stiegen sie jedenfalls nominal deutlich langsamer als in den 70er Jahren. Die "Reiseanalysen" berichten für 1982 erstmals von einem Absinken der Durchschnittsausgaben pro Person für die Haupturlaubsreise (-5,6 %).

Insgesamt zeigen die verfügbaren Daten ab 1984 (also seit die Arbeitslosenzahlen annähernd konstant bleiben) wieder einen leichten Aufwärtstrend, und zwar sowohl bei der Reisebeteiligung (1984 und 1985 zusammen + 2,7 %) und der Gesamtzahl der Urlaubsreisen (1984: +1,9 %) als auch bei den Übernachtungszahlen (1984 und 1985 zusammen +4,6 %; vgl. Bundestagsdrucksache 10/5455, S. 2) und den Ankünften (+3,4 % für 1984). Für 1985 berichtet die OECD von einem Wiederanwachsen des Auslandstourismus der Deutschen um +2 % (vgl. Bundestagsdrucksache 10/5455, S. 2).

Für die weitere Entwicklung sind folgende Tendenzen zu erkennen:

1. Die Einkommen der Beschäftigten (und deren Freizeit) werden infolge zu erwartender Rationalisierungseffekte weiterhin ansteigen, jedenfalls soweit sich die Lohn- und Gehaltsabzüge nicht übermäßig erhöhen. So wird die von diesem Bevölkerungsteil ausgehende Beteiligung am Fremdenverkehr (in seinen verschiedenen Formen) ebenfalls weiterhin ansteigen; dies gilt zumindest für die Bevölkerungsgruppen mit durchschnittlichem und überdurchschnittlichem Einkommen. - Dagegen wird vor allem der vom "Beschäftigungssystem" abgekoppelte Teil der Erwerbsbevölkerung auf einfache Formen des Fremdenverkehrs verwiesen oder sogar davon weitgehend ausgeschlossen, zumal die wirklich frei verfügbaren Einkommensanteile in Zukunft möglicherweise sinken werden. - Insgesamt jedoch läßt die heute bereits erreichte Reiseintensität keine derart hohen Nachfragesteigerungen mehr erwarten, wie sie in der Vergangenheit zu beobachten waren.

2. Wenn die Arbeitslosenquote nicht erheblich über 10 % steigt, dürfte das Volumen der Urlaubs- und Erholungsreisen weiter steigen, zumindest aber erhalten bleiben; denn der Rückgang der Realeinkommen ist wohl bei den zur Zeit erreichten niedrigen Preissteigerungsraten erst einmal beendet. Ob die Auslandsreisen absolut und anteilsmäßig auch weiterhin zunehmen und die Inlandsreisen der Deutschen beständig zurückgehen werden, läßt sich nur schwer voraussagen.

3. Mit dem vermehrten Abschluß von Arbeitsverträgen mit verkürzter Arbeitszeit (2/3- und 1/2-Stellen-Verträge; vgl. dazu auch Tab. 14) und wegen weiterhin geringer Einkommen bei größeren Bevölkerungsgruppen (z.B. Rentnern, Arbeitslosen und allgemein Haushalten mit niedrigem Einkommen) werden einfache und preiswerte Fremdenverkehrsformen verstärkt nachgefragt werden; hier liegen vor allem die Chancen für den inländischen Fremdenverkehr.

So bieten etwa Appartement-Hotels, preisgünstige Ferienhäuser und -wohnungen sowie Campingplätze sowohl Unabhängigkeit als auch Kostenvorteile gegenüber teureren Hotels oder Privatzimmern. Von 1974 bis 1984 stieg beispielsweise der Anteil der gemieteten Ferienhäuser und -wohnungen an allen genutzten Unterkunftsarten von 8,3 % auf 14,0 %, der der Privatzimmer sank von 13,7 % auf 7,6 % (Ergebnisse der "Reiseanalysen"). Dieser Trend dürfte auch in Zukunft anhalten.

4. Bei weiter steigenden Realeinkommen werden Haushalte mit überdurchschnittlichem Einkommen möglicherweise verstärkt Zweit- und Drittreisen im Inland unternehmen. Bisher sind dies ca. 10 % der Bevölkerung (nach den "Reiseanalysen" 1984). Dafür kommen dann durchaus auch teurere und besser ausgestattete Unterkünfte (vor allem Hotels) in Frage. Dabei gewinnt der zweite Urlaub im Jahr ebenso an Bedeutung wie die Kurzreise (verlängertes Wochenende, Städtereisen etc.).

b) Freizeit und Fremdenverkehr

Der Anstieg der Freizeit, dabei vor allem für die mittleren und unteren Einkommensklassen, für die Arbeitszeit und Urlaub tarifrechtlich streng geregelt sind, bestimmt ebenfalls den Rahmen für den starken Anstieg der Fremdenverkehrsnachfrage bis 1980. Die tarifvertragliche Urlaubsdauer hat - auch bis in die jüngste Zeit - kontinuierlich zugenommen; 1980 hatten bereits 73 % der Arbeitnehmer einen Urlaubsanspruch von mindestens 5 Wochen (siehe Tab. 12). Entsprechend ist sowohl die tarifliche als auch die tatsächliche jährliche Arbeitszeit aller Arbeitnehmer bis 1980 ständig - mit Ausnahme des Jahres 1976 - gesunken (vgl. Tab. 13). Seit 1980 hat sich diese Entwicklung etwas verlangsamt, zeitweilig ist die tatsächliche Jahresarbeitszeit sogar wieder leicht gestiegen (1982/83).

Allerdings gibt es etwas unterschiedliche Entwicklungen bei verschiedenen Arbeitnehmergruppen. Während etwa die tarifliche Wochenarbeitszeit der Angestellten in der gewerblichen Wirtschaft schon seit 1978 40,0 Stunden beträgt, hat die bezahlte Wochenarbeitszeit der Industriearbeiter in dieser Zeit noch von 41,6 auf 40,9 Stunden (1984) abgenommen (Leistung in Zahlen '84, S. 13).

Für eine relativ kleine Bevölkerungsgruppe erweitert sich die zeitliche Disposition seit 1980 vorzeitig infolge der Förderung der Frührentner (Vorruhestandsregelung). Dies betrifft allerdings die ohnehin durch starke Kriegsverluste schwach besetzten Geburtenjahrgänge 1919/20 bis 1926/27, dürfte also keine übermäßigen Auswirkungen auf die Fremdenverkehrsnachfrage haben (siehe dazu auch Schaubild 2).

Für die weitere Entwicklung gewinnt die Zunahme der arbeitsfreien Zeit allerdings wieder größere Bedeutung. Bei den Rentnern etwa ist längerfristig mit einer stärkeren Jahrgangsbesetzung zu rechnen. Zwar ist die Reisebeteiligung bislang mit höherem Alter niedriger, doch dürfte sie für zukünftige Rentnerjahrgänge, die dann "reiseerfahrener" sein werden, weiter ansteigen. (Näheres hierzu in Abschnitt 4.g).

Auch die Verkürzung der wöchentlichen Arbeitszeit ("35-Stundenwoche") und die allgemeine Verbreitung neuerer Entwicklungstendenzen der Arbeitszeitgestaltung ("Job-Sharing" und steigende Flexibilität der allgemeinen Arbeitszeitstruktur) scheint ab 1985 wieder zu einem stärkeren Rückgang der jährlichen Arbeitszeit zu führen, so daß mit einem steigenden Anspruch an Freizeiteinrichtungen und Fremdenverkehr (besonders auch Ausflüge und Kurzurlaube) gerechnet werden muß. Als Beispiel sei die zunehmende Bedeutung der Teilzeitarbeit angeführt: 1984 betrug der Anteil der Teilzeitbeschäftigten an allen beschäftigten Arbeitnehmern 13,9 % gegenüber 11,9 % 1980 und 3,9 % 1960 (siehe Tab. 14).

Allerdings hat die jährliche Freizeit der Arbeitnehmer inzwischen ein solches Volumen erreicht (1985 durchschnittlich 29,5 Urlaubstage), daß von daher wohl eher mit einer Zunahme von Zweit- und Drittreisen bzw. von Kurzurlaubsreisen zu rechnen ist, die zu einem großen Teil im Inland stattfinden dürften. Daneben ist zu bedenken, daß alle Formen von Arbeitszeitverkürzung auch zu geringerem Einkommen und somit kleineren Ausgabespielräumen für Urlaubsreisen führen, wenn sie nicht mit vollem Lohnausgleich verbunden sind.

c) Festigung der D-Mark

Die fortwährende Festigung der D-Mark gegenüber den Währungen der wichtigsten Reiseländer der Deutschen sowie die dort oft niedrigeren Lebenshaltungskosten haben die Auslandsreisen preisgünstig gehalten, so daß der Anteil der Auslandsreisen bis 1979 fast ständig steigen konnte. Erst infolge der 1979 einsetzenden Depression kommt es Anfang der 80er Jahre zu einem zeitweiligen Rückgang der absoluten Zahlen (siehe Tab. 2 und 3).

1980/81 und 1981/82 etwa wurden Preissteigerungen im Ausland kaum noch durch Verbesserungen des DM-Außenwertes aufgefangen, so daß im allgemeinen weniger Kaufkraft zur Verfügung stand (Fachserie 6, Reihe 7.3, 1980/81 und 1981/82, jew. S. 9). 1983 gingen dann auch die Devisenausgaben der deutschen Reisenden im Ausland zurück. Seit demselben Jahr scheint jedoch die Zahl der Auslandsreisen - auch anteilmäßig - wieder zuzunehmen. Demzufolge haben die Bundesbürger kaum auf Auslandsreisen verzichtet, sondern sich stattdessen während ihres Auslandsaufenthaltes preisbewußter und sparsamer verhalten als früher.

II. Technische Grundlagen

a) Die Motorisierung der Bevölkerung ist weitgehend abgeschlossen. 1984 kamen in der Bundesrepublik auf 1000 Einwohner 412 Pkw, das sind rund 2,4 Personen pro Pkw (Statistisches Jahrbuch 1985). Insgesamt besaßen 1983 65,3 % aller Haushalte einen Personenkraftwagen (Datenreport 1985, S. 112). Allerdings gibt es zwischen den verschiedenen Haushaltstypen deutliche Unterschiede, so betrug die entsprechende Zahl für 2-Personen-Haushalte von Renten- und Sozialhilfeempfängern mit geringem Einkommen nur 24,7 %, für 4-Personen-Haushalte von Beamten und Angestellten mit höherem Einkommen dagegen 97,1 % (Statistisches Jahrbuch 1985, S. 465). Schon seit langem ist der Pkw das für Urlaubsreisen am häufigsten benutzte Verkehrsmittel, 1984 etwa fanden 60,1 % aller (Haupt-) Urlaubsreisen mit dem Pkw statt (siehe Tab. 15).

Eine wichtige Voraussetzung dafür war sicherlich der Ausbau eines dichten Straßen- und vor allem Autobahnnetzes in der Bundesrepublik; die Gesamtlänge der Bundesautobahnen erhöhte sich von 1960 bis 1980 überdurchschnittlich schnell von 2551 km auf 7292 km, also insgesamt um 186 % oder um jährlich 5,4 % (Leistung in Zahlen '84, S. 58).

Bedeutung hat der Pkw vor allem für Urlaubsreisen im Inland und ins benachbarte Ausland sowie für Kurzreisen und Ausflugsfahrten; Veränderungen sind dabei nicht zu erwarten. Besondere Entwicklungen sind das Aufkommen des Reisemobils und die Pkw-Vermietung am Urlaubsort mit augenscheinlich zunehmender Tendenz.

Neben dem Individualverkehr hat sich schon früh die Busreise als weitere Reiseform entwickelt und sich spezifische Marktanteile verschafft. Dies sind einerseits Urlaubs-Pauschalreisen innerhalb zumutbarer Entfernungen (Inland, Dänemark, Niederlande, Belgien, Frankreich, Nordspanien, Schweiz, Österreich, Norditalien und Nord-Jugoslawien) und andererseits Kurzreisen (Städtereisen) sowie Rundfahrten, die auch für die ausländischen Urlaubsgebiete pauschal angeboten werden und sich einer gewissen Beliebtheit erfreuen. Der Anteil des Busses an den Reiseverkehrsmitteln liegt in den letzten Jahren - mit gewissen Schwankungen - zwischen 5 % und 10 % mit einem Höchststand im Jahre 1981 (9,6 %) und seitdem wieder abnehmender Tendenz (vgl. Tab. 15).

b) Die neuere Entwicklung des Eisenbahnverkehrs bewirkt schnelleres Reisen (Geschwindigkeiten bis zu 300 km/h) und erweitert den Aktionsradius der Urlauber, so daß Auslandsreisen mit der Bahn attraktiver werden. So könnte der Abwärtstrend der Bahn bei den Urlaubsreisen (vgl. Tab. 15: von 23,5 % der benutzten Verkehrsmittel 1973 auf 11,1 % 1984) mit einem attraktiveren Angebot möglicherweise gestoppt werden, so daß sich Verlagerungen von anderen Verkehrsmitteln, etwa dem Pkw, hin zur Bahn ergeben könnten. Allerdings ist von einer solchen Entwicklung bislang noch nichts zu bemerken. (Zum Angebotsprogram der Bahn vgl. B. Tietz 1980, S. 690 ff.) Veränderungen der Tendenzen des Fremdenverkehrs durch die Entwicklung des Bahnverkehrs sind nicht zu erwarten. Besondere Entwicklungen sind Städtereisen, Gesellschaftsreisen und Autoreisezüge; angepaßte Kombinationen zwischen Flugplänen der Reiseveranstalter und den Eisenbahnfahrplänen (z.B. IC-Netz und Wochenenden) fehlen bis heute.

c) Die moderne Flugtechnik hat mit der Einführung der Großraum-Jets (in den 50er Jahren) die Grundlage für den modernen Flug- und Ferntourismus geschaffen und mit den Großraumflugzeugen gleichzeitig die Tendenz der Reiseveranstalter zum Massentourismus stark gefördert.

Das Flugzeug hat seit längerer Zeit steigende Bedeutung für den Reiseverkehr, sein Anteil an den Verkehrsmitteln, die für die (Haupt-)Urlaubsreise benutzt werden, stieg von 10,2 % im Jahre 1973 auf 18,3 % im Jahre 1984 (siehe Tab. 15). Dieser starke Anstieg ist vor allem der Verbilligung im Charterverkehr zu den Zielen des Massentourismus zuzuschreiben. Neue technische Entwicklungen sind in diesem Bereich nicht erkennbar, Veränderungen des Fremdenverkehrs von daher auch nicht zu erwarten. (Zur technischen Entwicklung des Flugverkehrs vgl. B. Tietz 1980, S. 696ff.) - Eine Einschränkung des Flugverkehrs aus Gründen des Umweltschutzes würde einen erheblichen Rückgang (teilweise sogar Zusammenbruch) des internationalen Tourismus herbeiführen.

d) Die moderne Nachrichtentechnik hat auf verschiedene Weise (automatische Telephonvermittlung, Richtfunk, Satellitenfunk) die direkten Nachrichtenverbindungen zwischen allen Regionen verkürzt und so den ständigen Kontakt des

Urlaubers über Funk und Telephon mit seiner Heimat entschieden verbessert. So ermöglicht die automatische Telephonvermittlung über die Selbstwahl auf eine einfache Weise Telephongespräche aus dem Ausland mit der Heimat ohne Fremdsprachenkenntnisse, so daß auch der Auslandsurlauber jederzeit Kontakt mit seinen Verwandten und Freunden oder - wenn nötig - mit Behörden oder Versicherungen aufnehmen kann. - Über Satellitenfunk werden künftig die Programme der Funk- und Fernsehanstalten breiter gestreut werden können, als dies bislang der Fall ist, womit auch der Auslandsurlauber demnächst besser als bisher mit den heimatlichen Programmen versorgt sein dürfte. - Solche Entwicklungen können den Trend zur Auslandsreise nur verstärken, weil sie sie jedenfalls erleichtern.

Die sich allmählich verbreiternde Einführung der neuen Telekommunikation (Teletext, Tele-Shopping etc.) kann langfristig dazu führen, daß Tourismus-Verbraucher künftig ihre Informationen nicht vornehmlich aus Reise-Prospekten und Reisebüros beziehen, sondern sich zugleich aus den in ihrem Personal-Computer eingespeicherten und aus den über Teletext verfügbaren Informationen bedienen. Diese Entwicklung kann dem Tourismus insgesamt nur förderlich sein, aber auch das derzeitige Vertriebssystem der Reisebranche nachhaltig ändern (bis hin zum Wegfall der Reiseprospekte und der meisten Reisevermittlungs-Büros) (vgl. dazu auch K.O. Frank 1983).

III. Die institutionellen Rahmenbedingungen

a) Mit der Erweiterung der Freizügigkeit (z.B. innerhalb der EG) sind auch das internationale und nationale Paß- und Meldewesen weitgehend erleichtert und der Visumzwang abgebaut worden. Die zu erwartende Beibehaltung dieser Tendenz wird dem Fremdenverkehr, insbesondere dem Auslandstourismus dienlich sein, besondere Entwicklungsschübe sind aber hieraus nicht zu erwarten.

b) Mit dieser Entwicklung ging auch eine Erleichterung des Geld-Transfers einher, mit der die Auslandsreise einfach und jedermann zugänglich gemacht wurde (z.B. Eurocheque). Dieses System ist sicherlich auch für den inländischen Fremdenverkehr förderlich, macht es doch das Mitführen der "Reisekasse" sicherer. nach jüngeren Meldungen kann der Durchschnittstourist mit seiner "Eurocheque"-Karte auch heute schon in mehreren europäischen Ländern begrenzte Barbeträge aus Geldautomaten abheben. Selbstverständlich bestanden schon länger die internationalen Finanzierungs- und Kreditsysteme wie z.B. "American Express" oder "Euro-Card", doch hat das "Eurocheque"-System eine weitaus größere Verbreitung und deshalb vermutlich auch eine stärkere Auswirkung auf die internationale Ausweitung des Tourismus. - Weitere Änderungen dieses Systems können die Voraussetzungen für den internationalen Tourismus nur noch verbessern; allerdings sind auch hiervon keine Schübe zu erwarten.

c) Eine ebenfalls der Sicherheit des Tourismus geltende Rahmenbedingung ist das inzwischen weitgehend etablierte Reiserecht, das vor allem hinsichtlich des Reiserücktritts und der Leistungsbeschreibung (Katalog-Angebote) sowie der Leistungsmängel einigermaßen Klarheit geschaffen hat. Auch hier werden künftige Veränderungen grundsätzlich als dem Fremdenverkehr förderlich einzustufen sein. (Vgl. hierzu H. Klatt 1983 sowie B. Tietz 1980, S. 321ff.)

d) Die inzwischen entwickelten Angebote der Reiseversicherungen (Gepäck-, Unfall-, Kranken- und Haftpflichtversicherung, Reise-Rücktrittsversicherung und Rückführungsdienste) dienen ebenfalls der Erhöhung der Reise-Sicherheit bzw. dem Abbau des Reise-Risikos und fördern damit allgemein den Fremdenverkehr. Diese Tendenz dürfte anhalten und den Tourismus in allen Bereichen, vor allem international, fördern (vgl. B. Tietz 1980, S. 24ff.).

e) Schließlich stellt auch die von fast allen Trägern der Touristik (Fremdenverkehrsverbänden, Kurverwaltungen, Hotels, Pauschalreisen-Veranstaltern etc.) betriebene kundennahe Werbung eine wichtige institutionelle Grundlage für die Entwicklung des Fremdenverkehrs dar, mit der wichtige Informationen über Reiseweg, Reiseziel, Unterkunft und Versorgung gegeben und zugleich Service-Dienste, wie Vorausbestellung von Kurkarte, Strandkorb, Leih-Ski, Pkw oder Rundfahrt angeboten werden. Der Ausbau dieser Information- und Service-Dienste könnte den Fremdenverkehr weiter expandieren lassen. - Erstaunlicherweise sind genauere Informationen über Urlaubs- bzw. Fremdenverkehrsgelegenheiten im Inland (einschl. der örtlich und regional zugänglichen Freizeiteinrichtungen) nur auf eigenes Betreiben erreichbar, so fehlen z.B. entsprechende Informationen für Freizeitparks und Spaß- u. Spielbäder fast völlig.

IV. Die gesellschaftlichen Rahmenbedingungen

a) Das Gesellschaftssystem des Kapitalismus bzw. die Industriegesellschaft wird von zahlreichen Autoren als Hauptursache des modernen Tourismus angesehen (Prahl/Steinecke, Der Millionenurlaub (1979), H.-M. Enzensberger, Eine Theorie des Tourismus (1962), J. Krippendorf, Die Ferienmenschen (1984)), wobei dann die "Tourismus-Industrie" als typisches Produkt dieser Gesellschaft eingestuft wird. So gesehen ist die Industriegesellschaft sicherlich eine entscheidende Grundlage oder Rahmenbedingung für den Fremdenverkehr (vgl. hierzu das nachfolgende Schaubild 1 aus J. Krippendorf, 1984, S. 41):

Daneben sind freilich noch andere gesellschaftliche Rahmenbedingungen zu berücksichtigen:

b) Die Grundwerte einer freien Gesellschaft (vgl. K.R. Popper, Die offene Gesellschaft ... 1944), nämlich Betonung der Freiheit des Individuums und

Schaubild 1: Die Boomfaktoren des Tourismus

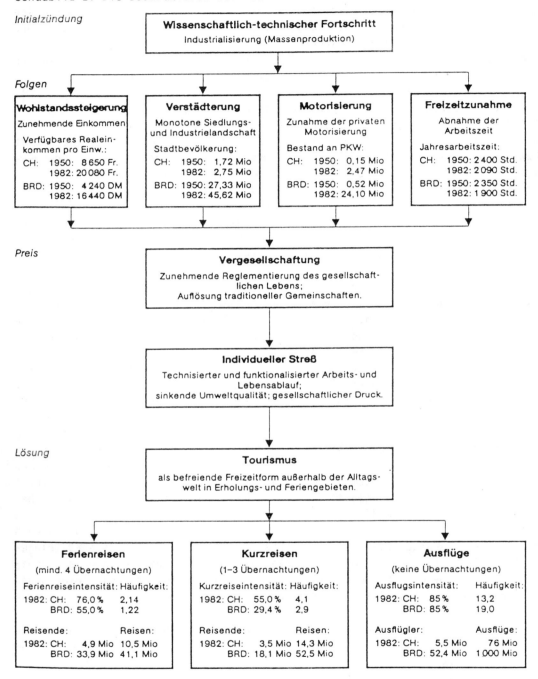

Initialzündung

Wissenschaftlich-technischer Fortschritt

Industrialisierung (Massenproduktion)

Folgen

Wohlstandssteigerung

Zunehmende Einkommen

Verfügbares Realein-
kommen pro Einw.:
CH: 1950:   8 650 Fr.
        1982: 20 080 Fr.

BRD: 1950:   4 240 DM
        1982: 16 440 DM

Verstädterung

Monotone Siedlungs-
und Industrielandschaft

Stadtbevölkerung:
CH: 1950:   1,72 Mio
        1982:   2,75 Mio

BRD: 1950: 27,33 Mio
        1982: 45,62 Mio

Motorisierung

Zunahme der privaten
Motorisierung

Bestand an PKW:
CH: 1950:   0,15 Mio
        1982:   2,47 Mio

BRD: 1950:   0,52 Mio
        1982: 24,10 Mio

Freizeitzunahme

Abnahme der
Arbeitszeit

Jahresarbeitszeit:
CH: 1950: 2 400 Std.
        1982: 2 090 Std.

BRD: 1950: 2 350 Std.
        1982: 1 900 Std.

Preis

Vergesellschaftung

Zunehmende Reglementierung des gesellschaftlichen Lebens;
Auflösung traditioneller Gemeinschaften.

Individueller Streß

Technisierter und funktionalisierter Arbeits- und
Lebensablauf;
sinkende Umweltqualität; gesellschaftlicher Druck.

Lösung

Tourismus

als befreiende Freizeitform außerhalb der Alltags-
welt in Erholungs- und Feriengebieten.

Ferienreisen

(mind. 4 Übernachtungen)

Ferienreiseintensität: Häufigkeit:
1982: CH: 76,0 %   2,14
        BRD: 55,0 %   1,22

Reisende: Reisen:
1982: CH: 4,9 Mio   10,5 Mio
        BRD: 33,9 Mio   41,1 Mio

Kurzreisen

(1–3 Übernachtungen)

Kurzreiseintensität: Häufigkeit:
1982: CH: 55,0 %   4,1
        BRD: 29,4 %   2,9

Reisende: Reisen:
1982: CH: 3,5 Mio   14,3 Mio
        BRD: 18,1 Mio   52,5 Mio

Ausflüge

(keine Übernachtungen)

Ausflugsintensität: Häufigkeit:
1982: CH: 85 %   13,2
        BRD: 85 %   19,0

Ausflügler: Ausflüge:
1982: CH: 5,5 Mio   76 Mio
        BRD: 52,4 Mio 1 000 Mio

Darstellung in Anlehnung an das Schweizerische Tourismuskonzept[37].

Weltoffenheit i.S. der Toleranz unter den Völkern und Rassen, sind wohl die günstigsten gesellschaftlichen Rahmenbedingungen, die sich für den Fremdenverkehr überhaupt denken lassen. Sie dürfen in diesem Zusammenhang wohl auch als unverrückbare Grundlage für die künftige Entwicklung vorausgesetzt werden, so daß von hier keine generellen Veränderungen in der Entwicklung des Fremdenverkehrs zu erwarten sind. Veränderungen werden aller Voraussicht nach nur im Hinblick auf einzelne Regionen eintreten, in denen sich die Bedingungen für einen touristischen Aufenthalt drastisch verschlechtern.

c) Dagegen sind die gesellschaftlichen Wertvorstellungen nationalen Ausprägungen und zeitlichem Wandel unterworfen; dies gilt vor allem für ihre konkrete Ausprägung in Verhaltensweisen und Handlungsmustern, die sich im einzelnen jeweils nur innerhalb einer bestimmten Gesellschaft erklären und verstehen lassen und nicht (ohne Probleme) wie Versatzstücke von einer auf die andere Gesellschaft übertragen lassen. Von diesen gesellschaftlichen Wertvorstellungen oder Leitbildern, die ganze Entwicklungsphasen einer Gesellschaft prägen können, wie etwa "Stabilisierung der individuellen oder familiären Existenz durch Eigentumsbildung und Eigenheim" oder "Wahrung der natürlichen Umwelt als Grundlage der menschlichen Existenz", gehen sicherlich unterschiedliche, nämlich fördernde oder hemmende, jedenfalls steuernde Wirkungen auf den Fremdenverkehr und seine Ausprägungen aus, die gerade im vorliegenden Zusammenhang näher untersucht werden müßten.

So enthalten die meisten Werbe-Slogans der Touristikbranche (einschl. der Vermittlung von Ferien-Domizilen oder Alterswohnsitzen) Leitbegriffe wie "Familie", "Natur", "Freiheit", "Sonne", "Kreativität", "Kultur", "Gesundheit" etc., die an einzelne gesellschaftliche Wertvorstellungen anknüpfen, wobei letztere freilich immer nur Teilausschnitte aus dem Wertebündel gesellschaftlicher Leitbilder darstellen. Auch solche Leitbegriffe bedürfen selbstverständlich im vorliegenden Zusammenhang einer näheren Untersuchung und Interpretation; so wäre eine soziologische Inhaltsanalyse von Reiseprospekten sicherlich aufschlußreich im Hinblick auf die über solche Werte-Bezüge angesprochenen Sozialschichten und Ziel- (bzw. Motiv-)Gruppen.

d) Daneben haben gesellschaftliche Werte-Moden nur eine schichtenspezifische oder zeitlich begrenzte Bedeutung innerhalb einer Gesellschaft. Der Umgang mit solchen Werte-Moden ist vor allem im Zusammenhang mit analytischen Fragen oder prognostischen Aufgaben nicht unproblematisch, weil sie einerseits fast immer als Ausprägungen bestimmter Werthaltungen oder als Attitüden auf der Grundlage solcher Werthaltungen einzustufen sind, andererseits hinsichtlich ihrer Geltung innerhalb der Gesellschaft und hinsichtlich ihrer Gültigkeitsdauer kaum hinlänglich bestimmbar sind.

Ein solcher Modetrend mag z.B. gegenwärtig die Form des FKK-Urlaubs sein, die aus verschiedenen Quellen entstanden, inzwischen eine international und gesellschaftlich weite Verbreitung gefunden hat und auch schon in zahlreichen Reisekatalogen sowie Orts- und Regionalprospekten betont oder abgebildet wird; daneben gibt es für diese Urlaubsform auch spezielle Reiseveranstalter. Weiterhin haben sich eine Reihe von Touristikländern bzw. -regionen schon seit längerem mehr und mehr diesem Trend geöffnet (neuerdings auch das katholisch-orthodoxe Griechenland). - Sicherlich ließen sich aus einer speziellen Analyse dieses Entwicklungstrends auch wichtige Erklärungen und Rückschlüsse für die regionale Verteilung des Fremdenverkehrs in der Bundesrepublik und im Ausland ziehen. Hier besteht ein deutliches Informations- und Forschungsdefizit; jedenfalls sind einschlägige Forschungen nicht bekannt, obwohl die Ableitung regionaler Entwicklungsimpulse aus den Ergebnissen solcher Studien durchaus zu erwarten wäre.

e) Die Zugänglichkeit aller Urlaubsziele für jedermann wird als typisch für die gegenwärtige touristische Szene gehalten; denn die einschlägigen Informationen sind leicht erreichbar (Reisebüro) und verstehbar (Angebotskatalog und Prospkete). Ebenso sind auch im internationalen Tourismus die Preise überschaubar und die Nebenkosten weitgehend kalkulierbar.

Das angemessene Reiseverhalten ist schon während der Anreise (Bus-, Flug- oder Bahnreise) leicht erlernbar, während das Urlaubsverhalten in den größeren touristischen Zentren je nach der gewählten Versorgungsform innerhalb eines breiten Spielraums selbst bestimmt werden kann. Den größten individuellen Spielraum bietet dabei der Aufenthalt im Ferienhaus oder im Appartement, mit dem sich alle Formen der Selbstversorgung verbinden lassen; es ist daher nicht verwunderlich, wenn diese Urlaubsform immer mehr Anhänger findet.

Schließlich bemühen sich die örtliche Touristenbetreuung (Kurverwaltung, Touristenpolizei, Informationsstellen etc.) und die Reisebetreuung der Reiseveranstalter, den Touristen ihren Urlaubsaufenthalt zu erleichtern. - Urlaubsplanung und Urlaubsablauf erfordern heute keine Geheimwissenschaft mehr, sondern sind insbesondere für kontaktfreudige Menschen relativ rasch und leicht zu erfassen. Gerade diese Eigenarten haben den internationalen Tourismus überhaupt erst zu der heute bestehenden Massenbewegung (mit allen ihren unterschiedlichen Ausprägungen und Erscheinungsformen) werden lassen.

f) Fehlende Sprachkenntnisse werden im internationalen Tourismus immer weniger als Barriere empfunden, insbesondere weil deutsche Touristen in dem Maße, wie seit 1961 zahlreiche ausländische Gastarbeiter aus mehreren Touristikländern während ihres Gastaufenthaltes die deutsche Sprache erlernt haben, dort auch auf Sprachverständnis treffen (z.B. in Griechenland, Italien, Jugoslawien, Spanien und in der Türkei). Im übrigen ist meist Englisch als Verständigungssprache üblich, mit Ausnahme frankophiler Gebiete und von Frankreich selbst, wo meist auch wenig Bereitschaft besteht, die Sprache von Fremden verstehen zu wollen; dies gilt selbstverständlich in dieser krassen Form nicht für ausgesprochene Touristenzentren, in denen ohnehin polyglott umgegangen wird oder sogar die Sprache des wichtigsten Touristenlandes (z.B. deutsch in mehreren Touristik-Zentren auf Mallorca oder auf Gran Canaria) beherrscht wird.

Grundkenntnisse der englischen (und zum Teil auch schon der französischen) Sprache werden heute in der Bundesrepublik bereits auf der Hauptschule vermittelt. Hinzu kommt, daß inzwischen über 60 % der jährlichen Schulabgänger einen Realschul- oder gleichwertigen Abschluß bzw. die Hochschul- oder Fachhochschulreife aufweisen können (1983 genau 62.3 %) und so in der Regel zwei Fremdsprachen (meist Englisch und Französisch) erlernen. Insgesamt hatten 1983 sogar 93,8 % aller Schüler der Klassen 5 bis 13 Englischunterricht und immerhin noch 25,9 % Französischunterricht (berechnet aus: Bildung im Zahlenspiegel 1985). So bleibt zumindest für die Zukunft eigentlich nur ein relativ geringer Teil der Bevölkerung übrig, der allein wegen fehlender Sprachkenntnisse seinen Urlaub nicht im Ausland verbringen möchte. - Im übrigen nimmt mit höherer Bildung auch allgemein das Interesse an fremden Menschen und Ländern zu, was wiederum dem Auslandstourismus zugute kommen dürfte.

g) Völlig andere Aspekte und Überlegungen folgen aus dem Altersaufbau der Bevölkerung der Bundesrepublik, weil es in der hiesigen Reisestatistik einige Tendenzen gibt, die u.U. auf die künftige Entwicklung übertragen werden können. Dabei ist vorweg zu bemerken, daß der Altersaufbau eine gegebene Größe und deshalb eine solide Basis für eine Prognose oder Verhaltensvorausschätzung darstellt. (Vgl. zum Folgenden auch die Alterspyramide in Schaubild 2).

Der Fremdenverkehr in der Bundesrepublik wird in den nächsten Jahren dadurch bestimmt sein, daß

- die Zahl der über 60jährigen bis 1990 leicht zunehmen wird (um rund 400 000 Personen oder 4 %) und auch längerfristig - nach einer kurzen Stagnation - weiter steigen wird,

- die Zahl der Erwerbspersonen bzw. der Erwerbstätigen zunehmen wird, weil zwar zahlreiche ältere Personen aus dem Erwerbsleben ausscheiden, aber eine stärkere Kohorte als vordem in das erwerbsfähige Alter aufsteigt; so werden die 25- bis 40jährigen bis 1990 um rund 1,6 Mio anwachsen,

- die Zahl der unter 25jährigen bis 1990 um fast 3 Mio zurückgehen wird (alle Angaben nach E. Martin 1986, S. 32 u. 35).

Schaubild 2: Altersaufbau der Bevölkerung am 31.12.1983

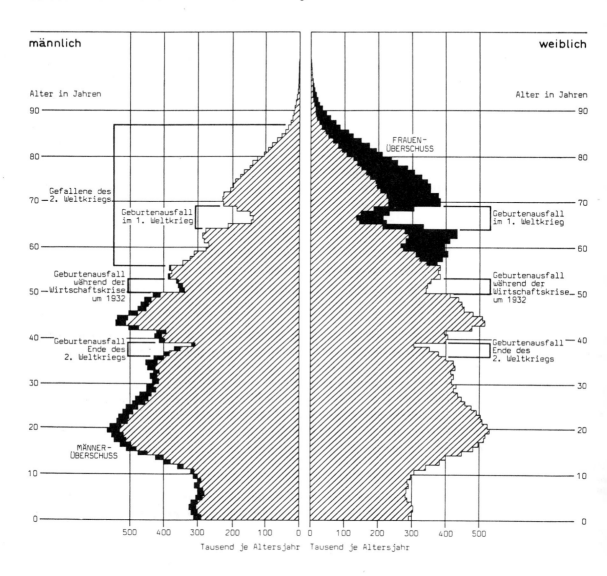

Aus: Statistisches Jahrbuch 1985, S. 63.

Diese Verschiebungen der Altersstruktur werden sicherlich Auswirkungen auf das Freizeitverhalten und speziell auf den Fremdenverkehr der Bundesbürger insgesamt haben; denn die verschiedenen Altersgruppen unterscheiden sich zum Teil recht erheblich in ihren Präferenzen und Verhaltensweisen. So traten beispielsweise 1981/82 lediglich 36,5 % der Personen über 64 Jahre eine längere Urlaubs- oder Erholungsreise an gegenüber 50,0 % in der Gesamtbevölkerung, am stärksten war die Reiseintensität dagegen bei der Gruppe der 25- bis 45jährigen mit 58,5 % (siehe Tab. 16).

Demzufolge lassen die oben skizzierten Altersgruppenverschiebungen zumindest einen leicht positiven Einfluß auf die allgemeine Reisebeteiligung und - infolge der höheren Inlandsreisenanteile bei Rentnern - auch auf die Inlandsreisen erwarten. Daneben lassen sich verschiedene altersspezifische Präferenzen nachweisen, etwa für Reiseziele, benutzte Verkehrsmittel, Reiseformen oder Unterkunftsarten, die jedoch eine genauere Analyse erfordern würden.

Es muß jedoch betont werden, daß es methodisch bedenklich ist, die Urlaubsgewohnheiten der Altersgruppen einfach demographisch fortzuschreiben, weil es zunächst ungeklärt ist, ob das Reise- und Urlaubsverhalten

- der Zugehörigkeit zu einer Altersgruppe, d.h. gewissermaßen dem biographischen Ablauf folgend,

oder

- der Zugehörigkeit zu bestimmten Kohorten bzw. Generationen (z.B. Kriegs-, Nachkriegs-, Wiederaufbau-, Wirtschaftswundergeneration) folgend geprägt wird; vermutlich überlagern sich beide Prägungen, neben denen selbstverständlich noch andere Einflüsse mitwirken.

Will man Prognosen für die zukünftige Entwicklung des Fremdenverkehrs wagen, müssen eben auch veränderte Verhaltensweisen der nachgewachsenen Jahrgänge beachtet werden. Die zukünftig ins Rentenalter "nachrückende" Generation ist zunehmend reiseerfahrener, mobiler und daher auch reisewilliger als frühere Rentnergenerationen bzw. -jahrgänge. Auch der zu beobachtende Wertewandel (vor allem bezogen auf Arbeit und Freizeit) kann Veränderungen des Fremdenverkehrs nach sich ziehen.

Ein weiterer Aspekt ergibt sich aus der bis 1990 wahrscheinlich um 1 Mio abnehmenden Gesamtbevölkerung der Bundesrepublik, was bei gleichbleibender Reiseintensität zu ca. 600 000 Reisenden weniger pro Jahr führen wird (E. Martin 1986, S. 32). Für die Touristik ist es angesichts dieser Gesamtaussichten wichtig, alle Chancen zur Steigerung der Reiseintensität zu nutzen, um den zu erwartenden Rückgang auszugleichen, was umso wichtiger ist, als es sich

hierbei um ein internationales Phänomen handelt, denn auch in anderen Indu-
strienationen und potentiellen Tourismusnachfrage-Ländern steht eine rückläufige Bevölkerungsentwicklung als Basis eines Nachfragerückgangs für die absehr-
bare Zeit an.

V: Wirtschaftspolitische Rahmenbedingungen

Die Tourismuspolitik des Bundes folgt auch heute noch denselben Zielen, wie
sie schon 1975 in dem Bericht "Tourismus in der Bundesrepublik Deutschland -
Grundlagen und Ziele" (Bundestagsdrucksache 7/3840) von der damaligen Bundesregierung dargelegt wurden; es sind dies im einzelnen:

- Sicherung der für eine kontinuierliche Entwicklung des Tourismus erforder-
  lichen Rahmenbedingungen
- Steigerung der Leistungs- und Wettbewerbsfähigkeit der deutschen Fremden-
  verkehrswirtschaft
- Verbesserung der Möglichkeiten für die Teilnahme breiter Bevölkerungs-
  schichten am Tourismus
- Ausbau der internationalen Zusammenarbeit im Tourismus
- Verbesserung der Voraussetzungen für die Durchführung der Tourismuspolitik
  - Koordinierung und Information - (a.a.O., S. 38f., sowie Bundestagsdruck-
  sache 10/5455 von 1986, S. 58).

Die Zukunftsaussichten für den Fremdenverkehr werden von der Bundesregierung
noch immer weitgehend positiv beurteilt, denn sie "... geht davon aus, daß die
grundlegenden ökonomischen Bestimmungsgründe der Tourismusnachfrage - Realeinkommen und arbeitsfreie Zeit - unverändert wirksam sein werden. Es ist kein
Grund ersichtlich, daß steigende Einkommen nicht weiterhin überproportional
für Freizeitzwecke und insbesondere für Reisen verwendet werden." (Bundestagsdrucksache 10/5455, S. 8).

Verschiedene Instrumente auf Bundes- und Länderebene sollen den inländischen
Fremdenverkehr stärken, wenn auch teilweise vor allem im Rahmen übergeordneter
Ziele:

"Der Fremdenverkehr leistet nach übereinstimmender Auffassung von Bund und
Ländern wichtige Beiträge zur wirtschaftlichen Entwicklung strukturschwacher
Gebiete, soweit sie sich wegen landschaftlicher oder kulturhistorischer Attraktivität für den Tourismus eignen. Die Regionalförderung im Rahmen der
Gemeinschaftsaufgabe ("Verbesserung der regionalen Wirtschaftsstruktur" (GA)
schließt deshalb auch Betriebe und Infrastruktureinrichtungen des Fremdenverkehrs ein." (a.a.O., S. 10).

Auch die Beurteilung des wohl wichtigsten Förderungsinstrumentes ("Gemeinschaftsaufgabe") fällt - wie nicht anders zu erwarten - positiv aus:

"Der Schwerpunkt der Fremdenverkehrsförderung liegt bei der Gemeinschaftsaufgabe "Verbesserung der regionalen Wirtschaftsstruktur". Die von Bund und Ländern gemeinsam festgelegten Rahmenbedingungen haben sich bewährt; die Regelungen konnten geänderten Marktbedingungen, die sich aus strukturellen und konjunkturellen Entwicklungen der touristischen Nachfrage ergaben, flexibel angepaßt werden. Gewerbliche Investitionen, die der Modernisierung von Fremdenverkehrsbetrieben dienen, können seit 1983 in gleicher Höhe gefördert werden wie Errichtungsinvestitionen. Diese Akzentverschiebung trägt der gemeinsamen Auffassung von Bund und Ländern Rechnung, daß der Qualitätssteigerung des touristischen Angebotes besondere Bedeutung beizumessen ist. ... Entsprechendes gilt für die Fördermaßnahmen im Rahmen der verschiedenen ERP-Programme." (a.a.O., S. 16).

Daneben muß die Förderung von Infrastruktureinrichtungen erwähnt werden, die u.U. - je nach Art der Einrichtung - auch der Naherholung der ansässigen Bevölkerung dienen kann. "Im übrigen trägt eine ausgewogene, vielfältige und nachfragegerechte touristische Infrastruktur maßgeblich zur qualitativen Verbesserung des Fremdenverkehrsangebotes bei. Innerhalb der Gemeinschaftsaufgabe wird dieses Instrument intensiv genutzt: Seit Bestehen der Gemeinschaftsaufgabe sind 2624 Fremdenverkehrsprojekte, das sind rd. 35 % sämtlicher durch die Gemeinschaftsaufgabe finanziell unterstützter Infrastrukturvorhaben, gefördert worden. Gemessen am geförderten Investitionsvolumen beträgt der Anteil der Fremdenverkehrsvorhaben fast 25 %" (a.a.O., S. 31)[1].

Ob die bisher eingesetzten wirtschaftspolitischen Förderungsinstrumente tatsächlich erfolgreich und angemessen waren bzw. sind (etwa innerhalb eines marktwirtschaftlichen Systems!) oder ob beispielsweise ein Großteil der geförderten Investitionsmaßnahmen nicht auch ohne öffentliche Fördermittel erfolgt wäre, kann nur im einzelnen überprüft werden. Einer der Angriffspunkte einer solchen Überprüfung könnte im Einzelfall auch die Hervorhebung von Besonderheiten der örtlichen und regionalen Urlaubsangebote sein. Eine Analyse der Angebotsseite im Fremdenverkehr, die man ja auch zu den Rahmenbedingungen zählen kann, unterbleibt hier allerdings aus Kostengründen.

---

1) Die Aufzählung weiterer Programme und Maßnahmen zur Fremdenverkehrsförderung kann hier unterbleiben. Nähere Informationen dazu kann man der einschlägigen Literatur entnehmen (z.B. C. Becker/K. Klemm 1978, M. Meyer 1983).

99

Literatur

Autorengemeinschaft, Zur Arbeitsmarktentwicklung 1984/85. In: Mitteilungen aus der Arbeitsmarkt- und Berufsforschung (MittAB), Heft 1/1985, S. 1ff.

Becker, C. u. Klemm, K., Raumwirksame Instrumente des Bundes im Bereich der Freizeit, Schriftenreihe "Raumordnung" des Bundesministers für Raumordnung, Bauwesen und Städtebau, Heft 028, Berlin/Trier 1978.

Bildung im Zahlenspiegel 1985, hrsg. vom Statistischen Bundesamt Wiesbaden, Stuttgart und Mainz 1985.

Brinkmann, C., Die individuellen Folgen langfristiger Arbeitslosigkeit. In: Mitteilungen aus der Arbeitsmarkt- und Berufsforschung (MittAB), Heft 4/1984, S. 654ff.

Bundestagsdrucksache 7/3840 vom 1.7.1975, Unterrichtung durch die Bundesregierung. Tourismus in der Bundesrepublik Deutschland - Grundlagen und Ziele -.

Bundestagsdrucksache 10/5455 vom 9.5.1986, Antwort der Bundesregierung zur Fremdenverkehrspolitik.

Datenreport 1985. Zahlen und Fakten über die Bundesrepublik Deutschland, hrsg. vom Statistischen Bundesamt, Bonn 1985.

Die Rentenbestände in der Rentenversicherung der Arbeiter und der Angestellten in der Bundesrepublik Deutschland, hrsg. vom Bundesminister für Arbeit und Sozialordnung, Bonn 1984.

Entwicklung ländlicher Räume durch den Fremdenverkehr. Forschungsberichte und Seminarergebnisse, Schriftenreihe "Raumordnung" des Bundesministers für Raumordnung, Bauwesen und Städtebau, Heft 058, Bonn-Bad Godesberg 1986.

Enzensberger, H.M., Eine Theorie des Tourismus. In: ders., Einzelheiten, Frankfurt a.M. 1962.

Fachserie 6: Handel, Gastgewerbe, Reiseverkehr, Reihe 4: Beschäftigte und Umsatz im Gastgewerbe, hrsg. vom Statistischen Bundesamt, Wiesbaden/Stuttgart 1971-1981 (früher: Fachserie F, Reihe 7.1).

Fachserie 6: Handel, Gastgewerbe, Reiseverkehr, Reihe 7.3: Urlaubs- und Erholungsreisen, hrsg. vom Statistischen Bundesamt, Wiesbaden/Stuttgart 1975-1981/82 (früher: Fachserie F, Reihe 8.3).

Frank, K.O., Der Bildschirmtext als neues Medium der Individualkommunikation und seine Auswirkungen auf die Marketinginstrumente im Tourismus. In: Haedrich, G., u.a., 1983, S. 547ff.

Haedrich, G., Kaspar, C., Kleinert, H., Klemm, K., Tourismus-Management. Tourismus-Marketing und Fremdenverkehrsplanung. (Marketing Management 8) Berlin/New York 1983.

Klatt, H., Das Gesetz über den Reisevertrag - Rechtsgrundlagen und Auswirkungen. In: Haedrich, G., u.a., 1983, S. 527ff.

ₑnᵤ ʳienmenschen. Für ein neues Verständnis von Freizeit
ᵈ R ₐ/Schwäbisch Hall 1984.

ₐ Zahlen '75, '80 und '84, hrsg. vom Bundesminister für Wirtschaft.

ₐₜin, E., Entwicklung der touristischen Nachfrage im ländlichen Raum. In:
Entwicklung ländlicher Räume durch den Fremdenverkehr, 1986, S. 19ff.

Meyer, M., Das förderinstrumentarium des Fremdenverkehrs. In: Haedrich, G.,
u.a., 1983, S. 331ff.

Nake-Mann, B. u.a., Neue Trends in Freizeit und Fremdenverkehr und ihre Auswirkungen auf ausgewählte Feriengebiete in der Bundesrepublik Deutschland,
Schriftenreihe "Raumordnung" des Bundesministers für Raumordnung, Bauwesen
und Städtebau, Heft 051, Bonn-Bad Godesberg 1984.

Popper, K.R., Die offene Gesellschaft und ihre Feinde, 1944.

Prahl, H.-W., Steinecke, A., Der Millionen-Urlaub. Von der Bildungsreise zur
totalen Freizeit, Darmstadt/Neuwied 1979.

Reiseanalysen: siehe unter Studienkreis für Tourismus.

Statistisches Jahrbuch 1985 für die Bundesrepublik Deutschland, hrsg. vom
Statistischen Bundesamt Wiesbaden, Stuttgart und Mainz 1985.

Statistisches Taschenbuch 1985. Arbeits- und Sozialstatistik, hrsg. vom Bundesminister für Arbeit und Sozialordnung, Bonn 1985.

Studienkreis für Tourismus (Starnberg), Urlaubsreisen 1974-1984, Kurzfassungen
der Reiseanalysen.

Tietz, B., Handbuch der Tourismuswirtschaft, München 1980.

Wirtschaft in Zahlen, Ausgabe 1983, hrsg. vom Statistischen Bundesamt Wiesbaden.

Wirtschaft und Statistik, Tabellenband 1985.

Anhang

Tab. 1: Reisende und Reiseintensität

| | Ergebnisse des Mikrozensus | | | Ergebnisse der "Reiseanalysen" | | |
Jahr	Reisende in Mill.	Reiseintensität in % der Wohnbevölkerung	Veränderung gegenüber Vorjahr (%)	Reisende in Mill.	Reiseintensität in % der Wohnbevölkerung	Veränderung gegenüber Vorjahr (%)
1962	15,0	26,4	-	-	-	-
1970	23,0	37,5	+ 1,1	18,5	41,6	-
1975	29,0	47,1	-	25,1	55,9	+ 3,4
1976	27,2	44,3	- 2,8	24,0	53,0	- 2,9
1977	29,1	47,4	+ 3,1	24,3	53,7	+ 0,7
1978	29,1	47,5	+ 0,1	25,8	56,2	+ 2,5
1979	30,7	49,9	+ 2,4	26,5	57,0	+ 0,8
1980	29,6	48,0	- 1,8	27,1	57,7	+ 0,7
1981	30,8	50,0	+ 2,0	26,6	55,9	- 1,8
1982	-	-	-	26,3	55,0	- 0,9
1983	-	-	-	26,2	54,4	- 0,6
1984	-	-	-	26,7	55,3	+ 0,9
1985	-	-	-	-	57,1	+ 1,8

- gesamte Wohnbevölkerung
- Berichtszeitraum: bis 1970 Oktober des des Vorjahres bis September, 1975 Kalenderjahr, ab 1976 April bis März des folgenden Jahres
- Quellen: Statistisches Bundesamt, Fachserie 6, Reihe 7.3, 1975 - 1981/2 Wirtschaft in Zahlen 1983, S. 128.

- deutsche Wohnbevölkerung ab 14 Jahren
- Berichtszeitraum: Kalenderjahr
- Quellen: Studienkreis für Tourismus, Urlaubsreisen 1974 bis 1984, sowie Bundestagsdrucksache 10/5455, S. 3.

Tab. 2: Urlaubs- und Erholungsreisen[1] (Mikrozensus)

| | | | davon: Auslandsreisen | | Inlandsreisen[2] | | | | |
Jahr	Reisen insgesamt in Mill.	Veränderung gegenüber Vorjahr i.%	in Mill.	Veränderung gegenüber Vorjahr i.%	in Mill.	Veränderung gegenüber Vorjahr i.%	Anteil der Auslands- reisen %	Inlands- reisen %
1962	16,0	-	6,3	-	9,7	-	39,0	61,0
1970	28,5	+ 9,2	12,1	-	16,4	-	42,5	57,5
1975	34,7	-	18,8	-	15,9	-	54,2	45,8
1976	34,4	- 0,9	18,6	- 1,1	15,8	- 0,6	54,2	45,8
1977	36,8	+ 7,0	20,6	+ 10,8	16,2	+ 2,5	56,0	44,0
1978	37,6	+ 2,2	21,7	+ 5,3	15,9	- 1,9	57,8	42,2
1979	39,0	+ 3,7	22,5	+ 3,7	16,5	+ 3,8	57,6	42,3
1980	37,3	- 4,4	22,0	- 2,2	15,3	- 7,3	58,9	41,1
1981	39,1	+ 4,8	23,0	+ 4,5	16,1	+ 5,2	58,9	41,1

1) Von mindesten 5 Tagen Dauer. 2) Einschließlich DDR.
Berichtszeitraum bis 1970: Oktober des Vorjahres bis September, 1975: Kalenderjahr, ab 1976: April bis März des folgenden Jahres.
Quellen: Statistisches Bundesamt, Fachserie 6, Reihe 7.3, 1975 - 1981/2; Nake-Mann 1984, S. 54.

Tab. 3: Urlaubs- und Erholungsreisen[1] ("Reiseanalysen")

Jahr	Reisen insgesamt in Mill.	Veränderung gegenüber Vorjahr i.%	davon: Auslandsreisen in Mill.	Veränderung gegenüber Vorjahr i.%	Inlandsreisen[2] in Mill.	Veränderung gegenüber Vorjahr i.%	Anteil der Auslands- reisen %	Anteil der Inlands- reisen %
1975	25,1	–	13,6	–	11,5	–	54,2	45,8
1976	24,0	– 4,4	13,3	– 2,2	10,7	– 7,0	55,3	44,7
1977	24,3	+ 1,3	13,8	+ 3,8	10,5	– 1,9	56,7	43,3
1978	25,8	+ 6,2	15,3	+ 10,9	10,5	0,0	59,4	40,6
1979	26,5	+ 2,7	16,3	+ 6,5	10,2	– 3,9	61,4	38,6
1980	27,1	+ 2,3	16,3	0,0	10,8	+ 5,9	60,3	39,7
1981	26,6	– 1,8	16,3	0,0	10,3	– 4,6	61,3	38,7
1982	26,3	– 1,1	16,0	– 1,8	10,4	+ 1,0	60,8	39,2
1983	26,2	– 0,4	16,3	+ 1,9	9,8	– 5,8	62,4	37,6
1984	26,7	+ 1,9	17,5	+ 7,4	9,2	– 6,1	65,6	34,3

1) Haupturlaubsreisen von mindesten 5 Tagen Dauer.   2) Einschließlich DDR.

Berichtszeitraum: Kalenderjahr.

Quelle: Studienkreis für Tourismus, Urlaubsreisen 1975 bis 1984, Kurzfassungen der "Reiseanaly-sen".

Tab 4: Beherbergungsstatistik, Übernachtungen und Ankünfte in gewerblichen Beherbergungsstätten und Privatzimmern[1]

Jahr	Übernachtungen in Mill.	Veränderung gegenüber Vorjahr in %	Ankünfte in Mill.	Veränderung gegenüber Vorjahr in %	durchschnittliche Aufenthaltsdauer in Tagen
1955	81,5	–	22,9	–	3,6
1960	127,7	–	30,4	–	4,2
1965	158,5	+ 3,5	35,5	+ 3,2	4,5
1970	184,7	+ 5,1	39,9	+ 5,3	4,6
1975	227,2	+ 4,6	45,0	+ 4,5	5,0
1976	226,5	– 0,3	47,0	+ 4,2	4,8
1977	231,7	+ 2,3	49,3	+ 5,0	4,7
1978	238,7	+ 3,0	51,2	+ 3,7	4,7
1979	243,8	+ 2,1	52,4	+ 2,4	4,7
1980	250,0	+ 2,5	54,1	+ 3,3	4,6
1981	210,0	–	52,4	–	4,0
1982	196,1	– 6,6	51,3	– 2,0	3,8
1983	190,8	– 2,7	52,0	+ 1,3	3,7
1984[2]	196,2	+ 2,8	53,8	+ 3,4	3,6

1) Ohne Campingplätze, Jugendherbergen und Kinderheime.   2) Vorläufiges Ergebnis.

Bis 1980: in sogenannten Berichtsgemeinden mit 5.000 (vor 1971 3.000) Übernachtungen jährlich; ab 1981: neues Berichtssystem (bundesweit alle Beherbergungsstätten ab 9 Betten), daher keine Verän-derungsraten für 1981.

Quellen: Statistisches Bundesamt, Fachserie 6, Reihe 7.1 Übernachtungen (nach E. Martin 1986, S. 26) sowie Leistung in Zahlen '75, S. 37, und '84 S. 29.

Tab. 5: Umsätze im Gastgewerbe

Jahr (1977 = 100)	Index[1]	Veränderung gegenüber Vorjahr in %
1970	100,0	–
1971	106,4	+ 6,4
1972	113,2	+ 6,4
1973	118,3	+ 4,5
1974	123,7	+ 4,6
1975	131,2	+ 6,1
1976	138,2	+ 5,3
1977	145,5	+ 5,3
1978	152,6	+ 4,9
1979	160,6	+ 5,2
1980	171,9	+ 7,0
1981	177,8	+ 3,4
1982	179,0	+ 0,7
1983	181,4	+ 1,3
1984	185,9	+ 2,5

1) In jeweiligen Preisen.

Quellen: Statistisches Bundesamt, Fachserie 6, Reihe 4 (Beschäftigte und Umsatz im Gastgewerbe) 1971 - 1981; Wirtschaft und Statistik, Tabellenband 1985, S. 488 sowie eigene Berechnungen.

Tab. 6: Durchschnittliche Abzüge und Nettorealverdienste jährlich je beschäftigten Arbeitnehmer

| Jahr[1] | Abzüge | | | | Nettorealverdienste[3] | |
	Lohnsteuer DM	Beiträge[2] DM	insgesamt DM	%	DM	%
1950	133	231	364	–	6.417	–
1955	276	343	619	+ 9,6	8.635	+ 6,1
1960	393	580	973	+ 17,8	10.798	+ 4,6
1960	390	580	970	–	10.788	–
1961	491	622	1.113	+ 14,7	11.530	+ 6,9
1962	562	687	1.250	+ 12,3	12.170	+ 5,6
1963	626	730	1.356	+ 8,5	12.464	+ 2,4
1964	730	790	1.520	+ 12,1	13.201	+ 5,9
1965	730	870	1.600	+ 5,3	14.040	+ 6,4
1966	863	960	1.823	+ 13,9	14.370	+ 2,4
1967	908	1.013	1.921	+ 5,4	14.581	+ 1,5
1968	1.026	1.131	2.157	+ 12,3	15.068	+ 3,3
1969	1.230	1.278	2.508	+ 16,3	15.878	+ 5,4
1970	1.632	1.483	3.115	+ 24,2	17.384	+ 9,5
1971	2.030	1.641	3.671	+ 17,8	18.105	+ 4,1
1972	2.129	1.849	3.978	+ 8,4	18.802	+ 3,8
1973	2.733	2.152	4.885	+ 22,8	18.966	+ 0,9
1974	3.234	2.384	5.618	+ 15,0	19.415	+ 2,4
1975	3.258	2.671	5.930	+ 5,6	19.531	+ 0,6[4]
1976	3.718	3.050	6.768	+ 14,1	19.517	– 0,1
1977	4.132	3.292	7.424	+ 9,7	19.935	+ 2,1
1978	4.150	3.483	7.633	+ 2,8	20.681	+ 3,7
1979	4.298	3.682	7.980	+ 4,5	21.155	+ 2,3
1980	4.875	3.951	8.826	+ 10,6	21.096	– 0,3
1981	5.090	4.242	9.332	+ 5,7	20.751	– 1,6
1982p	5.436	4.559	9.996	+ 7,1	20.267	– 2,3
1983p	5.758	4.787	10.545	+ 5,5	20.117	– 0,7
1984p	6.143	5.027	11.170	+ 5,9	19.978	– 0,7

1) 1950, 1955, 1960 (1. Zeile) ohne Saarland und Berlin.
2) Tatsächliche Sozialbeiträge der Arbeitnehmer.
3) In Preisen von 1980: deflationiert mit dem Preisindex für die Lebenshaltung von 4-Personen-Arbeitnehmerhaushalten mit mittlerem Einkommen (6.11). 4) Einschl. Kindergeld: + 3 1/2 %

Quelle: Statistisches Taschenbuch. Arbeits und Sozialstatistik 1985, Übersicht 1.15.

Tab. 7: Preise, Nominal und Reallöhne (Jahresdurchschnitt)

	Preisindex für die Lebenshaltung[1]		Bruttostundenverdienst der Industriearbeiter nominal		real[2]	
Jahr	1976 = 100	Veränderung gegen Vorjahr in vH	1976 = 100	Veränderung gegen Vorjahr in vH	1976 = 100	Veränderung gegen Vorjahr in vH
1970	71,5	+ 3,2	59,2	+ 14,7	82,8	+ 11,1
1975	95,8	+ 6,1	94,0	+ 7,8	98,1	+ 1,6
1976	100,0	+ 4,4	100,0	+ 6,4	100,0	+ 1,9
1977	103,5	+ 3,5	107,1	+ 7,1	103,5	+ 3,5
1978	106,1	+ 2,5	112,8	+ 5,3	106,3	+ 2,7
1979	110,2	+ 3,9	119,3	+ 5,8	108,3	+ 1,9
1980	115,9	+ 5,3	127,2	+ 6,6	109,7	+ 1,3
1981	123,3	+ 6,3	134,4	+ 5,7	109,0	− 0,6
1982	129,8	+ 5,4	140,6	+ 4,6	108,3	− 0,6
1983	134,0	+ 3,2	145,0	+ 3,1	108,2	− 0,1
1984	137,2	+ 2,4	148,5	+ 2,4	108,2	0,0

1) 4-Personen-Arbeitnehmerhaushalt mit mittlerem Einkommen (umbasierte Reihe). 2) Unter Ausschaltung von Preissteigerungen.

Quelle: Leistung in Zahlen '84, S. 19.

Tab. 8: Reisebeteiligung nach Einkommensklassen 1981/82

Haushaltsnettoeinkommen von ... bis unter ... DM	Reisebeteiligung (in % der Bevölkerungsgruppe)
unter 1.200	34,7
1.200 - 1.600	41,2
1.600 - 2.000	45,5
2.000 - 2.500	49,1
2.500 - 3.000	55,1
3.000 - 4.000	57,2
4.000 und mehr	62,8
Sonstige Haushalte	25,8
Insgesamt	50,0

Quelle: Statistisches Bundesamt, Fachserie 6, Reihe 7.3 (Urlaubsreisen), 1981/82, S. 17.

Tab. 9: Devisenausgaben im Reiseverkehr (in Milliarden DM)

Jahr	von Deutschen im Ausland	von Ausländern in der Bundesrepublik Deutschland
1950	0,1	0,1
1955	0,9	1,2
1960	2,7	1,7
1965	5,3	2,6
1970	10,2	4,9
1975	20,9	7,0
1976	22,4	8,1
1977	25,5	9,1
1978	28,7	9,7
1979	32,2	10,6
1980	36,6	11,4
1981	39,1	13,2
1982	39,4	13,1
1983	38,4	14,0
1984	39,6	15,6

Quelle: Leistung in Zahlen '80 und '84, S. 29.

Tab. 10: Ausgaben für Urlaubsreisen (in Mrd. DM)

Jahr	Inland	Ausland	insgesamt
1969	4,4	5,1	9,5
1970	5,1	6,2	11,4
1971 [*)	5,7	8,1	13,7
1972 [*)	6,3	9,5	15,8
1973 [*)	6,5	11,5	18,0
1974 [*)	6,6	11,6	18,2
1975	7,5	14,8	22,3
1976	7,7	15,3	23,0
1977	8,4	17,9	26,3
1978	8,3	19,4	27,2
1979	9,0	22,0	31,0
1980	9,3	23,3	32,6
1981	10,2	25,2	35,4
1982 [2)	10,5	26,2	36,7
1983 [2)	10,3	25,7	36,0
1984 [2)	10,6	26,1	36,7

1) Es handelt sich ab 1976 um den Zeitraum vom 1.4. bis 31.3. des Folgejahres. 2) Geschätzt, da keine Mikrozensuserhebungen.

*) Schätzung BMWi.

Quelle: Leistung in Zahlen '75, S. 38, und '80/'84, s. 29.

Tab. 11: Reiseausgaben (April 1976 bis März 1977 = 100)

Gegenstand der Nachweisung	1977/78	1978/79	1979/80	1980/81	1981/82
			in jeweiligen Preisen		
Inland	108,9	108,2	117,1	121,3	133,1
Ausland	117,0	126,8	143,4	151,9	164,6
Insgesamt	114,3	120,6	134,6	141,7	154,1
			in konstanten Preisen[1]		
Inland	104,3	99,0	102,4	99,3	102,7
Ausland	112,2	115,6	123,4	117,3	116,7
Insgesamt	109,5	110,0	116,4	111,6	112,2

1) Geschätzt aufgrund der Entwicklung des Teilpreisindex "Urlaubs- und Gesellschaftsreisen".

Quelle: Statistisches Bundesamt, Fachserie 6, Reihe 7.3, 1981/82, S. 10.

Tab. 12: Tarifvertragliche Urlaubsdauer

Jahr	Anspruch auf eine Urlaubsdauer von				Durchschnittliche Urlaubsdauer
	3 bis unter 4 Wochen	4 bis unter 5 Wochen	5 bis unter 6 Wochen	6 Wochen und mehr	
	hatten ... % der tariflich erfaßten Arbeitnehmer				Arbeitstage = 5 Tage je Woche
1974	15	60	25	0	22 1/2
1975	15	55	30	0	23
1976	15	49	36	0	23 1/2
1977	12	49	39	0	24
1978	9	42	49	0	24 1/2
1979	6	33	59	2	25
1980	5	22	69	4	26
1981	4	19	52	25	27
1982	4	13	45	38	28
1983	4	10	39	47	28 1/2
1984	2	7	33	58	29
1985[1]	–	3	25	72	29 1/2

1) Schätzung des IAB.

Quelle: Bundesarbeitsblatt 3/1985, BMA.

Aus: Autorengemeinschaft, Zur Arbeitsmarktentwicklung 1984/85, S. 15. In: Mitteilungen aus der Arbeitsmarkt- und Berufsforschung (MittAB), Heft 1/1985, S. 1 ff.

Tab. 13: Durchschnittliche Wochen- und Jahresarbeitszeit für alle Arbeitnehmer
in der Gesamtwirtschaft

Jahr	Tarifliche Wochenarbeitszeit	Tarifliche jährliche Arbeitszeit - in Stunden -	Tatsächliche jährliche Arbeitszeit	Veränderung der tatsächlichen jährlichen Arbeitszeit gegenüber dem Vorjahr in %
1960	44,56	2.123,8	2.080,8	-
1965	42,81	2.007,9	1.975,8	- 5,0
1970	41,46	1.898,1	1.884,2	- 4,6
1971	41,14	1.888,6	1.855,4	- 1,5
1972	41,02	1.869,4	1.832,0	- 1,3
1973	40,91	1.853,0	1.805,1	- 1,5
1974	40,74	1.831,9	1.776,4	- 1,6
1975	40,33	1.810,9	1.736,2	- 2,3
1976	40,25	1.838,5	1.771,4	+ 2,0
1977	40,23	1.818,3	1.743,0	- 1,6
1978	40,19	1.802,8	1.719,5	- 1,3
1979	40,16	1.789,7	1.702,8	- 1,0
1980	40,13	1.789,4	1.691,6	- 0,7
1981	40,10	1.779,7	1.676,7	- 0,9
1982	40,03	1.779,9	1.680,8	+ 0,2
1983	40,01	1.775,6	1.681,7	+ 0,1
1984	40,00	1.764,0	1.675,6	- 0,3
1985I	39,78	1.738,4	1.649,3	- 1,5
1985II	39,78	1.738,4	1.655,2	- 1,2

1983 und 1984: vorläufig, 1985I und II: Schätzung mit zwei Varianten.

Quelle: Autorengemeinschaft, Zur Arbeitsmarktentwicklung 1984/85, S. 25. In: Mitteilungen aus der Arbeitsmarkt- und Berufsforschung (MittAB), Heft 1, 1985, S. 1 ff (Originalquelle: Statistisches Bundesamt, IAB).

Tab. 14: Entwicklung der Teilzeitbeschäftigung
- Normalerweise 1 - 36 Stunden in der Woche geleistet

Jahr	Teilzeitquoten[1] - % -		
	Männer	Frauen	insgesamt
1960[2]	1,5	8,6	3,9
1965[2]	1,5	16,4	6,5
1970[2]	1,5	24,4	9,3
1975	1,9	29,5	12,1
1980	1,4	29,0	11,9
1983	1,9	33,0	13,7
1984[2]	1,9	33,3	13,9

1) Prozentsatz der Teilzeitbeschäftigten des Mikrozensus.
2) Rückrechnungen bzw. Schätzungen des IAB aufgrund anderer statistischer Reihen (Mikrozensus, Sozialversicherungspflichtig Beschäftigte).

Aus: Autorengemeinschaft, Zur Arbeitsmarktentwicklung 1984/85, S. 18. In: Mitteilungen aus der Arbeitsmarkt- und Berufsforschung (MittAB), Heft 1/1985, S. 1 ff.

Tab. 15: Reiseverkehrsmittel der (Haupt-)Urlaubsreisen (Anteile)

Jahr	Pkw	Flugzeug	Bahn	Bus	Schiff	Sonstige	Insgesamt
1973	58,3	10,2	23,5	5,8	0,9	0,9	99,6
1974	58,5	12,3	20,0	7,0	1,1	0,9	99,7
1975	60,9	11,9	18,5	7,1	0,6	0,7	99,5
1976	64,2	11,8	16,7	6,3	0,3	0,6	99,8
1977	61,2	13,0	17,9	6,3	0,8	0,7	99,8
1978	60,2	14,3	16,8	7,1	0,8	0,8	100,0
1979	59,4	16,7	14,8	7,5	0,8	0,8	100,0
1980	59,2	15,9	15,6	7,8	0,8	0,8	100,0
1981	55,9	16,1	15,9	9,6	0,8	1,2	100,0
1982	59,0	15,7	14,4	9,3	0,7	0,9	100,0
1983	60,5	16,0	12,5	9,0	0,2	1,8	100,0
1984	60,1	18,3	11,1	8,3	0,8	1,4	100,0

Quelle: Studienkreis für Tourismus, Urlaubsreisen 1974 bis 1984, Kurzfassungen der Reiseanalysen.

Tab. 16: Reisebeteiligung nach Altersgruppen 1981/82

Alter von ... bis unter ... Jahren	Reisebeteiligung (in % der Bevölkerungsgruppe)
unter 14	47,4
14 - 25	46,8
25 - 45	58,5
45 - 65	52,9
65 und mehr	36,5

Quelle: Statistisches Bundesamt, Fachserie 6, Reihe 7.3 (Urlaubsreisen), 1981/82, S. 17.

FREMDENVERKEHR UND REGIONALPOLITIK

Bewertung eines regionalen Entwicklungsfaktors

von
Jörg Maier, Bayreuth

Gliederung

1. Problemstellung: Zur Neubelebung der Diskussion um den Zusammenhang zwischen Tourismus und Regionalentwicklung

2. Die Vorstellung einer modifizierten Regionalpolitik und ihre Übertragung auf den Bereich des Fremdenverkehrs

   a. Grundgedanken eines Konzeptes einer regional orientierten Regionalpolitik
   b. Strategie im Bereich des Tourismus aufgrund des Leitbildes "regionaler Selbstverwirklichung"
   c. Probleme der Akzeptanz dieser Vorstellungen bei ortsansässigen Bürgern und politischen Entscheidungsträgern

3. Fazit: Forderungen an eine modifizierte Regionalpolitik

Regionalpolitische Konzeptionen beeinflussen die Aufmerksamkeit von Entscheidungsträgern auf allen politischen Ebenen in bezug auf die Rolle des Fremdenverkehrs. Zwischen der einseitigen Ausrichtung auf industrielle Förderpolitik einerseits und der Initialzündungsfunktion des Tourismus andererseits pendelt sich die wissenschaftliche Diskussion auf einen Mittelweg der regional orientierten Regionalpolitik ein, in der dem Fremdenverkehr ein gerüttelt Maß an Bedeutung zukommt.

1. Problemstellung: Zur Neubelebung der Diskussion um den Zusammenhang zwischen Tourismus und Regionalentwicklung

Regionalpolitik oder besser regionale Wirtschaftspolitik hat sich, spätestens seit der Betonung des Förder- gegenüber dem Notstandsaspekt, immer dahingehend verstanden, durch staatliche Hilfen regionalwirtschaftliche Entwicklungsprozesse zu induzieren oder zu unterstützen. Diese Unterstützung wurde verschiedenen Wirtschaftszweigen gewährt, im ländlichen Raum mit seiner häufig anzutreffenden landschaftlichen Attraktivität erhielt der Tourismus schon Anfang bis Mitte der 60er Jahre die Aufgabe, für die dortige Bevölkerung eine weitere wirtschaftliche Basis zu sein, in zahlreichen Fällen sogar zum Motor wirtschaftlicher Entwicklung zu werden. Der Begriff Entwicklung wurde dabei in erster Linie als ökonomisches Wachstum verstanden, wobei diese über Multiplikator- und Akzeleratorwirkungen regionale Strukturveränderungen und regionale Wertschöpfungssteigerungen bewirken sollten. Die Multiplikatoreffekte wurden zwischen 1,2 und 3,6 eingeschätzt, mit ein weiterer Hinweis auf die optimistische Grundhaltung dieser Jahre.

Die Raumforschung, insbesondere die Regionalwirtschaftslehre und die Sozial- und Wirtschaftsgeographie begleitete diesen Prozeß mit einer Vielzahl von Untersuchungen. Den Höhepunkt dieser Phase stellte, durch Grenzlandkredite und Sonderabschreibungen bedingt, die Innovation und Diffusion der Freizeit- und Fremdenverkehrszentren - insbesondere im Zonenrandgebiet des Bayerischen Waldes, des Harzes und entlang der Ostseeküste - dar.

Aufgeschreckt durch verschiedene Extrem-Entwicklungen landschaftlicher Veränderung und Belastung in dieser Zeit, durch Stagnationstendenzen im Reiseverkehr innerhalb der Bundesrepublik Deutschland zwischen 1981 und 1983 und durch die konjunkturellen Einflüsse verlor der Gedanke der Initialzündung oder der Promotor-Funktion des Tourismus für die Regionalentwicklung an Bedeutung. Ein Beispiel dafür ist das in Bayern von seiten des Bayerischen Staatsministeriums für Ernährung, Landwirtschaft und Forsten 1969 aufgelegte Programm "Ferien auf dem Bauernhof", das Mitte der 70er Jahre seinen höchsten quantitativen Umfang und seine größte regionale Ausbreitung fand, danach an Interesse verlor und 1983 eingestellt wurde.

Nachdem sich jedoch die Hoffnung auf einen Ausbau der regionalen Disparitäten durch die Regionalpolitik mit ihrer industriellen Dominanz in den Instrumenten und Maßnahmen nicht voll erfüllt hat, trotz erheblicher Zunahme auch an freizeitorientierten Infrastruktureinrichtungen über die Maßnahmen der Gemeinschaftsaufgabe "Verbesserung der regionalen Wirtschaftsstruktur" (mit etwa dem Ergebnis, daß in Oberfranken heute alle 12 km ein Hallenbad und damit eine größere Dichte wie z.B. in der Region München vorzufinden ist), erhielt der Tourismus in den letzten Jahren eine neue Belebung als regionaler

Abb. 1: Fremdenverkehr als regionaler Entwicklungsfaktor

"Wenn ich nur eine Idee hätte, wie man dies alles touristisch nutzen könnte!"

Quelle: Frankfurter Allgemeine Zeitung, 31.1.1985, S. R 2.

Entwicklungsfaktor. In einer Zeit, in der Industrieansiedlungen im ländlichen Raum selten und Dezentralisierungen staatlicher Einrichtungen nur noch wissenschaftlichen Diskussionsstoff liefern, ist dies durchaus verständlich. Aufgrund der jedoch inzwischen eingetretenen veränderten wirtschaftlichen Rahmenbedingungen, der zunehmenden Kritik an dem angenommenen positiven Zusammenhang zwischen Infrastruktur- und Regionalentwicklung sowie in der wachsenden Sensibilisierung der Bevölkerung für ökologische Auswirkungen des Fremdenverkehrs bzw. einer Stärkung des Regionalbewußtseins bei den betroffenen Personen in den Zielgebieten des Tourismus gilt es nun nach Formen und Funktionen des Tourismus zu suchen, die Eingang in eine stärker regional orientierte Regionalpolitik finden.

2. Die Vorstellung einer modifizierten Regionalpolitik und ihre Übertragung auf den Bereich des Fremdenverkehrs

a. Grundgedanken eines Konzepts einer regional orientierten Regionalpolitik

Den Ausgangspunkt dieser Überlegungen stellt die Vorstellung der Selbstverwirklichung von Regionen als zentrales raumplanerisches Leitbild dar. Die Selbstverwirklichung betrifft die Ziele und Lebensumstände der in einer Region lebenden menschlichen Gruppen. Sie kann somit nur in engem Zusammenhang mit der jeweiligen "Situation" (z.B. die Einbindung in das jeweilige Normen- und Wertesystem einer Gesellschaft, regionale Besonderheiten) gesehen werden. Dabei ist zwischen interner und externer Situation zu unterscheiden, d.h. der Problembereich der Selbstverwirklichung von Regionen umfaßt einmal den Selbstbestimmungsprozeß und zum anderen den auf ihn wirkenden Prozeß der Fremdbeeinflussung. Das Streben nach Selbstverwirklichung geschieht also in der Auseinandersetzung zwischen diesen beiden Prozessen. Damit unterscheidet sich diese Vorstellung von der einer naiven endogenen Strategie, wird dabei doch eine Lösung der regionalen Probleme ausschließlich in dem Abbau der Fremdbestimmung versucht.

b. Strategie im Bereich des Tourismus aufgrund des Leitbildes "regionaler Selbstverwirklichung"

Vom Vorfeld jeglicher fremdenverkehrsorientierten Konzeption muß zunächst die Frage nach dem Stand bzw. Stellenwert sowie den Auswirkungen der existierenden Fremdenverkehrsstrukturen stehen. Dies bedeutet, daß gerade diese Überlegungen die Basis für die grundsätzliche Entscheidung bezüglich der Intensivierung, Stagnation oder Reduktion des Fremdenverkehrs darstellen.

114

Aufbauend auf dieser Analyse und Bewertung der Rahmenbedingungen bedarf es zunächst der Festlegung des Ziels der Fremdenverkehrspolitik. Was die interregionalen Zielsetzungen betrifft, so geht es dabei vor allem um das Ziel des Abbaus von Ungleichgewichten (Disparitäten). Dies erscheint jedoch mit der momentanen Ausrichtung der "Fremdenverkehrspolitik" nicht unbedingt möglich, wird doch durch die Aktivitäten der Struktur- und regionalen Wirtschaftspolitik lediglich versucht, die Symptome oder Auswirkungen der regionalen Ungleichgewichte, nicht jedoch die Ursache, nämlich die Zunahme der einseitigen Verflechtungen zwischen Peripherie und (Entscheidungs-)Zentren zu bekämpfen, z.B. im Bereich der Kapitalstrukturen und -verflechtungen.

So muß zunächst nicht nur ein über ökonomische Aspekte hinausgehendes Problembewußtsein auf der Ebene der Landesplanung, sondern auch eine integrale Betrachtungsweise (Integration des Fremdenverkehrs in die Landesplanung zum einen und in die Raumordnungs- bzw. Regionalpolitik zum anderen) gefordert werden. Dies bedeutet jedoch, daß nicht nur die organisatorische Institutionalisierung der Fremdenverkehrspolitik geprüft werden muß, sondern vor allem die Frage nach der Bedeutung der Interessensfelder und -artikulationen seitens der regionalen Bevölkerungs- und Entscheidungsgruppen im Vordergrund stehen muß.

c. Probleme der Akzeptanz dieser Vorstellungen bei ortsansässigen Bürgern und politischen Entscheidungsträgern

Der Versuch einer Erfassung von Einstellungen und Grundhaltungen der Bevölkerung gegenüber dem Tourismus erscheint über den Ansatz der Analyse des sog. Aggressionsgrades der Bevölkerung gegenüber der ablaufenden Fremdenverkehrsentwicklung möglich. Dabei bedürfen die Gründe für die Aggressionsentwicklung einer grundlegenden Untersuchung, werden doch durch die touristischen Nachfrager zum Teil elementare Lebensbereiche und -bedürfnisse der Bevölkerung im Zielgebiet tangiert. Aggressionsformen zeigen sich nach unseren Untersuchungen in oberfränkischen Mittelgebirgsbereichen insbesondere in einer Unzufriedenheit mit dem Preisniveau im Handel und Gaststättenbereich sowie im Grundstücksverkehr (Bodenpreise) und in einer einseitig, auf touristische Verhaltensmuster und Bedürfnisstrukturen ausgerichteten Kommunalpolitik.

Ansatzpunkte zur Bestimmung des Aggressionsgrades ergeben sich dabei im Rahmen der Analyse möglicher Konfliktsituationen zwischen einheimischen Bevölkerungsgruppen und touristischen Nachfragern, wobei exemplarisch vor allem Nutzungskonflikte im Rahmen der Bauleitplanung sowie die Kritik an der Umweltbelastung und Landschaftsveränderung durch touristische Infrastruktureinrichtungen seitens einheimischer Bevölkerungsgruppen zu nennen sind.

Darüber hinaus ist die Frage des regionalen Bewußtseins seitens der Bevölkerung im Zielgebiet im Hinblick auf die Realisierungsdauer einer regional orientierten Regionalentwicklung von großer Bedeutung, stellt doch die Bevölkerung im Bereich des Fremdenverkehrs, insbesondere im Mittelgebirge aufgrund der überschaubaren Strukturen, eine Basis zur Beteiligung von Betroffenen im Rahmen der Entwicklung eines Fremdenverkehrskonzeptes (in Gestalt etwa einer offenen Planung) dar.

Was nun die Grundeinstellung der Bevölkerung z.B. in oberfränkischen Fremdenverkehrsgemeinden zum Fremdenverkehr als kommunalpolitische Entwicklungschance oder -alternative betrifft, so findet die von kommunalen Repräsentanten angestrebte Entwicklungslinie ("Intensivierung des Fremdenverkehrs") weitgehende Zustimmung. Dies ist auch dann der Fall, wenn keine Einkünfte aus dem Fremdenverkehr bezogen wurden. Andererseits zeichnet sich auch die Tendenz einer kritischen Haltung gegenüber kommunalpolitischen Bestrebungen zur ausschließlichen Unterstützung des Fremdenverkehrs ab, was vor allem in Kritikfaktoren, wie einseitige Strukturentwicklung, Arbeitsplatzmangel durch fehlende Industriebetriebe, Saisonabhängigkeit des Fremdenverkehrs, starke Belastung des kommunalen Haushalts durch Freizeit- und Fremdenverkehrseinrichtungen oder Kritik an Baulandpreisen, Landschaftsbelastung und "Überfremdungstendenzen" durch Freizeitwohnsitze seitens der Bevölkerung zum Ausdruck kommt.

Als weiteres Ergebnis läßt sich festhalten, daß der für die Realisierung des Konzeptes einer regional orientierten Regionalentwicklung wichtige Faktor des regionalen Bewußtseins innerhalb der Bevölkerung in Nordost-Bayern im Gegensatz zur Situation im Alpenraum bislang relativ schwache Ausprägungsformen aufweist.

Wie sieht es nun mit den Vorstellungen regionaler und lokaler Entscheidungsträger über Struktur und Entwicklung des längerfristigen Reiseverkehrs aus bzw. welche Interessensgegensätze und -konflikte bestehen zwischen außerregionalen Einflußkräften und innerregionalen Interessenvertretern. Es handelt sich nicht nur um die Beantwortung der Frage, welcher tourismuspolitische Entscheidungs- und Handlungsspielraum auf regionaler Ebene gegeben ist, sondern auch um das Problem der Übernahme von Planungsentwürfen und -ideen von außerhalb des Zielgebietes. Die Analyse der einseitigen Interaktionsbeziehungen zwischen den wirtschaftlichen Zentren (den touristischen Quellgebieten) und den peripheren Räumen konzentriert sich dabei vor allem auf die Vergabe fremdenverkehrspolitischer und -planerischer Ziele, auf die zentrale Festlegung und Verteilung finanzieller Mittel sowie auf die Möglichkeiten der Steuerung und Lenkung von Strukturen und Prozessen im Bereich des Fremdenverkehrs.

Was die Überprüfung dieser Überlegungen etwa in Nordost-Bayern angeht, z.B. die Vorgabe fremdenverkehrspolitischer und -planerischer Ziele und Instrumente, so erfolgt bislang auf regionaler Ebene weder durch staatliche Institutionen noch durch Verbände oder privatwirtschaftliche Organisationen (z.B. Reiseveranstalter) eine eigenständige, regionale Spezifika berücksichtigende Leitbild-, Ziel- und Maßnahmenformulierung des Fremdenverkehrs. Demgegenüber werden vielmehr die Ziele und Instrumente einer zentrenorientierten Regionalpolitik von der Landes- auf die regionale Ebene übertragen. In diesem Zusammenhang erscheint es wichtig, darauf hizuweisen, daß neben der geringen Berücksichtigung regionaler Interessen und Spezifika häufig eine Diskrepanz zwischen außerregionalen Anspruchs- und Erwartungshaltungen von Reiseveranstaltern und Nachfragern (mit häufig bundeseinheitlich gestalteten Stereotypen) und innerregionalen touristischen Möglichkeiten und Notwendigkeiten besteht. Als Gründe hierfür ist seitens der außerregionalen Fremdenverkehrsträger vor allem das große Informationsdefizit über regionalspezifische Strukturen des Fremdenverkehrs in Nordost-Bayern zu erwähnen, aber auch das häufig vorhandene Kooperationsdefizit regionaler Gruppen.

Was fremdenverkehrsplanerische Ansätze auf kommunaler Ebene insgesamt betrifft, so weisen diese weder intra- noch interkommunal bemerkenswerte unterschiedliche Ausprägungsformen auf, wobei dies nicht nur in den (häufig regional austauschbaren, stereotypen) werbepolitischen Aktivitäten deutlich wird, sondern auch in der wenig differenzierten Inanspruchnahme staatlicher Förderprogramme sowie in dem bei zahlreichen Fremdenverkehrsgemeinden Nordost-Bayerns beobachtbaren kommunalen Planungsegoismus. Zusammenfassend läßt sich festhalten, daß sich die Fremdenverkehrsplanung auf kommunaler Ebene in Nordost-Bayern vor allem auf Infrastrukturaktivitäten beschränkt, wobei eine starke Abhängigkeit von den Förderungsmöglichkeiten und -modalitäten auf Landesebene zu beobachten ist.

3. Fazit: Forderungen an eine modifizierte Regionalpolitik

Faßt man die Überlegungen einer modifizierten Regionalpolitik angesichts der Entwicklungen in der Realität zusammen, so ergeben sich folgende Forderungen:

1. Formulierung und Entwicklung regional bezogener Ziele und Maßnahmen der Fremdenverkehrsentwicklung, aufbauend auf entsprechenden Regionalanalysen, Bewertungen der verschiedenen Bevölkerungsgruppen und ausgerichtet an den regionalen Möglichkeiten und Eigenarten.

2. Erfassung und Eignung des Raumes und der Ausbaumöglichkeiten des Fremdenverkehrs unter Berücksichtigung ökonomischer, sozialer und ökologischer Wirkungen sowie der Zielsetzung, besonders die regionale Bevölkerung als Treibkraft der Entwicklung anzusehen (etwa im Hinblick auf die Kapitalbasis).

3. Integration der fremdenverkehrspolitischen Zielsetzungen und daraus abge-
leiteter Planungskonzepte in die Regionalpolitik und -planung, wobei die
Bewertung der regionalwirtschaftlichen Chancen nicht davon ausgehen sollte,
im Fremdenverkehr ein Allheilmittel regionaler Problemstände zu sehen. In
diesem Zusammenhang ist auch die Politik der Bildung von Vorrangfunktionen
für einzelne Räume zu kritisieren, da diese häufig ohne die notwendig
breite Diskussion auf regionaler Ebene ausgewiesen werden. Überleitend zur
Frage der Regionalpolitik ist jedoch darauf hinzuweisen, daß etwa damit
eine aktive Agrarpolitik, Industrieansiedlungspolitik und ein weiteres
Bemühen um Dekonzentration sowie funktionale Dezentralisierung staatlicher
Behörden und privater Unternehmen nicht ausgeschlossen wird.

4. Änderung der Regionalpolitik und insbesondere der regionalen Förderpolitik
in Richtung einer stärker regional orientierten Regionalpolitik, Aufgabe
des Export-Basis-Ansatzes und damit der Dominanz des Primäreffekts bei der
Beurteilung förderwürdiger Branchen. Der Fremdenverkehr, soll er regional-
wirtschaftlich effektiv wirken, muß einen anderen Stellenwert innerhalb der
Förderung erfahren. So positiv spezifische Bundes- und insbesondere Landes-
Programme zu bewerten sind, eine Koordination der Förderungen ist notwendig, im Interesse des angestrebten Ziels.

5. Aufbau regionaler Aktionsgruppen zur Förderung und Koordination regionaler
Ideen und Konzepte sowie Bewertung in dafür eingerichteten regionalen
Institutionen. Sie sollten Kompetenzen eigener Mittelvergabe besitzen und
auch bei der Verteilung der Fördermittel des Bundes und Landes mitbestimmen
können. Eine daraus abgeleitete Vermarktung und Gebietswerbung, wie sie
vielfach bereits besteht, sollte unterstützt werden, um somit wieder mehr
Konkurrenz in die Regionalpolitik einzubeziehen (Wettbewerb der Regionen
anstelle eines pauschalierenden Gießkannen-Prinzips). Damit könnte nicht
zuletzt anstelle der häufig zu beobachtenden "Rentner-Subventions"-Mentali-
tät wieder ein positives regionales Bewußtsein treten.

Zum Verhalten von Investoren und lokalpolitischen Entscheidungsträgern im Fremdenverkehr

von
Christoph Becker, Trier

Gliederung

I. Grundlagen

1. Problemstellung

2. Der Entwicklungsprozeß insgesamt

II. Zum Verhalten von Investoren und politischen Entscheidungsträgern

1. Die privaten Investoren

2. Traditionelle Fremdenverkehrsbetriebe

- Feriengroßprojekte
- Urlaub auf dem Bauernhof
- Campingplätze
- Ferienwohnungen

3. Die lokalpolitischen Entscheidungsträger

Literatur

Genauere Kenntnisse über das Verhalten privater Investoren und lokalpolitischer Entscheidungsträger im Fremdenverkehr sind notwendig, um in peripheren Räumen das regionale Entwicklungspotential ausschöpfen zu können. Gelingt es, besonders die privaten, aber auch die öffentlichen Investoren zu mobilisieren, kann - unterstützt durch die Förderung von Bund und Ländern - die Regionalentwicklung beschleunigt und intensiviert werden.

In der Vergangenheit waren es regelmäßig einzelne Persönlichkeiten wie Gastwirte, Geschäftsleute, Bürgermeister oder private Idealisten, die in der einzelnen Gemeinde eine erste Fremdenverkehrsentwicklung einleiteten. Wenn die Vorurteile überwunden waren und erste Betriebe sich als gute Erwerbsquelle erwiesen, folgten weitere Unternehmer diesem Beispiel.

In jüngerer Zeit konnten bei den verschiedenen Betriebsarten im Fremdenverkehr deutliche Unterschiede beim Investitionsverhalten - insbesondere auch in räumlicher Hinsicht - festgestellt werden.

I. Grundlagen

1. Problemstellung

Die regionale Wirtschaftsförderung hat verschiedene Programme aufgestellt, um u.a. durch eine Förderung des Fremdenverkehrs die Wirtschaft in strukturschwachen Gebieten weiter zu entwickeln. An der Notwendigkeit dieser Förderung, die als "Hilfe zur Selbsthilfe" zu verstehen ist, kann kaum gezweifelt werden. Gerade in einer Zeit, in der die Wirtschaftsentwicklung - und auch die inländische Fremdenverkehrsentwicklung - nur noch allenfalls geringe Zuwachsraten verzeichnen kann, sind Kenntnisse über das Investitionsverhalten und die Wahrnehmung von Förderprogrammen eigentlich besonders notwendig. Eine Ausschöpfung des regionalen Entwicklungspotentials ist im wesentlichen nur dann möglich, wenn es gelingt, potentielle private und öffentliche Investoren zu mobilisieren. Dabei geht es heute weniger um die Errichtung neu gegründeter Betriebe als um die Modernisierung vorhandener oder um den Ersatz überalteter Betriebe und Einrichtungen. Grundsätzlich kann erwartet werden, daß die Förderung eine raschere und intensivere Regionalentwicklung bewirkt.

Obwohl das Investorenverhalten bislang höchstens am Rande von Fremdenverkehrsanalysen untersucht wurde, zeichnet sich ab, daß bei der Entscheidung für eine Investition jeweils ein Bündel von Einflüssen zugrunde liegt. Bestimmte Vorbilder sind bekannt geworden, die Entwicklungsmöglichkeiten signalisieren. Es bestehen bestimmte Vorurteile, die die Entscheidung positiv und negativ beeinflussen. Teilweise liegen Informationen über Fördermöglichkeiten vor. Nicht zuletzt sind ein gewisses Eigenkapital nötig sowie berufliche Qualfikationen oder die Bereitschaft, sich einzuarbeiten.

2. Der Entwicklungsprozeß insgesamt

Die Fremdenverkehrsentwicklung in der einzelnen Gemeinde geht in Mitteleuropa in der Regel auf die Initiative einer Einzelperson oder einer kleinen Gruppe von Initiatoren zurück. Traditionelle Fremdenverkehrsorte, wie vor allem die Bäder, verweisen regelmäßig auf eine bestimmte Persönlichkeit, die den Frem-

120

denverkehr dort begründet hat - wie Ärzte, Pfarrer u.ä. Über die Entwicklung
in der Nachkriegszeit, als die Zahl der Fremdenverkehrsgemeinden insbesondere
in den 50er und 60er Jahren stark anwuchs, liegen interessante Untersuchungsergebnisse über die Initialphase des Fremdenverkehrs in den ländlichen Gebieten Nordhessens vor.

Nach Schulze-Göbel (1972) ließen sich die Fremdenverkehrs-Initiatoren von der
Einsicht leiten, daß der Fremdenverkehr eine gute Chance als Erwerbsquelle
bietet. Demgegenüber war die Landbevölkerung eher davon überzeugt, daß das
Fremdenverkehrsgeschäft unsolide sei. Es galt als relativ einfache Arbeit, bei
der man sich rasch Geld verdienen kann, ohne sich dabei schmutzige Hände zu
machen. Nicht zuletzt stieß das Geldverdienen am Fremdenbesuch auf Barrieren
der traditionellen Gastfreiheit: Man ließ sich für etwas bezahlen, wofür man
kein Geld nimmt. Wenn dieser zähe Widerstand teilweise überwunden wurde,
entwickelte sich eine sehr fremdenverkehrswirksame Gastfreundlichkeit.

Im westlichen Nordhessen, das an relativ bekannte Fremdenverkehrsgebiete an-
grenzt, bestand eine gewisse Nachfrage nach einem Fremdenverkehrsangebot,
deren Nutzen sich am ehesten den Geschäftsleuten aufdrängte: Hier waren Gastwirte und Geschäftsleute in der Mehrzahl die Fremdenverkehrs-Initiatoren. Im
östlichen Nordhessen, das besonders unter der Zonengrenze leidet, wurde dagegen ein höherer Anteil an Bürgermeistern und privaten Idealisten als Fremdenverkehrs-Initiatoren ermittelt. Insgesamt waren die Gastwirte die früheste und
größte Initiatorengruppe, gefolgt von den Bürgermeistern und dann von Geschäftsleuten und Handwerkern. - Handelte es sich bei der Fremdenverkehrsentwicklung in den einzelnen Gemeinden um einen Wiederbeginn nach dem Zweiten
Weltkrieg, spielten fast immer Einheimische die dominierende Rolle. War es ein
Neubeginn, ergriffen auch häufiger Zugezogene und Heimatvertriebene die Initiative.

Der weitere Ausbau des Fremdenverkehrs erfolgte in den Fremdenverkehrsgemeinden nach und nach. Die teilweise erheblichen Investitionen der Gemeinden zum
Ausbau der Fremdenverkehrsinfrastruktur werden in der Bundesrepublik meistens
damit begründet, daß die Erwerbsgrundlage der Bevölkerung verbessert werden
soll. Manche Industriegemeinden mit hohen Gewerbesteuereinnahmen scheinen
jedoch auch ihr Image verbessern zu wollen, indem sie sich bei der Fremdenverkehrsförderung - meist konzentriert auf bestimmte Ortsteile - stärker engagie-
ren.

Allerdings billigen die Fremdenverkehrsbetriebe den öffentlichen Fremdenverkehrseinrichtungen nur eine geringe Bedeutung bei der Fremdenverkehrsentwicklung zu. Der Wert der Fremdenverkehrsinfrastruktur wird möglicherweise von den
Betriebsinhabern heruntergespielt, da diese Anlagen allen zugänglich sind und
als selbstverständlich gelten. Es ergibt sich aber auch kein statistisch

gesicherter Zusammenhang zwischen den Investitionen im Beherbergungsgewerbe und denen für die Fremdenverkehrsinfrastruktur der Gemeinden (Becker 1979).

Um die vielfach langsame Fremdenverkehrsentwicklung durch lokale Investoren zu beschleunigen, wurden im Bundesgebiet häufiger Feriengroßprojekte angesiedelt. Auf diese ist noch im einzelnen einzugehen. - Ansätze für eine großräumige Gesamtentwicklung des Fremdenverkehrs durch einen Träger gibt es in Mitteleuropa kaum. Eine solche Entwicklung wurde zeitweilig im Schnalztal eingeleitet.

Die Fremdenverkehrsentwicklung ließe sich optimal gestalten, wenn die privaten Investitionen für das Fremdenverkehrsgewerbe und die öffentlichen Investitionen in die Fremdenverkehrsinfrastruktur am Ort und im Fremdenverkehrsgebiet - auch zeitlich - aufeinander abgestimmt würden. In der Realität ist eine solche Koordination kaum durchführbar, da die Entscheidungsprozesse Privater und der öffentlichen Hand sehr unterschiedlich verlaufen: Beim privaten Investor spielen Renditeaspekte und die persönliche Situation eine wesentliche Rolle, während der Ausbau der kommunalen Fremdenverkehrsinfrastruktur von einer größeren Zahl an Entscheidungsträgern abhängt, die ohnehin keine Rentabilität erwarten können, aber auch andere kommunale Aufgaben bei ihrer Entscheidung berücksichtigen müssen. Wegen dieser Unterschiede beim Entscheidungsprozeß wird im folgenden das Verhalten der privaten Investoren getrennt vom Investitionsverhalten der lokalpolitischen Entscheidungsträger behandelt.

II. Zum Verhalten von Investoren und politischen Entscheidungsträgern

1. Die privaten Investoren

Obwohl sich noch nicht allzu viele Autoren mit dem Entscheidungsverhalten privater Investoren im Fremdenverkehrssektor befaßt haben, zeichnen sich doch so erhebliche Unterschiede im Verhalten zwischen verschiedenen Fremdenverkehrsarten ab, daß eine differenzierte Betrachtung notwendig erscheint. So wird im folgenden jeweils getrennt auf die Situation von traditionellen Fremdenverkehrsbetrieben, von Feriengroßprojekten, von Campingplätzen, von "Urlaub auf dem Bauernhof" und von Ferienwohnungen eingegangen.

2. Traditionelle Fremdenverkehrsbetriebe

Dieses Kapitel über das Investitionsverhalten bei traditionellen, mittelständischen Fremdenverkehrsbetrieben muß sich fast ausschließlich auf die Untersuchung von Becker/Klemm (1978) stützen, da hier 51 mittelständische Fremdenverkehrsbetriebe u.a. im Hinblick auf diese Fragestellung systematisch analysiert

122

wurden. Weitere neue Untersuchungen in dieser Richtung sind nicht bekannt geworden.

Mittelständische Fremdenverkehrsinvestoren sind in räumlicher Hinsicht äußerst unflexibel. In aller Regel wird am Heimatort der Familie investiert. Nur ein kleiner Teil der Investoren zieht vor der Neuerrichtung eines Betriebes überhaupt einen Standort in einer anderen Gemeinde in Erwägung. Diese Ortsgebundenheit beruht nicht nur auf dem Heimatbewußtsein der Investoren, sondern auch auf handfesten Problemen der Betriebsführung: Dem Neuankömmling werden von den Einheimischen nur Schwierigkeiten bereitet, die oft auch nach einem Jahrzehnt noch nicht abebben. So müßte der Fördersatz von 15 % schon bedeutend höher liegen, um über Ausnahmefälle hinaus mittelständische Fremdenverkehrsinvestoren aus Nicht-Fördergebieten in Fördergebiete zu locken.

Unter den Motiven, die die Investitionsentscheidung am jeweiligen Standort stark beeinflußt haben, spielt das Vorbild der bisherigen Fremdenverkehrsentwicklung eine große Rolle. Sowohl ein bedeutender Umfang des Fremdenverkehrs als auch ein stark expandierender Fremdenverkehr sowie Angebotslücken im Beherbergungsangebot werden als die maßgeblichen Gründe genannt. Aber auch der Besitz von Grundstücken oder deren preisgünstiger Erwerb haben häufig die Standortwahl am Heimatort begünstigt. Die Kommunen fördern die Neuerrichtung von mittelständischen Fremdenverkehrsbetrieben nur höchst selten, indem etwa günstig gelegene Grundstücke bereitgestellt, diese preisgünstig verkauft oder Erschließungskosten übernommen werden, wie es bei Industriebetrieben oder Fremdenverkehrsgroßprojekten üblich ist. Für solche Anreizmittel ergibt sich aus kommunaler Sicht keine Notwendigkeit, da die mittelständischen Fremdenverkehrsinvestoren ohnehin am Ort bleiben und die Konkurrenz anderer Orte nicht gefürchtet werden muß.

Bei der Wahl der Betriebsart spielt die Nachahmung erfolgreicher Betriebe am Ort oder in der Nachbarschaft offenbar eine wesentliche Rolle. Dabei werden die neuere Nachfrageentwicklung und die bestehende überörtliche Angebotssituation meist nur unzureichend berücksichtigt. Allerdings können Hinweise auf Angebotslücken, wie sie in Fremdenverkehrsentwicklungsplänen vielfach formuliert werden, allein wenig bewirken - hier ist eine aktuelle persönliche Beratung nötig.

Die Fördermittel durch die GRW werden von den Investoren zwar als attraktiv, wirksam und sinnvoll bezeichnet, doch erweisen sie sich nur bei knapp der Hälfte der Investoren als bedeutsam bei der Investitionsentscheidung. Da die mittelständischen Investoren ohnehin räumlich sehr unflexibel sind, spielt der Mitnahmeeffekt eine große Rolle. Er sollte allerdings nicht allzu negativ gesehen werden, führt die Förderung doch häufig entweder zu einer größeren Investition als sonst möglich oder zu einer besseren Kalkulationsbasis.

Allerdings waren keineswegs alle Investoren über die Fördermöglichkeiten informiert. Teilweise waren die Investoren auch unzureichend informiert, um korrekte, fristgerechte Anträge einreichen zu können. Zur Information trugen häufig Steuerberater bei, während sonst eher zufällige Informanten eine Rolle spielten.

Die Abwicklung der Förderung wird von den Investoren als bürokratisch, kleinlich und langsam beurteilt. Verschiedentlich war der Wunsch nach zügiger Realisierung der geplanten Investitionen so groß, daß die Bewilligung der Anträge nicht mehr abgewartet wurde und damit auf die Förderung verzichtet wurde.

Betriebserweiterungen wurden vor allem durchgeführt, wenn eine starke Gästenachfrage bestand, wenn der Betrieb an die gestiegenen Ansprüche angepaßt und die Betriebsgröße rentabler gestaltet werden sollte.

Die Investitionsbereitschaft des mittelständischen Fremdenverkehrsgewerbes hängt aber auch stark von der wirtschaftlichen Gesamtentwicklung ab: Als in den letzten Jahren die Gästenachfrage stagnierte und das Zinsniveau sehr hoch lag, wurde kaum noch investiert.

Daneben scheint auch das Alter die Investitionsbereitschaft zu beeinflussen. Jüngere Unternehmer sind eher expansionsfreudig und daran interessiert, günstige Marktchancen zu nutzen.

- **Feriengroßprojekte**

Feriengroßprojekte in ihren verschiedenen Formen - vom Großhotel über Appartementhäuser und Ferienzentren bis hin zum Feriendorf - wurden fast ausschließlich in der Bundesrepublik von Bauträger- oder auch Kapitalgesellschaften errichtet. Lediglich kleinere Projekte wurden auch von Einzelunternehmern erbaut. Diese Gesellschaften verhielten sich bei der Standortwahl allgemein sehr flexibel. Sie operierten teilweise landesweit, teilweise bestanden Präferenzen für bestimmte Fremdenverkehrsgebiete aufgrund der Nähe zum Sitz der Gesellschaft oder auch zum vorgesehenen Gästekreis. So liegen alle sechs Feriendörfer der niederländischen Ägon-Gruppe (früher Ennia) im nördlichen Rheinland-Pfalz. Zwar führten oft persönliche Beziehungen zur Errichtung eines Feriengroßprojektes an einem bestimmten Standort, doch wären in der Regel andere Standorte ebensogut möglich gewesen. Vor allem sind die Feriengroßprojekte nicht in dem Maße wie die mittelständischen Fremdenverkehrsbetriebe auf das Zusammenspiel aller Fremdenverkehrsbeteiligten am Ort angewiesen. Durch ihr Angebot an Freizeitanlagen und ihr Werbepotential sind die Feriengroßprojekte mehr autark.

Die Förderung durch die GRW und die Möglichkeit von Sonderabschreibungen hat bei der Standortwahl der meisten Feriengroßprojekte eine wesentliche Rolle gespielt. Gerade die großen Ferienzentren und Großhotels, die zwischen 1969 und 1973 errichtet wurden, konzentrieren sich wegen der Abschreibungsmöglichkeiten im Zonenrandgebiet (Becker 1984). Aber auch die übrigen Fördergebiete der GRW wurden deutlich bevorzugt.

Vor allem in den Alpen, aber auch im Schwarzwald findet sich zwar eine nicht unerhebliche Anzahl an Feriengroßprojekten, in Relation zum dortigen Fremdenverkehrsumfang bleibt der Anteil des Angebots in Feriengroßprojekten am gesamten Angebot jedoch gering.

Die Feriengroßprojekte konzentrieren sich fast ausschließlich auf mehr oder weniger bekannte Fremdenverkehrsgebiete. Charakteristisch für die Standortwahl innerhalb der einzelnen Fremdenverkehrsgebiete ist, daß sich traditionelle Fremdenverkehrsorte oft nicht um Feriengroßprojekte bemüht haben, sondern vielfach bis dahin erst wenig entwickelte Fremdenverkehrsorte.

Als entscheidendes Motiv für die Standortwahl von Feriengroßprojekten im Zonenrandgebiet nannten alle zwölf befragten Betriebsleiter die öffentliche Förderung (Becker/Klemm 1978). Eine große Bedeutung für die Standortwahl hatten aber auch Eignungskriterien wie das Fehlen störender Industrie, wenig Verkehrslärm und reizvolle Ortsbilder. Daneben spielte auch das Angebot geeigneter, z.T. auch preiswerter Grundstücke eine Rolle.

Die Kommunen förderten die Ansiedlung von Feriengroßprojekten, indem sie in der Regel beim Grunderwerb, bei der Erschließung oder beim Ausbau der Fremdenverkehrsinfrastruktur Entgegenkommen zeigten. Von den Feriengroßprojekten erhoffen sich die Kommunen häufig einen Initialeffekt, so daß auch einheimische Investoren am Ort weitere Fremdenverkehrsbetriebe aufbauen. Bei Feriendörfern im Mittelgebirge zeigt sich, daß diese Initialzündung in der Regel nur in Orten eintritt, in denen auch ein Stausee mit erheblichem öffentlichem Aufwand angelegt wurde. Die Ferienzentren dämpften nach Uthoff (1976) eher den weiteren Ausbau des Fremdenverkehrs am Ort und sorgten für eine Bereinigung und Modernisierung der vorhandenen Fremdenverkehrsbetriebe.

Verschiedene Feriengroßprojekte konnten in ihrem Volumen nur dadurch realisiert werden, daß sie nicht nur Anteilseigentum, sondern konkretes Eigentum an einer bestimmten Ferienwohnung oder an einem bestimmten Ferienhaus bieten. Da die Vermietungspflicht in den GRW-Gebieten anfangs nur fünf Jahre, erst ab 1980 25 Jahre beträgt, hat ein erheblicher Teil der Kapitalanleger Ferienwohnungen und -häuser auch unter dem Aspekt einer späteren Eigennutzung als Zweitwohnung erworben. Eine Eigennutzung mindert den regionalpolitischen Effekt und damit auch die Bedeutung für den einzelnen Standort.

- Urlaub auf dem Bauernhof

Angebote für "Urlaub auf dem Bauernhof" konzentrieren sich auf die bestehenden Fremdenverkehrsgebiete, sie erreichen jedoch in den Randbereichen der Fremdenverkehrsgebiete und in erst schwach entwickelten Fremdenverkehrsgebieten nennenswerte Anteile am gesamten Beherbergungsangebot (Maier 1977). Zeitweilig unterhielten die Länder Programme zum Ausbau von Fremdenzimmern in Bauernhöfen. Bei der Beratung der landwirtschaftlichen Betriebe wird allzuoft auf die Möglichkeiten verwiesen, die "Urlaub auf dem Bauernhof" als Zuerwerb bieten kann.

Die ersten Schritte zur Einführung von "Urlaub auf dem Bauernhof" in dem einzelnen Ort gehen in der Regel auf jüngere, kontaktfreudige Landwirte zurück, deren Frauen oder Betriebsangehörige arbeitsmäßig noch nicht ganz ausgelastet sind. Zu einem großen Teil gehen von den Bäuerinnen die stärksten Entscheidungsimpulse aus. Auf der Insel Fehmarn initiierten zunächst einige zugezogene Landwirte den ländlichen Fremdenverkehr nach dem Zweiten Weltkrieg (Möller 1977). Wesentliche Motive zum Einführen der Gästevermietung sind die Möglichkeiten eines Zuerwerbs in Verbindung mit vorhandenem, frei verfügbarem Wohnraum. Dies wurde oft beschleunigt durch das Vorbild von Nachbarn und Verwandten sowie durch Initiativen von Urlaubern (Maier 1977). Wo sich der Fremdenverkehr ohnehin schon entwickelt hatte, verbreitete sich auch "Urlaub auf dem Bauernhof" früh und rasch. Ebenso begünstigt ein vielfältiger Tierbestand im einzelnen Betrieb die Gästevermietung.

An Beispielen aus dem Allgäu zeigte sich, daß Betriebe mit nur wenigen Gästebetten die Landwirtschaft bald ganz aufgaben, während Betriebe mit 8 bis 20 Betten teilweise eine Betriebsaufstockung vornehmen und die Landwirtschaft stabilisieren konnten (Maier 1977). Im Weinort Winningen an der Mosel ergab sich die Tendenz, daß bei Winzern mit stärkerer Vermietung nach und nach eher die Aufgabe des Weinbaus zu beobachten ist (Hens 1979).

- Campingplätze

Die Campingplätze in der Bundesrepublik konzentrieren sich auf Gewässerränder: auf die Küsten, auf die Ufer natürlicher oder künstlicher Seen und auf die Ufer größerer und kleinerer Flüsse. Vor allem ab 1955 nahm das Camping einen starken Aufschwung. Wie die Untersuchungen von Möller (1977) und Gügel (1983) zeigen, war meist der Besitz von geeigneten Grundstücken maßgeblich für die Eröffnung eines Campingplatzes. Oft waren es daher einheimische Landwirte, die teilweise längeres wildes Camping sanktionierten. Die Plätze waren meistens nicht allzu groß, so daß sie nur einen Zuerwerb ermöglichten. Als die Länder ab Ende der 60er Jahre Campingplatzverordnungen erließen, die größere Stellflächen und eine gute sanitäre Ausstattung forderten, traten verstärkt - besonders in attraktiven Fremdenverkehrsgebieten - ortsfremde Kapitalanleger als Betreiber größerer Campingplätze auf, die auch Fördermittel in Anspruch nehmen konnten. Ein Teil der kleineren Campingplätze von Einheimischen mußte schließen.

- Ferienwohnungen

Über isoliert liegende Ferienwohnungen von Einzelanbietern - also außerhalb von Feriengroßprojekten - ist aus der Literatur wenig bekannt. Daher können im folgenden kaum mehr als Befragungsergebnisse im Rahmen eines Praktikums referiert werden, das der Verfasser im Herbst 1985 in Heiligenhafen/Ostsee durchführte. Dabei konnten 32 von 69 im Unterkunftsverzeichnis genannte Vermieter befragt werden. Die neue Tendenz zu Ferienwohnungen schlägt sich auch bei den Vermietern isoliert liegender Ferienwohnungen nieder: In Heiligenhafen begannen die meisten Anbieter erst in den letzten zehn Jahren mit der Vermietung von Ferienwohnungen. Zwei Drittel der Anbieter verfügen nur über eine Ferienwohnung, die im eigenen Wohnhaus untergebracht ist. Die Hälfte der Ferienwohnungen wurde im Rahmen des Neubaus oder eines Ausbaues erstellt, während bei der knappen anderen Hälfte früher "Zimmer mit Frühstück" angeboten wurden.

Als Gründe für die Umnutzung wurden genannt,

- daß die Nachfrage nach Ferienwohnungen stieg,
- daß z.T. eine Einliegerwohnung vorübergehend leer stand oder
- daß ein geringerer Betreuungsaufwand als bei der Vermietung von "Zimmer mit Frühstück" angestrebt wurde.

Während das Ferienzentrum in Heiligenhafen 1984 und 1985 Rückgänge bei den Übernachtungszahlen hinnehmen mußte, waren die Vermieter isoliert liegender Ferienwohnungen mit dem Ergebnis allgemein zufrieden. Sie bleiben gegenüber dem Ferienzentrum konkurrenzfähig, indem sie um rd. 30 % billiger sind und einen engeren, vielfach freundschaftlichen Kontakt mit ihren Gästen pflegen.

3. Die lokalpolitischen Entscheidungsträger

Die Entscheidungen für den Ausbau der öffentlichen Fremdenverkehrsinfrastruktur werden dadurch sehr erschwert, daß kaum Regelhaftigkeiten bestehen, welche Art von Fremdenverkehrseinrichtungen im Einzelfall besonders notwendig und wirkungsvoll für die weitere Fremdenverkehrsentwicklung ist. Einerseits gibt es in den Fremdenverkehrsorten kaum typische Kombinationen von Fremdenverkehrseinrichtungen, außer etwa, daß Wanderorte Wanderwege und Ruhebänke sowie

Skiorte eine Piste, einen Lift und eine Skischule besitzen (Klöpper,Bernhauer 1972). Darüber hinaus bewirkt die Prädikatisierung von Kurorten eine bestimmte Mindestausstattung bei Kurorten. Andererseits bleiben auch die Auswirkungen von Investitionen in die Fremdenverkehrsinfrastruktur auf die Fremdenverkehrsentwicklung höchst ungewiß: Eine hohe Investition braucht keineswegs zu einer deutlichen Steigerung der örtlichen Übernachtungszahlen zu führen (Becker 1975).

Aus raumordnerischer Sicht stellt sich die Standortwahl bei Fremdenverkehrseinrichtungen anders als bei Fremdenverkehrsbetrieben dar: Während Fremdenverkehrsbetriebe - zumindest prinzipiell - verschiedene Fremdenverkehrsgebiete und -gemeinden als Standort wählen können, bleibt beim Investitionsverhalten lokalpolitischer Entscheidungsträger für Fremdenverkehrseinrichtungen im wesentlichen zu analysieren, für welche Arten der Fremdenverkehrsinfrastruktur aus welchen Gründen die Entscheidung getroffen wurde. Die überörtliche Perspektive ist - wenn überhaupt - eher aus der Sicht der Konkurrenz unter den Gemeinden interessant. In welchem Maße überörtliche Fremdenverkehrsentwicklungspläne tatsächlich realisiert wurden und die Durchsetzung einmal geplanter Maßnahmen begünstigen, ist leider noch nicht untersucht worden. Die Fachressorts verfolgen jedenfalls in der Regel bei der Bewilligung von Zuschüssen für kommunale Fremdenverkehrseinrichtungen kaum überörtliche Aspekte.

Der lokale Entscheidungsprozeß bei Fremdenverkehrsinvestitionen ist bislang kaum systematisch untersucht worden. Generell geht es um die Verbesserung des lokalen Fremdenverkehrsangebots (Becker/Klemm 1978). Auf welche Vorbilder zurückgegriffen wird, welche Rolle der Ehrgeiz des Bürgermeisters spielt, inwieweit bestehende Förderprogramme zu Investitionen animieren, welche Teile des Beherbergungsgewerbes hinter den Investitionen stehen oder welche Grundstückseigentümer von den Maßnahmen profitieren - alle diese Fragen zum Entscheidungsprozeß sind noch offen.

Literatur

Becker, Chr. (1975): Raumbedeutsame Ausgaben in Gebieten des Erholungsreiseverkehrs. Eine Untersuchung zur Problematik raumbedeutsamer Ausgaben in verschiedenen Funktionsräumen. In: Räumliche Wirkungen öffentlicher Ausgaben . Veröffentlichungen der ARL, Forschungs- und Sitzungsberichte, 98, 131-212), Hannover.

Becker, Chr. (1981): Feriendörfer in der Region Trier. Ausbaumöglichkeiten und Standortgrundsätze. Trier.

Becker, Chr. (1984): Neue Entwicklungen bei den Feriengroßprojekten in der Bundesrepublik Deutschland. Diffusion und Probleme einer noch wachsenden Betriebsform. Zeitschrift für Wirtschaftsgeographie, 28, 164-185.

Becker, Chr.; K. Klemm (1978): Raumwirksame Instrumente des Bundes im Bereich der Freizeit. Schriftenreihe des Bundesministers für Raumordnung, Bauwesen und Städtebau, 06.028, Bonn.

Gügel, R. (1983): Camping im deutsch-luxemburgischen Grenzgebiet. Struktur des Campings in einem Mittelgebirgserholungsraum unter Berücksichtigung der Belastungsprobleme und des aktionsräumlichen Verhaltens der Camper. Materialien zur Fremdenverkehrsgeographie, 10, Trier.

Hens, E. (1979): Weintourismus in Winningen. Staatsexamensarbeit, Trier.

Klöpper, R.; E. Bernhauer (1972): Strukturveränderungen und Ausstattungsbedarf im Erholungstourismus. Hannover.

Kurz, R. (1977): Ferienzentren an der Ostsee. Geographische Untersuchungen zu einer neuen Angebotsform im Fremdenverkehrsraum. Zürich, Frankfurt, Thun.

Maier, J. (1977): Ferien auf dem Bauernhof - eine regionalpolitische Alternativlösung zur Erhaltung der Landwirtschaft in Bayern. Geographica Slovenia, 5, 89-98.

Möller, H.-G. (1977): Sozialgeographische Untersuchungen zum Freizeitverkehr auf der Insel Fehmarn. Jahrbuch der Geographischen Gesellschaft zu Hannover, Jahrbuch für 1974, Hannover.

Raben, H.; D. Uthoff (1975): Die Raumrelevanz touristischer Großprojekte. Raumforschung und Raumordnung, 33, 18-29.

Schulze-Göbel, H. (1972): Fremdenverkehr in ländlichen Gebieten Nordhessens. Eine geographische Untersuchung jüngster Funktionswandlungen bäuerlicher Gemeinden in deutschen Mittelgebirgen. Marburger Geographische Schriften, 52, Marburg.

Uthoff. D. (1976): Analyse räumlicher und regionalwirtschaftlicher Auswirkungen staatlich geförderter Ferienzentren. ARL, Hannover.

BEWERTUNG DER FREMDENVERKEHRSFÖRDERUNG IM RAHMEN DER GEMEINSCHAFTSAUFGABE "VERBESSERUNG DER REGIONALEN WIRTSCHAFTSSTRUKTUR" AUS RAUMORDNUNGSPOLITISCHER SICHT

von
Klaus Fraaz, Meckenheim

Gliederung

I. Einführung

Seit der im Auftrag des Bundesbauministeriums durchgeführten Untersuchung über "Raumwirksame Instrumente des Bundes im Bereich der Freizeit"[1], die mit Daten von 1976 abgeschlossen wurde, ist kein flächendeckender Versuch zur Analyse der Fremdenverkehrsförderung in der Bundesrepublik Deutschland mehr erfolgt. Die vorliegende Auswertung[2] ist ein Beitrag zur Abschätzung der regionalen Auswirkungen der Fremdenverkehrsförderung durch die Gemeinschaftsaufgabe "Verbesserung der regionalen Wirtschaftsstruktur".

Bund und Länder fördern seit 1972 die Entwicklung des Fremdenverkehrs in den Fördergebieten intensivere im Rahmen der Gemeinschaftsaufgabe[3].

Zu den Fördertatbeständen gehören Errichtung, Erweiterung sowie Rationalisierungs- und Umstellungsinvestitionen in Betrieben des Beherbergungsgewerbes in den von den jeweiligen Rahmenplänen erfaßten Regionen des Bundesgebietes. In diesen Gebieten können zusätzlich zu den Mitteln der Gemeinschaftsaufgabe auch Investitionszulagen nach dem Investitionszulagengesetz[4] steuerlich abgesetzt werden. Im Gegensatz zur Förderung der gewerblichen Wirtschaft im Rahmen der Gemeinschaftsaufgabe wird für den Fremdenverkehr nicht nach Schwerpunktorten differenziert. Die Förderung kann hier in allen Gemeinden innerhalb der Fördergebiete der Gemeinschaftsaufgabe erfolgen. Das Investitionsvolumen kann durch die Mittel der Gemeinschaftsaufgabe und Investitionszuschüsse um bis zu 15 % verbilligt werden. Darüber hinaus werden Einrichtungen der kommunalen Fremdenverkehrsinfrastruktur wie Mehrzweckhallen, Schwimmbäder und Wanderwege im Rahmen der Gemeinschaftsaufgabe gefördert.

Die Abgrenzung der Fördergebiete wurde mehrmals geändert. Zu einem Kern von Fördergebieten im Zonenrandgebiet sind einzelne Gebietsteile durch Neuabgrenzungen, z.B. in den Jahren 1975 und 1978, hinzugekommen oder mit Übergangsregelungen, überwiegend in den Jahren 1975, 1981 und 1983, aus der Förderung entlassen worden. Die Änderungen der Gebietskulisse waren im gesamten Förderzeitraum durch ein Überwiegen der ausscheidenden Gebiete gekennzeichnet. Insbesondere in den Jahren 1975[5] und 1981[6] schieden zahlreiche Kreise oder Teilgebiete von Kreisen aus der Förderung durch die Gemeinschaftsaufgabe aus[7]. Die ausgeschiedenen Gebiete wurden in der Regel im Rahmen von Landesförderprogrammen weiter unterstützt. Seit Bestehen der Gemeinschaftsaufgabe sind 201 Kreise bzw. Teile von Kreisen gefördert worden. Diese Kreise werden in die Analyse einbezogen.

Die vorliegende statistische Auswertung nimmt aus Gründen der Datenbeschaffung, des Datenschutzes, der Praktikabilität in der Handhabung und Darstellbarkeit der Ergebnisse und der für die Untersuchung zur Verfügung stehenden Zeit bewußt bestimmte Nachteile in Kauf. Dazu gehören z.B. die Darstellung der Ergebnisse auf Kreisebene und nicht auf Gemeindeebene, der Verzicht auf die Untersuchung von Einzelbetrieben, die Zusammenfassung in Förderzeiträumen, die Beschränkung auf die Analyse der Förderung des gewerblichen Fremdenverkehrs im Rahmen der Gemeinschaftsaufgabe, die Nichtberücksichtigung der Förderung durch andere ergänzende oder Nachfolgeprogramme, insbesondere der Länder sowie die Nichtberücksichtigung der Förderung der Fremdenverkehrsinfrastruktur durch die Gemeinschaftsaufgabe. Auswertungen, die diesen Gesichtspunkten Rechnung tragen, müssen vertiefenden Spezialuntersuchungen, z.B. als regionale Fallstudien, vorbehalten werden. Im Rahmen solcher Fallstudien könnten vor allem auch politische Willensbildungsprozesse auf staatlicher und regionaler Ebene und weitere Gesichtspunkte im Bereich der Investitionsentscheidungen von Unternehmen berücksichtigt werden.

Im einzelnen ist die Untersuchung für den Zeitraum von 1972 bis 1982 folgenden Fragen nachgegangen:

1. Welche regionalen Beschäftigungseffekte wurden durch die Förderung bewirkt?

2. Inwieweit wurden kleinere und mittlere Betriebe gefördert?

3. Inwieweit ist in der Fremdenverkehrsförderung eine regionale und fachliche Verlagerung erfolgt?

Zur Beantwortung dieser Fragen wurden Daten ausgewertet, die der Bundeswirtschaftsminister über das Bundesamt für gewerbliche Wirtschaft zur Verfügung gestellt hat. Eine kurze Übersicht über die Förderleistungen insgesamt zeigt, daß sehr beachtliche Kapazitätseffekte erzielt wurden:

II. Förderleistungen insgesamt im Fremdenverkehr

Im Zeitraum von 1972 bis 1982 sind im Rahmen der Gemeinschaftsaufgabe "Verbesserung der regionalen Wirtschaftsstruktur" mit einem Einsatz von 154 Mio. DM GA-Mitteln und Investitionszulagen in Höhe von ca. 623 Mio. DM rd. 11 200 Maßnahmen im [7a] gewerblichen Fremdenverkehr gefördert worden. Damit wurden Investitionen in Höhe von rd. 8 655 Mio. DM induziert sowie rd. 35 500 Arbeitsplätze neu geschaffen, 5 500 Arbeitsplätze gesichert und 254 000 Betten im Zuge von Maßnahmen der Errichtung, Erweiterung, Rationalisierung oder Umstellung geschaffen.

Im gleichen Zeitraum sind 2 304 Maßnahmen der Infrastruktur des Fremdenverkehrs mit einem Einsatz von 995 Mio. DM GA-Mitteln und einem Investitionsvolumen von 1 919 Mio. DM gefördert worden.

III. Räumliche Auswirkungen der Förderleistungen

1. Welche regionalen Beschäftigungseffekte hat die Fremdenverkehrsförderung bewirkt?

(1) Bedeutung des Fremdenverkehrs für die Beschäftigung insgesamt

Mitte 1983 gab es 643 900 sozialversicherungspflichtige Beschäftigte im Fremdenverkehr[8]. Das sind 3,2 % der insgesamt 20 146 500 sozialversicherungspflichtigen Beschäftigten[8a]. In der Mehrzahl der Kreise des Bundesgebietes liegt der Anteil der Fremdenverkehrsbeschäftigten an den Beschäftigten insgesamt sogar unter 3 %. Es gibt allerdings auch Landkreise, insbesondere an

Nord- und Ostsee und in den Alpen, in denen der Beschäftigtenanteil im Fremdenverkehrsgewerbe bis zu 17 % beträgt. Diese touristischen Spitzenkreise
werden angeführt von Garmisch-Partenkirchen. Dazu gehören ferner die Landkreise Miesbach, Oberallgäu, Berchtesgadener Land, Wittmund, Ostholstein, Nordfriesland und Breisgau-Hochschwarzwald. Selbst bekannte Fremdenverkehrskreise
wie Cochem-Zell, Baden-Baden, Goslar oder Freudenstadt erreichen nicht die
10 %-Marke (vgl. Tabelle 1.1). Wenn bei dieser Betrachtung auch die Nebener-
werbsbeschäftigten und die in manchen Gemeinden nicht unbeachtlichen sekundären Beschäftigungswirkungen des Fremdenverkehrs außer Betracht bleiben, so
zeigt eine überschlägige Auswertung doch, daß der Beitrag des Fremdenverkehrs
zur Gesamtbeschäftigung auch in diesen, durch hohe und höchste Beschäftigtenquoten und Fremdenverkehrsintensitäten gekennzeichneten Gebieten nicht dominant ist. Der Fremdenverkehr ist in den meisten Regionen nur zweites oder
drittes Standbein der wirtschaftlichen Entwicklung - allerdings auch in dieser
Rolle ein Wirtschaftszweig, der einen unverzichtbaren Beitrag zur regionalen
Wirtschaftsstruktur leistet.

Im folgenden ist nun zu klären, inwieweit Förderungsmaßnahmen zur Entwicklung
des Fremdenverkehrs in diesen Regionen beigetragen haben.

(2) Bedeutung der im Rahmen der Gemeinschaftsaufgabe "Verbesserung der regio-
    nalen Wirtschaftsstruktur" durch die Fremdenverkehrsförderung geschaffenen
    Arbeitsplätze für die Förderregionen

In der elfjährigen Zeitspanne von 1972 bis 1982 wurden im Rahmen der Gemeinschaftsaufgabe "Verbesserung der regionalen Wirtschaftsstruktur" im Fremdenverkehrsgewerbe rd. 41 000 Arbeitsplätze neu geschaffen oder gesichert[9]. Das
sind in Relation zu den insgesamt 643 900 sozialversicherungspflichtigen
Beschäftigten im Fremdenverkehrsgewerbe des Bundesgebiets zwar nur 6,5 %[10],
im Vergleich zu den 267 700 sozialversicherungspflichtigen Beschäftigten des
Fremdenverkehrs in den Förderkreisen der Gemeinschaftsaufgabe sind dies jedoch
bereits rd. 15 % (vgl. Tabelle 1.2)[11].

Den bedeutendsten Beitrag zum Aufbau des Fremdenverkehrs hat die Gemein-
schaftsaufgabe in Schleswig-Holstein geleistet. Dort wurden 21 % der in den
Förderkreisen vorhandenen Fremdenverkehrsarbeitsplätze gefördert. In Hessen,
Bayern und Niedersachsen waren es rd. 18 %.

In einzelnen Regionen des Bundesgebietes haben die durch die Gemeinschaftsaufgabe geschaffenen und gesicherten Arbeitsplätze im Fremdenverkehr wesentlich
höhere Anteile, als aus den Landeswerten ersichtlich wird (vgl. Tabelle
1.3)[12]. In 8 % der Förderkreise wurden zwischen 1972 und 1982 mehr als 50 %
der Arbeitsplätze im Fremdenverkehr neugeschaffen oder gesichert. Diese Kreise

Tab. 1.1: Struktur- und Förderdaten wichtiger Fremdenverkehrskreise im Bundesgebiet (Reihenfolge nach der Beschäftigtenquote im Fremdenverkehr
bis minimal 5 %)

Landkreis	Beschäftigten-quote im Fremden-verkehr 1982 in v.H.	Beschäftigte im Fremdenverkehr 1982 (soz.vers.-pfl. beschäftigte Arbeitnehmer)	geförderte Arbeitsplätze im Fremdenverkehr '72-'82		Fremdenverkehrs-intensität 1980 (Übernachtungen/ Einwohner)
			absolut	in v.H. der Arbeitspl.im Fremdenverk.	
1. Garmisch-Partenk.	16,5	4.053	714	19,0	64,1
2. Miesbach	15,8	3.535	192	6,2	41,9
3. Oberallgäu	13,2	4.620	0	0,0	56,4
4. Berchtesgad. Land	12,9	3.626	759	25,5	52,3
5. Wittmund	12,0	1.192	13	2,1	41,1
6. Ostholstein	11,8	5.193	2.254	74,8	36,6
7. Nordfriesland	11,2	4.633	896	32,3	49,2
8. Breisgau-Hochschw.	10,3	4.894	802	18,1	30,5
9. Cochem-Zell	8,9	1.214	310	36,0	22,2
10. Baden-Baden	8,9	2.046	4	0,2	18,2
11. Aurich	8,7	1.638	550	33,6	18,9
12. Goslar	8,7	4.087	3.257	80,6	25,5
13. Freudenstadt	8,6	2.716	10	0,3	42,0
14. Oldenburg	8,1	1.666	55	3,9	1,2
15. Traunstein	7,7	3.306	314	10,6	33,9
16. Bad Kissengen	7,7	2.127	1.029	59,6	25,4
17. Ostallgäu	7,6	2.334	516	25,2	26,0
18. Ahrweiler	7,5	1.879	14	0,9	11,5
19. Rosenheim	7,5	3.288	226	8,1	15,7
20. Calw	7,3	2.651	0	0,0	26,8
21. Neckar-Odenwald-K.	7,2	2.647	181	6,9	4,4
22. Regen	7,1	1.414	1.120	83,6	39,7
23. Lindau	6,5	1.402	0	0,0	24,6
24. Freyung-Grafenau	6,5	1.218	684	58,3	36,0
25. Plön	6,4	1.211	349	43,2	11,7
26. Cuxhaven	6,3	2.200	422	24,2	10,7
27. Rheingau-Taunuskrs.	6,3	2.239	8	0,1	7,1
28. Bad Tölz-Wolfratshs.	6,3	1.646	39	2,8	18,1
29. Osterode	6,2	1.713	1.060	68,1	23,2
30. Soltau-Fallingbostel	6,1	2.139	177	10,0	6,0
31. Unterallgäu	6,0	1.782	0	0,0	13,8
32. Waldeck-Frankenberg	5,9	2.496	397	17,0	26,7
33. Friesland	5,9	1.381	641	62,4	8,5
34. Uelzen	5,8	1.384	787	60,9	7,8
35. Lüchow-Dannenberg	5,7	591	164	29,8	3,3
36. Würzburg-L.	5,6	1.062	32	0,1	3,1
37. Neustadt-Weinstr.	5,5	787	0		3,0
38. Harburg	5,5	1.655	169	10,6	10,7
39. Schleswig-Flensburg	5,4	1.880	341	19,9	4,0
40. Lauenburg	5,2	1.634	87	5,6	2,7
41. Gifhorn	5,0	1.189	208	17,6	0,6
42. Hameln - Pyrmont	5,0	2.403	0	0,0	5,8
43. Bodenseekreis	5,0	2.854	132	6,4	11,4
44. Ebersberg	5,0	902	0	0,0	0,4

Tab. 1.2: Geförderte Arbeitsplätze im Rahmen der Gemeinschaftsaufgabe "Verbesserung der regionalen Wirtschaftsstruktur" im Fremdenverkehrsgewerbe von 1972 bis 1982 in v.H. der sozialversicherungspflichtigen Beschäftigten im Gaststätten- und Beherbergungsgewerbe in den Fördergebieten der Gemeinschaftsaufgabe (Landkreise)

Land	geförderte Fremdenverkehrsarbeitsplätze 1972 - 1982		Fremdenverkehrsarbeitsplätze insgesamt in den Förderkreisen 1982	geförderte Fremdenverkehrsarbeitsplätze i.% der i.d. Förderkreisen vorhandenen Fremdenverkehrsarbeitsplätze insgesamt 1982
	absolut	in %		
Schleswig-Holstein	6.146	15,0	29.083	21,1
Niedersachsen	9.954	24,2	54.456	18,3
Nordrhein-Westfalen	3.020	7,4	27.539	10,9
Hessen	3.367	8,2	18.015	18,7
Rheinland-Pfalz	3.248	7,9	20.456	15,9
Saarland	821	2,0	8.814	9,3
Baden-Württemberg	2.488	6,1	43.969	5,6
Bayern	12.006	29,2	65.391	18,4
Bundesgebiet	41.050	100,0	267.723	15,3

verdanken - folgt man der Antragstatistik - ihr Fremdenverkehrsgewerbe also überwiegend der Förderung durch die Gemeinschaftsaufgabe. Es sind meist Landkreise im Mittelgebirge. In abnehmender Reihenfolge der Förderanteile gehören dazu z.B. die Landkreise Rhön-Grabfeld, Regen, Goslar, Segeberg, Ostholstein, Passau, Osterode, Cham und Friesland (vgl. auch Karten 1 und 2).

In weiteren 14 % der Kreise entstanden zwischen 25 und 50 % der Fremdenverkehrsarbeitsplätze durch die Förderung der Gemeinschaftsaufgabe. Hierzu gehören auch Fremdenverkehrsgebiete an der Nord- und Ostseeküste wie die Kreise Ostfriesland, Aurich und Plön; in den Alpen Berchtesgaden und das Ostallgäu und im Mittelgebirge Bernkastel und das Hochsauerland. In 28 % der Förderkreise hat die Gemeinschaftsaufgabe zwischen 10 und 25 % der Fremdenverkehrsarbeitsplätze geschaffen oder gesichert; in 51 % der Kreise allerdings weniger als 10 % der Arbeitsplätze im Fremdenverkehr. Zu diesen beiden Gruppen gehören neben vielen sich erst entwickelnden Fremdenverkehrsgebieten wie z.B. der südlichen Weinstraße, der Vogelsberg oder Dithmarschen auch bekannte und intensiv genutzte Fremdenverkehrsregionen.

Von den stark geförderten Kreisen haben sich einige den traditionellen Fremdenverkehrsgebieten hinsichtlich ihrer Beschäftigungsquoten und der Fremdenverkehrsintensität (Übernachtungen/Einwohner) bereits sehr weit angenähert (vgl. Tabellen 1.1 und 1.4). Zu diesen Kreisen gehören zum Beispiel neben den bereits genannten Kreisen Ostholstein, Goslar, Regen, Osterode, Friesland, Rhön-Grabfeld, Cham und Segeberg auch die Kreise Bad Kissingen, Uelzen und Fulda. Relativ gesehen weniger stark, aber mit beachtlichen absoluten Arbeitsplatzeffekten zwischen 500 und 1200 Arbeitsplätzen war die Förderung am Aufbau der Kapazitäten in Nordfriesland, im Berchtesgadener Land, in Aurich, im Ostallgäu und im Hochsauerland beteiligt.

Daneben gibt es aber auch zahlreiche Kreise, insbesondere in den traditionellen Fremdenverkehrsgebieten an der Küste, im Schwarzwald und in den Alpen, die ihre Kapazitäten ohne stärkere Förderung aus der Gemeinschaftsaufgabe - in der Regel allerdings unterstützt durch Landesprogramme - aufgebaut haben. Dazu gehören z.B. Garmisch, Oberallgäu, Breisgau-Hochschwarzwald, Baden-Baden, Freudenstadt, Wittmund, Traunstein, Ahrweiler, Rosenheim, Odenwald, Calw,

Tab. 1.3: Förderintensität bei den Fremdenverkehrsarbeitsplätzen in den im Rahmen der Gemeinschaftsaufgabe "Verbesserung der regionalen Wirtschaftsstruktur" von 1972 bis 1982 geförderten Kreisen

Förderintensität: geförderte Arbeitsplätze im Fremdenverkehr in v.H. der Arbeitsplätze im Fremdenverkehr	Zahl der Förderkreise	Anteil der Förderkreise an den Förderkreisen insgesamt in v.H.	namentliche Beispiele für Kreise der verschiedenen Förderintensität
0 - 10	102	50,5	Freudenstadt, Miesbach, Wittmund, Bad Tölz, Baden-Baden, Rosenheim, Ahrweiler, Bodensee, Lörrach, Konstanz, Paderborn, Soest
10 - 25	55	27,7	Garmisch-Partenkirchen, Traunstein, Breisgau-Hochschwarzwald, Waldeck, Waldshut, Dithmarschen, Höxter, Lippe, Vogelsberg, südliche Weinstraße, Hof, Wunsiedel
25 - 50	27	13,6	Merzig-Wadern, Fulda, Plön, Hersfeld, Straubing, Bernkastel, Hochsauerland, Meißner, Main-Tauber, Aurich, Cochem, Nordfriesland, Ostallgäu, Hunsrück, Saar-Pfalz
50 und mehr	17	8,2	Rhön-Grabfeld, Regen, Goslar, Segeberg, Ostholstein, Passau, Osterode, Cham, Friesland, Uelzen, Bad Kissingen, Freyung-Grafenau, Bayreuth, Bitburg-Prüm, Daun
insgesamt	201	100,0	

Karte 1: Fremdenverkehrsförderung in der Gemeinschaftsaufgabe "Verbesserung der regionalen Wirtschaftsstruktur" von 1972 bis 1982

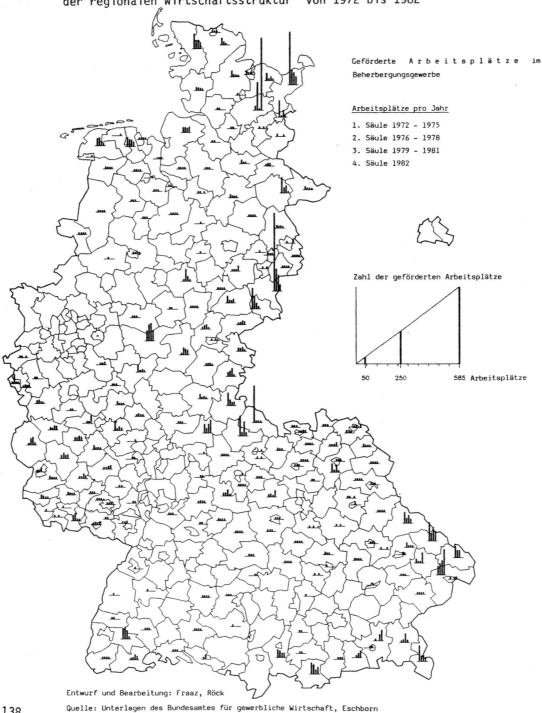

Geförderte Arbeitsplätze im Beherbergungsgewerbe

Arbeitsplätze pro Jahr

1. Säule 1972 - 1975
2. Säule 1976 - 1978
3. Säule 1979 - 1981
4. Säule 1982

Zahl der geförderten Arbeitsplätze

50   250   585 Arbeitsplätze

Entwurf und Bearbeitung: Fraaz, Röck

Quelle: Unterlagen des Bundesamtes für gewerbliche Wirtschaft, Eschborn

Karte 2: Fremdenverkehrsarbeitsplätze durch die Förderung der Gemeinschaftsaufgabe "Verbesserung der regionalen Wirtschaftsstruktur" von
1972 bis 1982

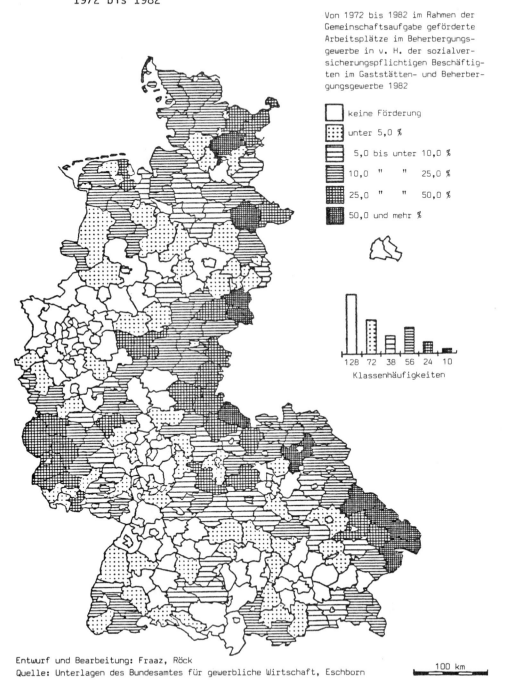

Von 1972 bis 1982 im Rahmen der
Gemeinschaftsaufgabe geförderte
Arbeitsplätze im Beherbergungsgewerbe in v. H. der sozialversicherungspflichtigen Beschäftigten im Gaststätten- und Beherbergungsgewerbe 1982

keine Förderung

unter 5,0 %

5,0 bis unter 10,0 %

10,0 "   "   25,0 %

25,0 "   "   50,0 %

50,0 und mehr %

128 72 38 56 24 10
Klassenhäufigkeiten

Entwurf und Bearbeitung: Fraaz, Röck
Quelle: Unterlagen des Bundesamtes für gewerbliche Wirtschaft, Eschborn

100 km

Karte 3: Bedeutung des Fremdenverkehrs in der Bundesrepublik Deutschland -
Fremdenverkehrsintensität

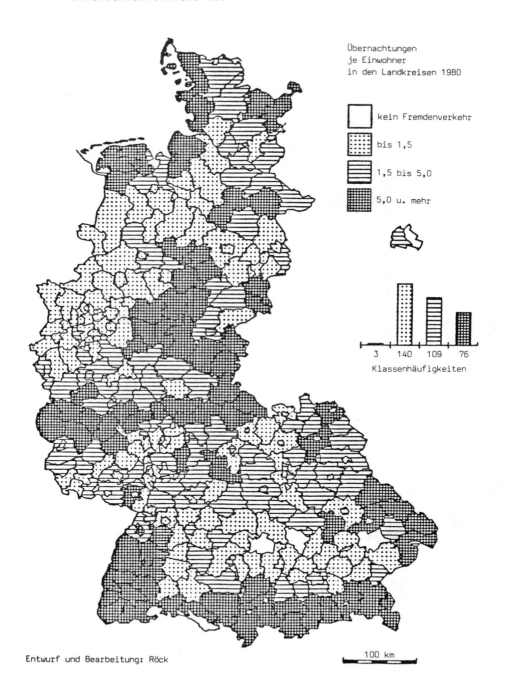

Übernachtungen
je Einwohner
in den Landkreisen 1980

☐ kein Fremdenverkehr

▦ bis 1,5

▤ 1,5 bis 5,0

▦ 5,0 u. mehr

3   140   109   76

Klassenhäufigkeiten

Entwurf und Bearbeitung: Röck

100 km

Taunus, Bad Tölz, Soltau-Fallingbostel, Waldeck, Schleswig, Hameln-Pyrmont und der Bodenseekreis (vgl. Karten 2 u. 3). Insgesamt zeigt sich,

- daß die Förderung im Rahmen der Gemeinschaftsaufgabe einerseits für die Fremdenverkehrsentwicklung von etwa 15 Schwellenkreisen, insbesondere in den Mittelgebirgen und an der Ostsee, wichtig war,

- daß sie in einigen Küsten- und Alpenkreisen, zum Teil auch in Mittelgebirgsregionen im unmittelbaren Einzugsgebiet von Agglomerationen, die Entwicklung gefördert hat,

Tab. 1.4: Struktur- und Förderdaten der Fremdenverkehrskreise mit hohen Förderquoten (über 25 % der Fremdenverkehrsarbeitsplätze, aber niedrigen Beschäftigungsquoten im Fremdenverkehr unter 5 % - Reihenfolge nach Beschäftigungsquote im Fremdenverkehr

Landkreis	Beschäftigtenquote im Fremdenverkehr 1982 in v.H.	Beschäftigte im Fremdenverkehr 1982 (soz.vers.-pfl. beschäftigte Arbeitnehmer)	geförderte Arbeitsplätze im Fremdenverkehr '72-'82		Fremdenverkehrsintensität 1980 (Übernachtungen/ Einwohner)
			absolut	in v.H. der Arbeitspl.im Fremdenverk.	
1. Rhein-Hunsrück-K.	4,7	1.081	222	26,1	6,5
2. Bernkastel-Wittlich	4,7	1.282	330	37,7	12,8
3. Passau-L.	4,7	1.421	1.048	73,7	19,9
4. Daun	4,6	584	259	50,0	14,9
5. Hochsauerland	4,5	3.438	1.211	35,6	16,8
6. Bayreuth-L.	4,5	953	472	55,1	12,2
7. Bitburg-Prüm	4,3	870	407	51,2	5,9
8. Straubing-Bogen	4,0	534	228	41,7	8,3
9. Rhön-Grabfeld	4,0	819	1.232	159,4	12,1
10. Vogelsbergkreis	3,8	982	247·	25,5	4,8
11. Cham	3,6	1.060	644	66,2	16,7
12. Werra-Meißner-K.	3,3	916	282	34,3	9,8
13. Hersfeld-Rothenburg	3,2	1.141	429	43,7	8,3
14. Main-Tauber-Kreis	3,2	1.198	332	30,9	10,5
15. Segeberg	2,9	1.598	1.304	81,6	2,5
16. Deggendorf	2,8	824	233	32,2	3,0
17. Fulda	2,7	1.475	654	47,7	7,2
18. Trier-Saarburg	2,6	514	157	32,8	4,4
19. Saar-Pfalz-Kreis	2,4	1.172	339	29,5	2,0
20. Haßberge	2,2	411	100	25,2	1,1
21. Merzig-Wadern	2,0	500	223	44,5	2,9

- daß hingegen die Fremdenverkehrsförderung in den meisten Förderkreisen nur wenig in Anspruch genommen wurde und demzufolge die Entwicklungseffekte hier gering waren,

- daß sich andererseits Fremdenverkehrsgebiete wie die Alpen und der Schwarzwald auch ohne Förderung durch die Gemeinschaftsaufgabe entwickelt hätten. Dort hat in der Regel die Förderung im Zuge von Landesprogrammen eine größere Rolle gespielt. Oft wurde die Förderung nach der Gemeinschaftsaufgabe durch Landesprogramme abgelöst.

2. Inwieweit wurden kleine und mittlere Betriebe bzw. große Ferienzentren und Hotelkomplexe gefördert?

Ob Fremdenverkehrsarbeitsplätze mehr in großen oder mehr in kleinen Betrieben gefördert werden, ist aus raumordnungspolitischer und regionalwirtschaftlicher Sicht nicht unerheblich.

In der Regel hat die Förderung von Klein- und Mittelbetrieben stärkere und langfristig positivere Effekte, z.B.

- die Gefahr, daß die Landschaft durch "Bettenburgen" in Mitleidenschaft gezogen wird, ist geringer,

- das Risiko von Auslastungsschwierigkeiten und Konkursen ist bei einer schrittweisen Fremdenverkehrsentwicklung durch Klein- und Mittelbetriebe weniger gegeben,

- die Besitzer von Klein- und Mittelbetrieben stammen in der Regel aus der Region, d.h. über die wirtschaftlichen Gewinne und ihre eventuelle Verwendung für weitere Investitionen wird vor Ort und nicht durch Ortsfremde entschieden. Das Geld bleibt also eher in der Region.

In der Regel entspricht die Fremdenverkehrsentwicklung durch Klein- und Mittelbetriebe besser den Vorstellungen einer regional angepaßten, schrittweisen Tourismusentwicklung, an der die ortsansässige Bevölkerung stärker teilhat.

Untersucht man nun die Förderpraxis, so wird ein deutlicher Wandel sichtbar[13]:

Seit 1972 wurden immerhin 219 Maßnahmen in Betrieben mit 100 und mehr Betten gefördert. Davon entfielen 30 Maßnahmen auf Betriebe mit 500 und mehr Betten. Großprojekte, also Beherbergungseinrichtungen mit 500 und mehr Betten sind praktisch nur von 1969 bis 1973 gefördert worden, zum Teil gab es Nachförderungen bis 1976. Danach wirkte die Kritik an den "Bettenburgen in Beton" so nachhaltig, daß nur noch wenige Großprojekte - dann aber in Form von sehr flächengreifenden Feriendörfern - gefördert worden sind. Andere Anträge auf Durchführung von Großprojekten wurden von den Ländern nicht mehr akzeptiert[14].

Im gesamten Förderzeitraum von 1972 bis 1982 wurden mit 36 % die meisten Arbeitsplätze in den Beherbergungsbetrieben der mittleren Größenklasse von 20 bis 49 Betten geschaffen. Die Klein- und Kleinstbetriebe von 1 bis 19 Betten erreichten mit 28 % jedoch einen durchaus beachtlichen Anteil an den geförderten Arbeitsplätzen. Auf die Betriebe zwischen 50 und 99 Betten entfielen 14 %, auf die Betriebe mit 100 bis 499 Betten 17 % und auf die Betriebe mit 500 und mehr Betten nur 9 % der geförderten Arbeitsplätze (vgl. Tabelle 2.1).

Tab. 2.1: Prozentuale Entwicklung der mit Mitteln der Gemeinschaftsaufgabe "Verbesserung der regionalen Wirtschaftsstruktur" geförderten Arbeitsplätze im Beherbergungsgewerbe nach Bettengrößenklassen der Betriebe und nach Förderperioden von 1972 bis 1982

Bettengrößenklassen	1972 - 1975	1976 - 1978	1979 - 1981	1982	1972 - 1982
			in %		
1 - 9 Betten	7,7	9,3	8,4	6,8	8,2
10 - 19 Betten	19,8	20,7	21,6	17,9	20,3
20 - 29 Betten	14,5	15,4	16,3	15,9	20,3
30 - 49 Betten	12,8	17,8	17,6	25,3	16,1
50 - 99 Betten	10,7	17,2	16,1	17,4	14,1
100 - 499 Betten	18,4	16,7	15,4	13,8	16,9
500 und mehr Betten	16,1	2,9	4,6	2,8	9,0
Insgesamt	100,0	100,0	100,0	100,0	100,0

Die Entwicklung der Anteile der einzelnen Betriebsgrößenklassen an den geförderten Arbeitsplätzen zeigt einen deutlichen Wandel. Die kleinen Betriebe unter 20 Betten und die großen Betriebe über 100 Betten verringerten ihren Anteil an den geförderten Arbeitsplätzen von 27 % auf 24 % bzw. von 34 % auf nur 16 %. Dagegen stieg der Anteil der mittleren Größenklasse von 20 bis 49 Betten und von 50 bis 99 Betten an den geförderten Arbeitsplätzen von 27 % auf 41 % bzw. von 11 % auf 17 %. Die mittleren Betriebe trugen also immer stärker zum Arbeitsplatzwachstum im Beherbergungsgewerbe bei.

Das Fazit aus raumordnerischer Sicht ist trotz des leichten Rückgangs des Anteils der Kleinbetriebe durchaus positiv. Es kann unterstellt werden, daß in zunehmendem Umfang einheimische Unternehmen und Kapitalseigner Existenzen in ihrer Region aufgebaut haben. Die Erfahrung zeigt, daß kleinere und mittlere, ortsansässige Betriebe am wenigsten konjunkturanfällig sind als Unternehmen mit hohen Anteilen von ortsfremdem Kapital.

3. Inwieweit ist in der Fremdenverkehrsförderung eine regionale Verlagerung erfolgt?

In der raumordnerischen Bewertung würde eine Verlagerung der Förderung von besser entwickelten bzw. "durchgeförderten" Regionen auf schwach entwickelte Fremdenverkehrsgebiete oder eine Gewichtsverlagerung der Förderung in den besser entwickelten Fremdenverkehrsgebieten z.B. von Maßnahmen der Errichtung auf Maßnahmen der Erweiterung und der Qualitätsverbesserung positiv zu werten sein. Es bestünde damit die Gewähr, daß die "Förderspritze" nicht nur auf die bereits besser entwickelten Regionen gerichtet ist, sondern auch den Schwellengebieten der Fremdenverkehrsentwicklung zugute kommt.

Zur Beantwortung der Frage, inwieweit eine regionale Verlagerung der Förderung von "durchgeförderten" auf schwach entwickelte Fremdenverkehrsgebiete stattgefunden hat, wurden Fördermaßnahmen, Investitionen, geschaffene Arbeitsplätze und geschaffene Betten drei, zahlenmäßig etwa gleich großen Gruppen von Förderkreisen unterschiedlicher Fremdenverkehrsintensität zugeordnet. Der zeitliche Vergleich der Förderanteile läßt dann Rückschlüsse auf die Entwicklung der Förderpraxis zu (vgl. Tabelle 3.1 und Karte 3).

Zunächst sei allgemein festgehalten: Fördermaßnahmen und Investitionen in dem hier untersuchten Beherbergungsgewerbe haben sich in den Förderperioden zwischen 1972 und 1982 kaum verändert. Im jährlichen Durchschnitt wurden etwa 1000 Fördermaßnahmen mit einem Investitionsvolumen von rd. 800 Mio. DM durchgeführt. Die Zahl der im jährlichen Durchschnitt geförderten Arbeitsplätze hat allerdings abgenommen, u.z. von rd. 5000 im Förderzeitraum 1972 bis 1975 auf 2800 im Jahre 1982.

Bei der Verteilung der Fördermaßnahmen auf Fremdenverkehrsgebiete unterschiedlicher Fremdenverkehrsintensität fällt das Übergewicht der Maßnahmen in den besser entwickelten Kreisen ins Auge. Die Anträge von Betrieben dieser Gebietskategorie haben also aufgrund der offensichtlich positiv eingeschätzten Erfolgsaussichten überwogen. 8000 Maßnahmen, das sind 72 % aller Maßnahmen, wurden hier durchgeführt. Damit wurden 72 % der Investitionsmittel auf diese Gebiete konzentriert und 67 % aller Arbeitsplätze der Fremdenverkehrsförderung geschaffen und gesichert (vgl. Tabellen 3.1 bis 3.3).

Tab. 3.1: Prozentuale Entwicklung der Fördermaßnahmen im Fremdenverkehrsgewerbe nach Kreisen unterschiedlicher Fremdenverkehrsintensität
und nach Förderperioden von 1972 bis 1982

Fremdenverkehrs-intensität 1982	Zahl der Kreise	1972-1975	1976-1978	1979-1981 in %	1982	1972-1982
unter 1,5	62	6,7	5,8	10,9	7,5	7,8
1,5 - 5	74	20,3	21,3	16,7	23,6	19,7
5 und mehr	65	73,0	72,9	73,4	68,8	72,5
Insgesamt	201	100,0	100,0	100,0	100,0	100,0

Tab. 3.2: Prozentuale Entwicklung der mit Mitteln der Gemeinschaftsaufgabe
"Verbesserung der regionalen Wirtschaftsstruktur" geförderten
Fremdenverkehrsinvestitionen nach Kreisen unterschiedlicher Frem-
denverkehrsintensität und nach Förderperioden von 1972 bis 1982

Fremdenverkehrs-intensität 1982	Zahl der Kreise	1972-1975	1976-1978	1979-1981 in %	1982	1972-1982
unter 1,5	62	4,5	4,7	7,6	9,3	6,0
1,5 - 5	74	22,4	22,6	18,2	26,1	21,6
5 und mehr	65	73,1	72,6	74,2	64,6	72,4
Insgesamt	201	100,0	100,0	100,0	100,0	100,0

Tab. 3.3: Geförderte Arbeitsplätze im Fremdenverkehrsgewerbe im Rahmen der
Gemeinschaftsaufgabe "Verbesserung der regionalen Wirtschaftsstruktur" nach Intensitätsstufen des Fremdenverkehrs in den Kreisen
und nach Förderperioden von 1972 bis 1982, Bereich: Bundesgebiet

Fremdenverkehrs-intensitätsstufe (Übern./Einw.)	1972-1975	1976-1978	1979-1981 in %	1982	1972-1982
0 - unter 1,5	7,7	7,9	10,6	11,1	8,6
1,5 - unter 5,0	21,5	29,4	20,9	39,3	24,4
5,0 und mehr	70,8	62,7	68,5	49,6	67,0
Insgesamt	100,0	100,0	100,0	100,0	100,0

In den durchschnittlich entwickelten Fremdenverkehrsgebieten wurden mit rd. 2200 Fördermaßnahmen oder 20 % aller Maßnahmen 22 % der Investitionen verausgabt und 24 % aller Arbeitsplätze der Fremdenverkehrsförderung geschaffen und gesichert.

In den schwach entwickelten Fremdenverkehrsgebieten wurden mit rd. 900 Fördermaßnahmen oder 8 % aller Maßnahmen 6 % der Investitionen verausgabt und 9 % aller Arbeitsplätze der Fremdenverkehrsförderung geschaffen und gesichert.

Diese Fakten verdeutlichen die starke Konzentration der Förderung auf die bereits besser entwickelten Fremdenverkehrsgebiete.

Die zeitliche Entwicklung der Förderung belegt allerdings, daß die Förderanteile und -leistungen in den stark entwickelten Fremdenverkehrsgebieten zurückgegangen sind. Offensichtlich haben Nachfragerückgänge und zunehmender Konkurrenzdruck die Erfolgserwartungen spürbar gedämpft. In den schwach entwickelten, insbesondere aber in den durchschnittlich entwickelten Fremdenverkehrsgebieten hat die Beanspruchung der Fördermittel dagegen stark zugenommen.

So ist z.B. der Anteil der besser entwickelten Fremdenverkehrsgebiete an den durch die Gemeinschaftsaufgabe geförderten Arbeitsplätzen von 67 % auf 50 % gefallen, während er in den durchschnittlich entwickelten von 24 % auf 39 % und in den schwach entwickelten von 9 % auf 11 % gestiegen ist (vgl. Tabelle 3.3). Besonders stark war die Entwicklung zugunsten der Schaffung von Arbeitsplätzen in Förderkreisen mit schwach entwickeltem Fremdenverkehr in den Bundesländern Niedersachsen, Hessen und Baden-Württemberg (vgl. z.B. Tabelle 3.3.1) und in den Förderkreisen mit durchschnittlich entwickeltem Fremdenver-

Tab. 3.3.1: Geförderte Arbeitsplätze im Fremdenverkehrsgewerbe im Rahmen der Gemeinschaftsaufgabe "Verbesserung der regionalen Wirtschaftsstruktur" nach Intensitätsstufen des Fremdenverkehrs in den Kreisen und nach Förderperioden von 1972 bis 1982, Bereich: Niedersachsen

Fremdenverkehrs-intensitätsstufe (Übern./Einw.)	1972-1975	1976-1978	1979-1981	1982	1972-1982
			in %		
0 - unter 1,5	11,0	15,6	24,0	34,1	15,4
1,5 - unter 5,0	10,8	16,9	16,0	16,2	13,3
5,0 und mehr	78,2	67,5	60,0	49,7	71,1
Insgesamt	100,0	100,0	100,0	100,0	100,0

kehr in den Bundesländern Schleswig-Holstein und Saarland (vgl. z.B. Tabelle 3.3.2). In Nordrhein-Westfalen, Rheinland-Pfalz und Bayern waren weiterhin starke Tendenzen zur Inanspruchnahme der Fördermittel in den bereits besser entwickelten Fremdenverkehrskreisen erkennbar.

Tab. 3.3.2: Geförderte Arbeitsplätze im Fremdenverkehrsgewerbe im Rahmen der Gemeinschaftsaufgabe "Verbesserung der regionalen Wirtschafts-struktur" nach Intensitätsstufen des Fremdenverkehrs in den Kreisen und nach Förderperioden von 1972 bis 1982, Bereich: Schleswig-Holstein

Fremdenverkehrs-intensitätsstufe (Übern./Einw.)	1972-1975	1976-1978	1979-1981 in %	1982	1972-1982
0 - unter 1,5	1,5	0,8	2,9	0,0	1,4
1,5 - unter 5,0	33,6	56,3	32,3	81,4	43,1
5,0 und mehr	64,9	42,9	64,7	18,6	55,5
Insgesamt	100,0	100,0	100,0	100,0	100,0

Aus raumordnerischer Sicht sind diese am Investitionsverhalten der Unternehmen erkennbaren regionalen Verlagerungstendenzen der Förderung von den besser auf die durchschnittlich und schwach entwickelten Fremdenverkehrsgebiete außerordentlich zu begrüßen. Damit werden außerdem weitere Belastungen der durchgeförderten Fremdenverkehrsgebiete vermieden, zusätzliche Arbeitsplätze auch in den durchschnittlich und schwach entwickelten Gebieten geschaffen und in der Regel preiswertere Urlaubsmöglichkeiten für weitere Schichten der Bevölkerung erschlossen.

4. Inwieweit ist in der Fremdenverkehrsförderung eine fachliche Verlagerung erfolgt?

Bei den Förderarten wird zwischen Errichtungs-, Erweiterungs- und Rationali-sierungs-/Umstellungsmaßnahmen unterschieden. Im Zeitraum von 1972 bis 1982 dominierten mit Investitionen in Höhe von 5,6 Mrd. DM oder 65 % die Errich-tungen von Fremdenverkehrsbetrieben. Hierbei wurden 23 100 oder 56 % der Arbeitsplätze gefördert. Den zweiten Rang nahmen die Erweiterungsinvestitionen mit einer Höhe von 2,9 Mrd. DM oder 33 % der Investitionen und 12 400 oder 30 % der geförderten Arbeitsplätze ein. Bei Rationalisierungs- und Umstellungsmaßnahmen wurden 0,2 Mrd. DM oder 2 % der Investitionssumme investiert und 5 500 oder 13 % der Arbeitsplätze gefördert (vgl. Tabellen 4.1 und 4.2).

Bei den Errichtungs- und Erweiterungsmaßnahmen überwiegen die neugeschaffenen Arbeitsplätze. Bei den Rationalisierungs- und Umstellungsinvestitionen überwiegt der Effekt der Sicherung der Arbeitsplätze.

Im Entwicklungsverlauf zeigen sich deutliche Verschiebungen der Förderanteile. Die Anteile der Errichtungsmaßnahmen an den Investitionen und den geförderten Arbeitsplätzen gingen zurück, und die Anteile der Erweiterungs-, Rationalisie-

Tab. 4.1: Prozentuale Entwicklung der mit Mitteln der Gemeinschaftsaufgabe "Verbesserung der regionalen Wirtschaftsstruktur"geförderten Fremdenverkehrsinvestitionen nach Förderarten (Errichtung, Erweiterung, Rationalisierung/Umstellung) und nach Förderperioden von 1972 - 1982

Förderart	1972-1975	1976-1978	1979-1981	1982	1972-1982
			in %		
Errichtung	74,2	60,0	58,6	59,8	64,9
Erweiterung	25,1	37,9	39,4	36,8	33,4
Rationalisierung/ Umstellung	0,7	2,1	2,0	3,4	1,7
Insgesamt	100,0	100,0	100,0	100,0	100,0

Tab. 4.2: Prozentuale Entwicklung der mit Mitteln der Gemeinschaftsaufgabe "Verbesserung der regionalen Wirtschaftsstruktur"geförderten Arbeitsplätze nach Förderarten (Errichtung, Erweiterung, Rationalisierung/Umstellung) und nach Förderperioden von 1972 - 1982

Förderart	1972-1975	1976-1978	1979-1981	1982	1972-1982
			in %		
Errichtung	64,0	50,8	47,3	48,4	56,2
Erweiterung	28,4	32,9	33,1	28,2	30,4
Rationalisierung/ Umstellung	7,6	16,3	19,6	23,4	13,4
Insgesamt	100,0	100,0	100,0	100,0	100,0

rungs- und Umstellungsmaßnahmen nahmen zu. So fiel der Anteil der Errichtungen an den geförderten Arbeitsplätzen von 64 % auf 48 %, der Anteil der Erweiterungsmaßnahmen blieb mit etwa 28 % gleich und der Anteil der Rationalisierungs- und Umstellungsmaßnahmen stieg von 8 % auf 23 %. Die Erweiterungsinvestitionen erscheinen demnach permanent interessant.

Diese Entwicklung spricht dafür, daß in den derzeit stärker durchgeförderten Fremdenverkehrsgebieten eine Verlagerung von Errichtungs- auf Erweiterungsinvestitionen und schließlich auf Maßnahmen der Qualitätsverbesserung erfolgt. Dies entspricht der Meinungsbildung in den mit der Fremdenverkehrsförderung befaßten Stellen auf Bundes- und Landesebene. Danach wird der Verbesserung und Sicherung des vorhandenen Angebots der Vorrang vor einer weiteren Ausweitung eingeräumt[15]. Unter raumordnungspolitischen Gesichtspunkten ist diese Abflachung der Ausbauvorhaben in den durchgeförderten Fremdenverkehrsgebieten und die Tendenz zu einer Konsolidierung des Angebots durch Maßnahmen der Qualitätsverbesserung durchaus erwünscht. Eine derartige Verlagerung hilft, weitere Belastungen durch Kapazitätsausweitung zu vermeiden.

IV. Zusammenfassung und Ausblick

Zusammenfassend ist festzustellen, daß die Förderung im Rahmen der Gemeinschaftsaufgabe "Verbesserung der regionalen Wirtschaftsstruktur" in einigen Regionen des Bundesgebietes ganz wesentliche Ausbauleistungen für den Fremdenverkehr ermöglicht hat.

1. Die traditionellen Fremdenverkehrsgebiete in den Alpen und im Schwarzwald haben ihren Ausbau weitgehend ohne Förderung durch die Gemeinschaftsaufgabe, sondern meist flankiert durch Hilfen aus den Landesprogrammen vollzogen.

2. Die Fremdenverkehrskapazität ist in etwa 15 Kreisen, insbesondere in den Mittelgebirgslagen, z.T. aber auch an Nord- und Ostsee mit maßgeblicher Unterstützung durch die Gemeinschaftsaufgabe ausgebaut worden. Der Ausbau bewirkte, daß diese Kreise heute zu den besser entwickelten Fremdenverkehrsgebieten gehören. Der Fremdenverkehr ist hier so stark gefördert worden, daß Beschäftigungszahlen, Beschäftigtenquoten oder Fremdenverkehrsintensität Kennwerte erreichen, die sonst nur die traditionellen Gebiete im Schwarzwald und in den Alpen auszeichnen.

3. In zahlreichen Kreisen mit gering oder mittelmäßig entwickeltem Fremdenverkehr ist die Fremdenverkehrsförderung jedoch nur mittelmäßig bzw. in geringem Maße in Anspruch genommen worden. In diese Kategorie fällt die überwie-

gende Zahl der Kreise, die nach der Gemeinschaftsaufgabe gefördert werden können.

4. Die starke Inanspruchnahme der Förderung durch Unternehmen in den bereits besser entwickelten Fremdenverkehrsgebieten lockert sich zum Ende des Förderzeitraums allmählich auf. Die Fremdenverkehrswirtschaft hat zunehmend in den durchschnittlich entwickelten Kreisen investiert. Der Anteil dieser Kreise an den geschaffenen Arbeitsplätzen stieg beachtlich. Diese Entwicklung entlastet die besser entwickelten Fremdenverkehrsgebiete und erschließt Arbeitsmöglichkeiten und Einkommen in den weniger gut entwickelten Regionen.

5. In den besser entwickelten Fremdenverkehrsgebieten findet eine Verlagerung von Errichtungs- auf Erweiterungsinvestitionen und schließlich auf Maßnahmen der Rationalisierung und Umstellung statt.

6. Im Beherbergungsgewerbe haben Unternehmen der mittleren und kleinen Betriebsgrößenklassen von 20 bis unter 50 Betten bzw. unter 20 Betten die meisten der geförderten Arbeitsplätze geschaffen. In den letzten Förderperioden hatten Betriebe der mittleren Größenklasse von 20 bis unter 100 Betten einen immer höheren Anteil an den geschaffenen Arbeitsplätzen. Demnach tragen mittlere, sehr wahrscheinlich einheimische Betriebe derzeit am stärksten zum Beschäftigungswachstum der Regionen bei.

Aus raumordnerischer Sicht ist die Förderung nach der Gemeinschaftsaufgabe im Zeitraum von 1972 bis 1982 zu stark durch die Investoren weniger Fremdenverkehrsgebiete mit bereits guten Fremdenverkehrsansätzen in Anspruch genommen worden. Es wäre wünschenswert gewesen, wenn die schwächeren, an der Schwelle der Entwicklung stehenden Fremdenverkehrsgebiete stärker von der Förderung profitiert hätten. Es muß allerdings eingeräumt werden, daß eine Fremdenverkehrsentwicklung nicht "staatlich verordnet" werden kann. Sie ist vielmehr auch von der Bereitschaft der Unternehmen zu investieren, von ihren Erfolgserwartungen und letztlich von der Einschätzung der Nachfrageentwicklung abhängig. Schließlich ist auch auf die Rolle dynamischer Persönlichkeiten aus Wirtschaft und öffentlichem Leben hinzuweisen, die mit Tatkraft und Ideen bereit sind, initiativ zu werden. Es ist daher fraglich, ob eine stärkere förderungstechnische Begünstigung der touristischen Schwellengebiete von Fremdenverkehrsunternehmen wirklich genutzt worden wäre. Fraglich ist auch, ob dann die tatsächlich erzielten Ausbauleistungen in den Spitzenkreisen der Förderung erreicht worden wären. Schließlich dürfen auch nicht die Entwicklungsanreize außer acht gelassen werden, die von der flankierenden Förderung der Fremdenverkehrsinfrastruktur ausgegangen sind.

Die festgestellten Tendenzen einer stärkeren Beanspruchung der Förderung durch einheimische Klein- und Mittelbetriebe in durchschnittlich entwickelten und weniger entwickelten Fremdenverkehrsgebieten sind aus raumordnerischer Sicht sehr positiv zu werten.

Abschließend soll noch auf drei Fragen eingegangen werden, die sich bei der Auswertung der Förderung durch die Gemeinschaftsaufgabe ergeben haben.

1. Unbeantwortet bleiben mußte die Frage, welches die Gründe für die mehr oder weniger starke Inanspruchnahme der Fördermittel und die Fremdenverkehrsentwicklung der Gebiete sind. Hier kommt ein ganzes Bündel von Faktoren in Betracht, angefangen von den unterschiedlichen Startbedingungen, der landschaftlichen Attraktivität, der Nähe zu größeren Nachfragegebieten, der Infrastrukturausstattung bis hin zu dynamischen Persönlichkeiten in Unternehmen und Verwaltungsinstanzen sowie der staatlichen Förderpolitik bei der Schwerpunktsetzung und Bewilligung der Mittel.

   Könnte man diese Fragen, ggf. im Rahmen von speziellen Fallstudien klären, ließen sich daraus Hinweise für Empfehlungen zur Fremdenverkehrsentwicklung einzelner Gebiete und die Ausgestaltung der staatlichen Förderpolitik ableiten.

2. Problematisch aus raumordnerischer Sicht ist die Förderung in bereits vom Fremdenverkehr belasteten Gebieten. Einige Bundesländer stufen einen Teil ihrer Fremdenverkehrsgebiete bereits als stark belastet ein. Die Frage wäre auch hier, um welche Regionen handelt es sich und soll man staatlicherseits "reglementieren" oder überläßt man es besser Regionen und Gemeinden, über Nutzen und Schaden weiterer Investitionen zu entscheiden.

3. Die Auslastung der geförderten Fremdenverkehrskapazitäten wird in Anbetracht rückläufiger Entwicklung der für einen Deutschlandurlaub in Frage kommenden Bevölkerungsgruppen[16] und verstärkter Konkurrenz mit dem Ausland nicht ganz einfach sicherzustellen sein. Damit erhebt sich für den Verfasser die Frage, ob die Förderung durch die Gemeinschaftsaufgabe nicht auf organisatorische Hilfen zur inneren Entwicklung der Fremdenverkehrsgebiete und zur Vermarktung der geförderten Fremdenverkehrskapazitäten verlagert werden sollte. Einen solchen Vorschlag hat Christoph Becker gemacht[17]. Er fordert z.B., daß die Aufstellung von Fremdenverkehrsentwicklungsplänen, von regionalen Marketingkonzepten und Reservierungssystemen in den Förderkatalog einbezogen werden sollten. Ferner schlägt er vor, Mittel auch für die Beseitigung von Umweltschäden bereitzustellen, die den Fremdenverkehr beeinträchtigen.

Anmerkungen

1) Vgl. Christoph Becker und Christiane Klemm, Bonn 1977, Heft 06.028 der Schriftenreihe Raumordnung des Bundesministeriums für Raumordnung, Bauwesen und Städtebau.

2) Für fachliche Diskussion und Programmierarbeiten sei Siegfried Röck und Hans-Harald Mannert in der Bundesforschungsanstalt für Landeskunde und Raumordnung gedankt. Besonderer Dank gilt auch den Damen und Herren des Arbeitskreises "Fremdenverkehr und Regionalentwicklung" der Akademie für Raumforschung und Landesplanung, Hannover, für Anmerkungen und Hinweise. Insbesondere MR Rainer Burchard vom Bundesministerium für Wirtschaft hat aus seinen langjährigen Erfahrungen mit der Fremdenverkehrspolitik zahlreiche weiterführende Anregungen gegeben.

3) Gesetz über die Gemeinschaftsaufgabe "Verbesserung der regionalen Wirtschaftsstruktur" vom 6. Oktober 1969 (BGBL I, Seite 1861), zuletzt geändert durch das Gesetz zur Änderung der Gesetze über die Gemeinschaftsaufgaben vom 23. Dezember 1971 (BGBL I, S. 2140).

4) Investitionszulagengesetz vom 4. Juni 1982 (BGBL I S. 646).

5) 4. Rahmenplan der Gemeinschaftsaufgabe "Verbesserung der regionalen Wirtschaftsstruktur" BT Drs. 7/3601.

6) 10. Rahmenplan der Gemeinschaftsaufgabe "Verbesserung der Wirtschaftsstruktur" BT Drs. 9/697).

7) Z.B. 1975 die Kreise Harburg, Grafschaft Hoya, Nienburg, Büren, Heinsberg, Aachen, Emmendingen, Miesbach, Bad Tölz, Wolfratshausen; 1981 Osnabrück, Oberbergischer Kreis, Main-Tauber-Kreis, Hohenlohe, Schwäbisch Hall, Ostalbkreis, Alb-Donau-Kreis, Reutlingen, Sigmaringen, Hochschwarzwald, Schwarzwald-Baar-Kreis, Waldshut, Lörrach, Ostallgäu, Kelheim, Landshut, Regensburg; 1983 Soest, Traunstein, Rosenheim, Berchtesgadener Land, Lindau.

7a) Die Investitionszulage kann aus Gründen des Datenschutzes regional nicht aufgegliedert werden. Sie wird daher im folgenden nicht nachgewiesen.

8) Sozialversicherungspflichtige Beschäftigte der Wirtschaftsgruppen 70 und 71, Gaststätten- und Beherbergungsgewerbe sowie Heime. Da nur diese Beschäftigtenzahlen als unveröffentlichtes Material des Statistischen Bundesamtes ausreichend regionalisiert und aktuell vorliegen und ihre Verwendung unter Gesichtspunkten der Repräsentativität vertretbar erscheint, wurden sie der nachfolgenden regionalen Auswertung zugrunde gelegt. Ihr Anteil an den Gesamtbeschäftigten weicht, zumindest auf Bundesebene, kaum von dem der Erwerbstätigen ab. Die Zahl der Erwerbstätigen im Gaststätten- und Beherbergungsgewerbe insgesamt, also einschließlich Betriebsinhabern und mithelfenden Familienangehörigen, betrug 1982 laut Mikrozensus rd. 795 000. Das sind ebenfalls 3 % der insgesamt 26,7 Mio. Erwerbstätigen im Bundesgebiet (neuere Angaben nicht verfügbar).

8a) Ohne Land- und Forstwirtschaft.

152

9) Es handelt sich hier um Angaben aus der Statistik der Förderanträge. Informationen, inwieweit diese Arbeitsplätze im Zuge der Förderung auch tatsächlich realisiert bzw. gesichert wurden, liegen nicht vor. Es gibt allerdings Hinweise darauf, daß die Angaben der Antragstatistik nicht immer den tatsächlich erzielten Arbeitsplatzeffekten entsprechen, d.h. in der Tendenz eher zu hoch liegen. Mangels anderer zentral zugänglicher Werte, mußte auf diese Angaben zurückgegriffen werden.

10) Von den 643 900 sozialversicherungspflichtigen Beschäftigten im Fremdenverkehr waren allerdings nur rd. 154 000 in Hotels und Gasthöfen beschäftigt. D.h., der Anteil der geförderten Arbeitsplätze im Hotel- und Gaststättengewerbe liegt, bezogen auf diesen Wert, bei 24 %! Eine Regionalisierung dieser Werte ist jedoch nicht möglich.

11) Dabei ist zu beachten, daß innerhalb der Gemeinschaftsaufgabe nur Fremdenverkehrsbetriebe gefördert werden können, deren Umsatz zu mehr als 30 % aus der Beherbergung stammt. Einen Bezug zu den Beschäftigten dieser Betriebe herzustellen, ist wegen fehlender statistischer Daten nicht möglich.

12) Eine Analyse der Förderergebnisse auf der Ebene der zur Zeit 18 regionalen Aktionsprogramme schied aus, weil die regionale Bezugsebene mit in der Regel mehr als 10 Kreisen zu groß wäre und die Gebietsänderungen der regionalen Aktionsprogramme zu stark waren. Wegen der zahlreichen Kreise, die nur teilweise durch die Förderung erfaßt werden, wäre eine Analyse auf Gemeindeebene am zweckmäßigsten. Probleme der Datenbeschaffung, z.B. im Bereich der Arbeitsmarktstatistik, des Datenschutzes sowie der Datenbearbeitung und Darstellung der Ergebnisse lassen eine Analyse auf Gemeindeebene nicht zu. Insofern erscheint eine Analyse auf Kreisebene als ein vertretbarer Kompromiß.

13) Im folgenden werden die Förderergebnisse nach Förderperioden dargestellt. Es ist unvermeidbar, daß im Zuge einer solchen Zusammenfassung nur grobe Trends herausgearbeitet werden können. Beschlüsse der Förderinstanzen können dabei nur noch sehr pauschal und aufgrund der oft unterschiedlich langen Vorlaufzeiten von der Antragstellung bis zum Mittelabfluß wenn überhaupt, dann nur mit zeitlicher Verzögerung erkennbar werden.

14) Mitteilung des Bundesministeriums für Wirtschaft vom 16.7.1985; vgl. auch Rainer Burchard: Die Kolosse kollabieren. In: Die Zeit vom 30.1.1976.

15) Mitteilung des Bundesministeriums für Wirtschaft vom 16.7.1985.

16) Vgl. Jens-Jörgen Middeke und Engelbertine Martin: Entwicklung der touristischen Nachfrage im ländlichen Raum. Gutachten im Auftrag des Bundesministeriums für Raumordnung, Bauwesen und Städtebau, Bonn 1985.

17) Vgl. Christoph Becker: Fördern - aber wie? Die Deutsche Fremdenverkehrsförderung. In: der Fremdenverkehr und das Reisebüro, S. 20ff., H. 5, 1985.

SANFTER TOURISMUS ZWISCHEN THEORIE UND PRAXIS

von
Kristiane Klemm und Antonius Menke, Berlin

Gliederung

Die Erkenntnisse, Meinungen und Erfahrungen mit neuen, sanften Tourismusformen sind sehr unterschiedlich: während die einen überzeugt sind, schon längst "sanften Tourismus" anzubieten, sind die anderen skeptisch und glauben, daß es sich dabei eher um eine kurzfristige Mode handelt, die weder ökonomisch noch ökologisch positive Auswirkungen hat; eine dritte Gruppe wiederum erhofft sich neue Impulse für die ohnehin wirtschaftsschwache Gemeinde oder Region, zumal der "sanfte Tourismus" keine hohen Infrastrukturkosten bei derzeit knappen Haushaltmitteln erfordert.

Die folgenden Ausführungen setzen sich kritisch mit diesen neuen Ansätzen im Fremdenverkehr auseinander und verknüpfen die theoretische Diskussion mit praktischen Beispielen. Damit wird gleichzeitig der Wunsch verbunden, die z.T. sehr stark ideologisch geführte Diskussion auf einer realistischen Ebene weiterzuführen.

I. Diskussion der Ziele und Forderungen des sanften Tourismus anhand ausgewählter Forschungsergebnisse

1. Allgemeine Ziele und Aufgaben der Fremdenverkehrsplanung

Vordringlichste Aufgabe der Fremdenverkehrsplanung ist es, den Erholungsbedürfnissen der Bevölkerung zu entsprechen, um damit gleichzeitig die Lebensqualität der vom Erholungsverkehr betroffenen ortsansässigen Bevölkerung zu verbessern.

Ein wesentliches Ziel der Fremdenverkehrs- und Naherholungsplanung ist auch heute immer noch die Wirtschaftsförderung strukturschwacher Gebiete. Daraus ergibt sich bereits das wohl stärkste Problem für die Planung und Umsetzung von sog. sanften, naturnahen Tourismusformen.

Neben der Gestaltung und Sicherung von Umwelten für die Erholung liegt die Aufgabe der Fremdenverkehrsplanung aber auch in der Erarbeitung vorausschauender Konzepte bzw. langfristiger Strategien, die sich an den Bedürfnissen der Erholungsuchenden orientieren, dabei zugleich auch die sozio-ökonomischen Bedingungen der ortsansässigen Bevölkerung sowie die natürlichen (ökologischen) Grundlagen der Region bzw. des potentiellen Fremdenverkehrsortes berücksichtigen.

Unter den Begriffen Konzepte bzw. Strategien darf nicht der operationale Teil der Planung verstanden werden, der kurzfristig im Sinne von Anpassungsplanung (Reparatur) vorhandene Mißstände beseitigt, sondern es geht vielmehr um die Diskussion neuer Entwicklungsmöglichkeiten, die auf ihre Realisierungschancen hin zu überprüfen sind.

Aus den Erfahrungen der teilweise stürmisch verlaufenden Fremdenverkehrsentwicklung der 70er Jahre heraus, müssen für die Zukunft Konsequenzen gezogen werden, d.h.: es müssen neben den ökologischen und ökonomischen Auswirkungen auch die sich möglicherweise ändernden Wertvorstellungen der Erholungsuchenden berücksichtigt werden. Darüber hinaus ist der Urlauber mündiger und kritischer geworden und stellt z.T. hohe Ansprüche an die Erholungslandschaft und ihre Infrastruktur. Die Diskussion um neue Erholungsformen ist daher notwendiger Bestandteil der Fremdenverkehrsplanung.

Der oben angesprochene Wertewandel, von dem man noch nicht weiß, wie stark er sich durchsetzen wird, betrifft vor allem die Bereiche Freizeit, Arbeit und Umwelt (Natur). Die meisten Untersuchungsergebnisse (Romeiß-Stracke et al. 1984; Deutsche Gesellschaft für Freizeit 1983; Krippendorf 1984) laufen darauf hinaus, daß sich das Anspruchsverhalten an die Freizeit gegenüber der Arbeit erhöht. Dies führt zu einer stärkeren hedonistischen Lebenseinstellung bei bescheidenerem Anspruchsniveau (z.T. verursacht durch stagnierende Realeinkommen) und einem sich stärker durchsetzenden Umweltbewußtsein. Das in letzter Zeit häufig benutzte Schlagwort "small is beautiful" beschreibt diese Situation in etwa.

Auf den Fremdenverkehr übertragen, könnte sich dieser Wertewandel abzeichnen durch erhöhte Inanspruchnahme einfacher Beherbergungsunterkünfte und einem niedrigerem Ausgabeverhalten für Verpflegung und Vergnügungen während des Urlaubs, zugleich müßten die Übernachtungszahlen in den überwiegend landschaftsbezogenen Aufenthaltsorten steigen.

Bisher bestätigen die Statistiken und die einschlägigen Untersuchungen diese Tendenz nur in wenigen Teilbereichen (niedrigere Ausgaben bei Verpflegung und Vergnügung sowie steigende Zahlen bei unabhängigen Unterkunftsformen wie Ferienwohnungen), dennoch gewinnt das Konzept des "sanften Tourismus" zunehmendes Interesse. So wird dieses Konzept, das in der hier vorliegenden Form für den Alpenraum konzipiert wurde, auf allen Planungsebenen heftig diskutiert.

Dabei muß allerdings berücksichtigt werden, daß es keine einheitliche Definition für den "sanften Tourismus" - bis auf die von der Alpenschutzkommission CIPRA formulierten Ausführungen - gibt.

Betrachtet man die von der CIPRA formulierten Strategien (Forderungen, s. Anhang), in denen zum ersten Mal auch Maßnahmen genannt sind unter planerischen Gesichtspunkten, so ist vor einer unkritischen Akzeptanz bzw. Implementation zu warnen. Setzt man darüber hinaus falsche Hoffnungen in dieses Konzept, so führt dieses schnell zu Fehlentwicklungen wie übermäßiger Flächenverbrauch, Fehlinvestitionen und Überkapazitäten bei einfachen Unterkünften.

Das Konzept des sanften Tourismus soll daher im folgenden auf seine Konsistenz hin überprüft werden, dabei stehen Fragen im Vordergrund, wie:

- Handelt es sich beim sanften Tourismus um ein auf die Zukunft ausgerichtetes Konzept?

- Ist das ursprünglich für die Alpenregion entwickelte Konzept auf deutsche Fremdenverkehrsregionen und -orte übertragbar?

- Sind Grundlagen und Erfahrungen aus der Bauleitplanung, der Regional- und Landesplanung bei diesem Konzept berücksichtigt, von dem man erwartet, daß es die Gegensätze zwischen Ökonomie und Ökologie aufhebt?

- Gibt es überhaupt einen sanften Touristen, der ein solches Angebot in zunehmendem Maße favorisiert?

Während der erste Teil der folgenden Ausführungen sich eher mit den theoretischen Grundlagen aus den Forderungen der CIPRA auseinandersetzt, gilt der zweite Teil vor allem der Auseinandersetzung mit der Praxis, so wie sie sich an einzelnen Beispielen aus Schleswig-Holstein darstellt.

Bevor die o.g. Fragen anhand einzelner Beispiele diskutiert werden, sollen im folgenden die verschiedenen Formen des "sanften Tourismus" aufgezeigt werden.

2. Die Entwicklung des sanften Tourismus und seine Formen

Als Alternative zu den massentouristischen Entwicklungen der 70er Jahre entstand in zunehmendem Maße das Bewußtsein, neue individuelle Reiseformen und -inhalte zu entwickeln. Der sogenannte "Alternativ-Tourismus" nahm feste Formen an und entwickelte sich immer mehr zu kommerziell ausgerichteten Reiseorganisationen, die sich heute nur noch in ihren angeblich anderen Reiseinhalten von den üblichen Veranstaltern unterscheiden.

Die negativen Auswirkungen sind weitgehend bekannt:

- Verschmutzung der Strände durch unkontrolliertes Campieren
- Ausbeutung der Gastgeberfreundlichkeit der Einheimischen durch die Touristen
- Nacktbaden ohne Rücksicht auf die Moralvorstellungen der ansässigen Bevölkerung etc.

1980 prägte Robert Jungk (Geo 10, 1980, S. 154) zum ersten Mal den Begriff des "sanften Reisens" und empfahl, von den massentouristischen passiven, unter Zeitdruck stehenden Reiseformen abzugehen, wie zum Beispiel die Nutzung schneller Verkehrsmittel, festen Reiseprogrammen u.ä., und sich sanfteren, geruhsameren Reiseformen zuzuwenden, wie zum Beispiel Reisen mit Familien und Freunden, den landesüblichen Lebensstil anzunehmen, statt in Hotels zu übernachten, Zimmer bei Privaten zu mieten, Kapazitätsgrenzen für Strände festzusetzen (600 Personen pro Hektar) und den Tourismus nicht mehr an den übervölkerten Küstengebieten, sondern in dünn besiedelten Regionen zu entwickeln.

Kramer (1983) plädiert für einen umwelt- und sozialverträglichen Tourismus in den Alpen, in dem die nichtkommerziellen Alpen- und Gebirgsvereine mit ihrer vorhandenen Infrastruktur stärker reaktiviert werden sollen.

Becker (1983, S. 68) charakterisiert den "einfachen Tourismus" durch den Verzicht auf komfortable Unterkünfte vor allem in Fremdenverkehrsorten ohne kostspielige und aufwendige Fremdenverkehrseinrichtungen mit dem Schwerpunkt des landschaftsbezogenen Urlaubs. Die positiven Auswirkungen liegen seines Erachtens eher in den sozialen als in den regionalwirtschaftlichen Effekten.

Meinung (1983, S. 92) betrachtet den "einfachen Tourismus" als strukturelles Phänomen, das entweder zur Vielfalt einer Region beiträgt oder aber zum Anfangsstadium einer noch zu entwickelnden Gemeinde gehört. Ob eine Gemeinde aber bewußt auf eine Weiterentwicklung und damit auf Wachstum verzichtet, wird von ihm bezweifelt.

Einfacher Tourismus als Strategie zur Unterstützung des endogenen Potentials wird damit bei den beiden letztgenannten Autoren ausgeschlossen, da der regionalwirtschaftliche Effekt ausbleibt.

Anders wird dies allerdings für die überlastete Alpenregion gesehen. Hier macht sich die internationale Alpenschutzkommission (CIPRA) für den "sanften Tourismus" stark und sieht in ihm eine Chance sowohl für den bereits zerstörten als auch für den noch zu erschließenden Alpenraum.

> "Die CIPRA versteht unter sanftem Tourismus einen Gästeverkehr, der gegenseitiges Verständnis des Einheimischen und Gastes füreinander schafft, die kulturelle Eigenart des besuchten Gebietes nicht beeinträchtigt und der Landschaft mit größtmöglicher Gewaltlosigkeit begegnet. Erholungssuchende im Sinne des 'Sanften Tourismus' benutzen vor allem die in einem Raum vorhandenen Einrichtungen der Bevölkerung mit und verzichten auf wesentliche zusätzliche landschaftsbelastende Tourismuseinrichtungen" (CIPRA, 1985, S. 284).

1984 hat die CIPRA neun Forderungen zum sanften Tourismus aufgestellt, von denen im folgenden vor allem die diskutiert werden sollen, die von regionalpolitischer und -planerischer Relevanz sind. Die bildungspolitischen Zielsetzungen bleiben dabei außer acht. Aus Gründen der Vollständigkeit sind alle Thesen im Anhang abgedruckt.

3. Ausgewählte Ziele und Forderungen zum "sanften Tourismus" und ihre Konsequenzen für die Bauleit- und Regionalplanung

Das Partizipationsprinzip

"Bei umweltrelevanten Planungen ist nach dem Grundsatz zu verfahren: von, mit und für die örtliche Bevölkerung."

Diese Forderung - bei uns bereits seit 1976 im Bundesbaugesetz verankert - hat bisher nicht zu besonders umweltfreundlichen Planungen oder gar zur Verhinderung von Projekten geführt, da breite Bevölkerungsschichten gerade durch solche Projekte mit erhöhtem Einkommen rechnen und damit zumeist auch die Neuschaffung von Arbeitsplätzen verbunden ist.

Maßnahmen, die auf eine sanftere und umweltverträglichere Fremdenverkehrsentwicklung ausgerichtet sind, und die damit auch nur schwache ökonomische Auswirkungen haben, stoßen auch bei der Bevölkerung auf ein geringeres Interesse.

Darüber hinaus ist das Bewußtsein über die schädigenden Wirkungen des Tourismus in strukturschwachen Regionen nur sehr schwach entwickelt.

Eine schweizerische Studie kommt zu dem Ergebnis, daß Touristen als Material, als Produktionsmittel bezeichnet werden, die die ökonomische Existenz sichern; nicht die Touristen stellen für die Gemeinde eine Bedrohung dar, sondern die sog. "Zuzügler" (Meyrat-Schlee 1982, S. 195).

Eine weitere schweizerische Studie, die sich mit der Bürgerbeteiligung bei Tourismusprojekten befaßt, kommt zu dem Ergebnis:

- daß den Ortsansässigen die Instrumente und Wirkungsweisen nicht bekannt sind, die für sie langfristig zu einer sinnvollen Entwicklung führen,

- daß sich die Gemeindebehörden sehr stark aus Gewerbekreisen zusammensetzen (für die der Fremdenverkehr gerade interessant ist),

- daß örtliche Vertreter des Umweltgedankens schwächer organisiert sind und sich auf auswärtige Schützenhilfe (meist weniger beliebt) stützen müssen,

- daß Politiker kleiner Gemeinden unter starkem Erfolgszwang stehen und dieser gleichbedeutend mit quantitativem Wachstum ist (Reinhardt, Hesse, Schwarze 1983).

Es zeigt sich immer wieder deutlich, daß die Wohlstandsziele im Vordergrund stehen, die die Gefahr in sich bergen, aus dem sanften Tourismus bald einen harten Tourismus entstehen zu lassen.

Fazit:

Trotz existierender gesetzlicher Grundlagen bezüglich der Bürgerbeteiligung wurden bisher kaum größere Tourismusprojekte verhindert. Darüber hinaus werden harte Tourismusprojekte - wie etwa die Ferienzentren an der Ostsee und im Bayerischen Wald - bei uns seit Jahren nicht mehr gebaut, nicht weil sie auf den Widerstand der betroffenen ortsansässigen Bevölkerung gestoßen sind, son-

160

dern weil die Nachfrage fehlt und sie aus rein ökonomischen Gründen unrentabel geworden sind.

Nutzung des endogenen Potentials

"Das touristische Angebot in den Zielgebieten soll sich überwiegend auf die im Raum vorhandenen Ressourcen stützen".

Zu dieser Forderung sind zunächst einige grundsätzliche Ausführungen zu machen, die das Konzept des "sanften Tourismus" im ganzen betreffen.

Endogene Planungsstrategien werden seit langem auf allen Planungsebenen diskutiert, dabei handelt es sich um die notwendige Fortschreibung der traditionellen Raumordnungs- und Regionalpolitik mit dem Ziel, die vorhandenen regionalen und kommunalen Ressourcen zu stärken bzw. zu reaktivieren.

Es darf jedoch nicht zu einer Konfliktverlagerung von oben (Bund und Land) nach unten (Region und Kommune) kommen, wie diese Strategie häufig von den Kommunalpolitikern beurteilt wird. Die übergeordneten Planungsinstanzen müssen vielmehr dafür sorgen, daß alle Entwicklungschancen wahrgenommen werden (Beirat für Raumordnung vom 18.3.1983). Dabei sollen Anreize gegeben werden, damit sich regionale Aktivitäten entwickeln können. Die überregionale Planung muß erhalten bleiben, damit die vorhandenen überregional bedeutsamen Ressourcen nicht durch Einzelentscheidungen noch weiter zerstört werden.

Dies bedeutet z.B. für die Fremdenverkehrsentwicklung, daß die zur Verfügung stehenden Ressourcen wie die Landschaft und die vorhandene Infrastruktur einer entsprechenden überregional vorhandenen Nachfrage gegenübergestellt werden müssen. Dazu sind genaue Analysen sog. Potentialbilanzen sowohl im Hinblick auf das regionale Angebot als auch bezüglich der potentiellen Nachfrage erforderlich. Es muß unter anderem geprüft werden, ob es den "sanften Touristen" überhaupt gibt, der die entsprechenden Regionen bzw. Orte aufsuchen soll bzw. will.

Häufig fehlen dabei die Kenntnisse über die derzeitige Marktsituation, dies gilt heute insbesondere für das Konzept des "sanften Tourismus".

Die Erschließung neuer Regionen für den "sanften Tourismus" muß aus drei Gründen scheitern:

a. Zur Zeit nimmt der Inlandstourismus ab, während der Auslandstourismus zunimmt. Für die Bundesrepublik stehen daher heute vor allem qualitative

Verbesserungen des Angebots zur Diskussion und weniger die Neuerschließung von Fremdenverkehrsgebieten.

Abb. 1: Reiseziele der westdeutschen Bevölkerung über 14 Jahre

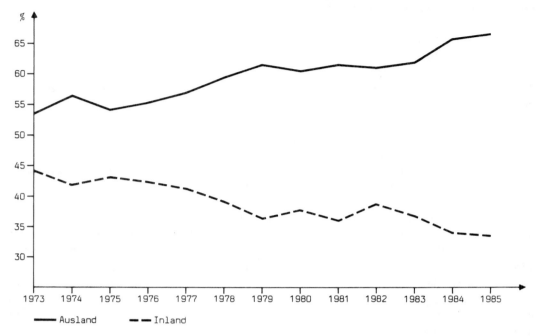

b. Die Nutzung des vorhandenen natürlichen Potentials für den landschaftsbezogenen Urlaub bedeutet, daß schon von vornherein eine sehr große natürliche Attraktivität vorhanden sein muß, und nicht wie Hahne meint, daß auch weniger attraktive Regionen durch den "sanften Tourismus" eine neue Chance erhielten, die bisher vom standardisierten Massentourismus nicht erfaßt wurden (vgl. Hahne, 1984, S. 59).

Fehlende natürliche Attraktivität mußte bisher immer durch verstärkten Infrastrukturausbau wie Hallenbäder, künstliche Wasserflächen und Eisbahnen kompensiert werden. Gemeinden mit hoher natürlicher Attraktivität haben sich heute längst zu traditionellen Fremdenverkehrsorten entwickelt. Aufgrund der gesunkenen Anzahl von Inlandsreisen - vor allem als Haupturlaubsreise - kämpfen sie heute um eine den Kapazitäten entsprechende Auslastung.

c. Die Nutzung des vorhandenen infrastrukturellen Potentials heißt zum Beispiel, daß auch "sanfte" Beherbergungsstrukturen vorhanden sein müssen, und diese auch eine entsprechende Nachfrage genießen.

162

Anbieter "sanfter" Unterkunftsformen sind vor allem Landwirte, Privatvermieter
und Verwandte und Bekannte.

Schaut man sich die Statistik der letzten 11 Jahre an, so zeigt sich, daß
gerade diese Unterkunftsformen eine rückläufige bzw. stagnierende Tendenz
aufweisen. Die Daten fassen allerdings die In- und Auslandsreisen zusammen und
müßten von daher genauer nach Inlandsregionen differenziert werden.

Abb. 2: Unterkunft (In- und Ausland/Haupturlaubsreise)

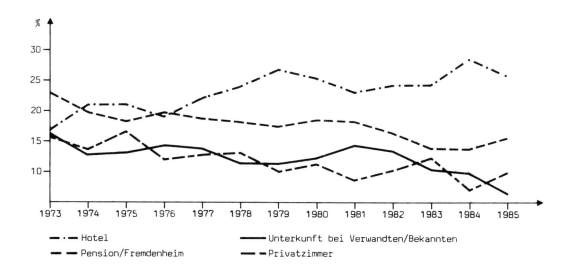

Da die amtliche Statistik die kleineren Betriebe unter 9 Betten nicht mehr
erfaßt, kann über neuere Entwicklungstendenzen in der Bundesrepublik Deutschland keine Aussage mehr getroffen werden.

Immerhin konnte mit Hilfe einiger Sonderfragen der Reiseanalyse 1984 festgestellt werden, daß in den Mittelgebirgen 16,8 % der Urlauber bei Verwandten
und Bekannten übernachteten und 11,6 % in Privatzimmern.

Auch in den Bergregionen sind Privatquartiere beliebte Unterkunftsformen und
stehen nach den Pensionen/Fremdenheimen an 2. Stelle. "Sanfte touristische
Unterkunftsformen" existieren schon lange in der Bundesrepublik, die Frage ist
nur: wie sieht die Zukunft dieser Unterkünfte aus, die mehr als 25 % der
gesamten Bettenkapazität ausmachen. Nach den Ergebnissen der Reiseanalyse 1984
waren die 'Privatquartiere' und 'Urlaub auf dem Bauernhof' die Verlierer der
letzten Jahre; Urlaub auf dem Bauernhof sank in den letzten Jahren kontinuier-

lich von 2 % (1970) auf 0,9 % (1984) und liegt 1985 allerdings wieder bei 1,4 %. Wo also bleibt der "sanfte Tourist" der dieses Angebot in zunehmendem Maße nutzt?

Dabei muß auch berücksichtigt werden, daß neben den positiven Effekten bei der Vermietung von Privatquartieren durch Nebenerwerb, Nutzung leerstehenden Wohnraums, Erhaltung des Familienverbandes, auch die negativen Auswirkungen wie Störung des häuslichen Rhythmus, die Entwicklung eines Herr - Diener Verhältnisses zwischen Gast und Vermieter und die zusätzlichen Belastungen der Hausfrau in Betracht gezogen werden (vgl. Klemm, 1983). Darüber hinaus können sich sanfte und damit preiswerte Unterkunftsformen leicht in Richtung Sozialtourismus entwickeln, eine solche monostrukturelle Entwicklung ist aber weder für die Sozialtouristen selbst noch für die Ortsansässigen bzw. für die Region empfehlenswert.

Im Gegensatz zu einer möglicherweise flächenhaften Ausbreitung des "sanften Tourismus" wird häufig das Beispiel "Les Karellis" erwähnt, ein Ferienzentrum mit 3000 Betten in den französischen Alpen: Ein Modell, bei dem 420 Arbeitsplätze geschaffen wurden, und die Umwelt - vor allem durch die Baumaßnahme - nicht zerstört wurde. Sozial schwächere Familien und Einzelpersonen erhalten hier die Möglichkeit, einen preiswerten einwöchigen Urlaub zu verbringen (vgl. CIPRA, 1985, S. 216ff).

Dieses Modell mag zwar umwelt- und sozialverträglicher sein als andere Zentren, ob es bei einer Konzentration von 3000 Urlaubern, die wöchentlich wechseln, noch als "sanft" bezeichnet werden kann, muß m.E. bezweifelt werden.

Fazit:

Die Nachfragesituation in der Bundesrepublik läßt eine Neuerschließung "sanfter Tourismusgebiete" heute nicht mehr zu. Landschaftlich unattraktive und mäßig infrastrukturell ausgestattete Regionen eignen sich auch für den "sanften Tourismus" nicht. "Sanfter Tourismus" darf sich nicht in Richtung Sozialtourismus entwickeln und damit zu monostrukturellen Entwicklungen führen. In Zukunft müssen vor allem Überlegungen angestellt werden, inwieweit die notwendigen qualitativen Umstrukturierungen in den bestehenden Fremdenverkehrsorten und Regionen in sanften, gemäßigten Bahnen vollzogen werden können. Dies allerdings erfordert allein schon die angespannte Haushaltslage der Kommunen.

Schaffung von attraktiven Einrichtungen für die Tages- und Wochenenderholung in den Stadtregionen

"Schaffung von attraktiven Einrichtungen für die Tages- und Wochenenderholung in den Stadtregionen, damit der stark belastende Tagesausflugsverkehr vermindert wird."

Freizeitmobilität und Reiseintensität hängen nicht allein von der Wohnsituation und dem Wohnumfeld ab, sondern sie hängen vor allem von der soziodemographischen Struktur und der ökonomischen Situation der Erholungsuchenden ab, die allerdings in ihrem Beeinflussungsgrad unterschiedlich gewichtet werden können (vgl. Meuter, 1979, S. 101ff und Reiseanalyse 1983).

Anhand einer Untersuchung von Schnell (1977, S. 179ff) am Beispiel der Stadt Münster läßt sich deutlich nachweisen, daß die von der CIPRA aufgestellte Forderung so nicht realisierbar ist. Schnell führte 1975 eine Befragung bei 1357 Haushalten mit insgesamt 4105 Personen durch. Ziel der Untersuchung war es, am Beispiel einer Solitärstadt das Freizeitverhalten anhand bestimmter Merkmale zu untersuchen. Dabei wurden folgende Merkmale berücksichtigt:

- die demographische Struktur
- die sozio-ökonomische Struktur
- die Mobilität und
- die Wohnsituation der Erholungsuchenden.

Schnell kommt dabei zu folgenden Ergebnissen (vgl. auch Abb. 3)

a. Demographische Merkmale:
   Verheiratete im Alter zwischen 31 und 50 Jahren mit 1-2 Kindern weisen die höchste Beteiligungsintensität und Ausflugshäufigkeit auf;

b. Sozio-ökonomische Merkmale:
   Das höhere Bildungsniveau, die höhere berufliche Qualifikaton sowie die Einwohner mit höherem Einkommen nehmen verstärkt am Ausflugsverkehr teil;

c. Der Gartenbesitz korreliert positiv mit der Beteiligungsintensität, wenn auch die Ausflugshäufigkeit, mit 1,4 Ausflügen in 4 Wochen nicht ganz so hoch liegt wie bei anderen Merkmalen.

Deutliche Einflüsse haben natürlich Störfaktoren wie

- der Mangel an Grünflächen
- fehlende Spielmöglichkeiten für die Kinder.

	Beteiligungs- intensität %	Ausflüge in 4 Wochen
Geschlecht männlich	78,7	1,38
weiblich	73,7	1,27
Familienstand ledig	69,1	1,04
verh.	81,4	1,52
verwitwet	50,5	0,68
geschieden	67,6	0,77
Lebenszyklus		
15 - 30 Jahre	76,6	1,27
31 - 50 Jahre	82,5	1,51
51 - 65 Jahre	73,3	1,30
über 65 Jahre	46,9	0,65
Familiengröße		
1 Person	54,7	0,72
2 Personen	75,0	1,30
3 Personen	81,1	1,63
4 Personen	86,1	1,60
5 Personen	89,6	1,57
6 und mehr Personen	80,4	1,18
Bildung		
Volksschule ohne Lehre	53,5	0,83
Volksschule mit Lehre	77,9	1,41
Mittl.Reife,Handelssch.	79,8	1,37
Fachhoch-,	80,8	1,55
Ingenieurschule	(78,8)*)	(1,57)
Abitur	69,6	1,15
	(89,2)	(1,74)
Hochschule, Univers.	88,7	1,57
Beruf		
landwirtsch. Berufe	54,2	0,97
Fertigungsberufe	73,6	1,27
technische Berufe	89,9	1,65
Dienstleistungsberufe	81,9	1,52
Nicht-Erwerbstätige	59,2	0,95
Stellung im Beruf		
Arbeiter, ungelernt	51,2	0,77
Facharbeiter	75,2	1,27
einf. Angest./Beamte	76,4	1,42
mittl. Angest./Beamte	88,5	1,57
höhere Angest./Beamte	89,5	1,63
Selbständige	77,7	1,55
Rentner/Pensionäre	55,9	0,89
Hausfrauen	63,5	0,92
Studenten	64,4	0,96
Netto-Haushaltseinkommen		
unter 500 DM	52,0	0,75
	(44,4)	(0,91)
500 - 1.000 DM	56,6	0,81
	(48,4)	(0,70)
1.000 - 1.500 DM	73,7	1,24
1.000 - 2.000 DM	84,2	1,44
2.000 - 2.500 DM	87,6	1,70
über 2.500 DM	87,5	1,66

	Beteiligungs- intensität %	Ausflüge in 4 Wochen
Mobilität		
Pkw ja	85,2	1,56
Pkw nein	55,1	0,78
Fahrrad ja	80,2	1,42
Fahrrad nein	60,6	0,99
Gartenbesitz		
Einfamilienhaus	82,4	1,40
mit Garten	(83,0)	(1,44)
Mehrfamilienhaus	79,3	1,40
mit Garten	(81,2)	(1,47)
Mehrfamilienhaus	72,0	1,24
ohne Garten	(73,7)	(1,37)
Wohnungsgröße		
bis 20 qm	54,0	0,64
21 - 40 qm	60,3	1,05
41 - 60 qm	63,3	1,04
61 - 80 qm	77,9	1,41
81 - 100 qm	83,2	1,55
101 - 120 qm	81,9	1,46
über 120 qm	85,2	1,49
WOHNSITUATION		
- Wohnzufriedenheit		
mit Wohnsit.zufrieden	75,7	1,30
mit Wohnsit. unzufr.	80,1	1,46
- Störfaktoren		
Lärmbelästigung	79,1	1,43
Wohnungsgröße	84,0	1,44
Mangel an Spielmögl.	85,0	1,68
Mangel an Wohnkomfort	76,6	1,39
Mangel an Grünflächen		
in Wohnungsnähe	82,9	1,51
langweilige und		
monotone Wohngegend	80,9	1,45
schlechte Wohngegend	76,7	1,50
Wohnung im Hochhaus	48,3	0,66
nicht-abgeschl.Wohnung	75,0	1,38
- Wohnlage		
Innenstadt	83,5	1,39
1. Ring	73,7	1,34
2. Ring	74,3	1,29
Coerde/Kinderhaus	77,0	1,63
Außenbezirke	81,4	1,30
Stadtdurchschnitt	76,4	1,33
	(78,0)	(1,38)

*) ohne Studenten

166

Die o.g. wesentlichsten Einflußfaktoren werden natürlich nicht einzeln wirksam, sondern müssen in ihren gegenseitigen Wechselwirkungen gesehen werden.

So können Wohnsituation und Wohnumfeld allein noch keine ausschlaggebenden Steuerungsinstrumente für das Freizeitverhalten außer Haus bzw. für die Reisehäufigkeit sein.

Auf der anderen Seite unterstreichen diese Ergebnisse natürlich auch die Notwendigkeit von Grün- und Spielanlagen in dichtbesiedelten Stadtregionen, da hier gerade diejenigen mit geringerem Einkommen und höherer Kinderzahl leben, die sich einen Ausflug am Wochenende oder gar eine Urlaubsreise nicht leisten können.

Fazit:

Attraktive Einrichtungen für die Tages- und Wochenenderholung in den Stadtregionen sind zwar allenthalben notwendig, sie haben jedoch nur geringen Einfluß auf die Ausflugs- bzw. Reiseintensität, sie entlasten vorhandene Naherholungs- und Feriengebiete kaum.

Der Münchner, der Bergsteigen will am Wochenende, wird weiterhin in die Alpen fahren, genauso wie der Hamburger, der auf der Ostsee segeln will.

Attraktive Einrichtungen für die Tages- und Wochenenderholung dienen vor allem der Entlastung bestehender Freiräume, gleichen eine seit langem bestehende Mangelsituation aus oder ziehen sogar ganz neue Besucherstrukturen an.

Umschichtung von Fördermitteln zugunsten von Erholungsformen des "sanften Tourismus"

Für umwelt- und sozialverträgliche Erholungsformen werden in der Bundesrepublik in zunehmendem Maße Fördermittel zur Verfügung gestellt. Dies geschieht seit langem für den Bereich "Urlaub auf dem Bauernhof"; seit 1984 gibt es auch ein bayerisches Förderprogramm für Privatvermieter. Eine völlige Umschichtung der Fördermittel auf "sanfte Tourismusformen" - vor allem auf neue Regionen - würde zu einer weiteren flächenhaften Entwicklung führen, die kaum raumwirksam und letztendlich weniger kontrollierbar ist als beim zentralisierten Fremdenverkehr.

Umschichtung von Fördermitteln zugunsten des "sanften Tourismus" sollte nur in bestehenden Fremdenverkehrsorten und ihren Ergänzungsräumen durchgeführt werden, die zur Erhaltung der Vielfalt dienen und eine qualitative Verbesserung bedeuten.

Dies heißt u.a., daß sich die Förderungsmodalitäten z.B. der "Gemeinschaftsaufgabe zur Förderung der regionalen Wirtschaftsstruktur" ändern müssen, und
keine aufwendigen Infrastruktureinrichtungen mehr gefördert werden, sondern
eher instrumentelle und vor allem personelle Maßnahmen.

Fazit:

Eine Umschichtung von Fördermitteln sollte nur dann erfolgen, wenn damit eine
flächenhafte Neuerschließung vermieden wird und sich die bisherigen Förderungsmodalitäten ändern.

Entwicklung in kleinen Schritten

"Aufstellen von Erholungsplanungen nur im Rahmen von kleinräumigen Landschaftskonzepten; Verzicht auf technische Großprojekte; Überwachung des
Vollzugs".

Kleinräumige Landschaftskonzepte können vor allem für die engen Täler der
Alpenregionen von Vorteil sein, für die deutschen Fremdenverkehrsgebiete
trifft diese Forderung vor allem für den Bereich der Infrastrukturplanung
nicht zu. Hier wird zur Zeit sogar eine stärkere überörtliche Zusammenarbeit
auf allen Ebenen gefordert, um damit zu einer effektiveren Fremdenverkehrsentwicklung zu gelangen.

Denkt man an die hochwertigen Infrastruktureinrichtungen von Fremdenverkehrszentren, so wird ihre Bedeutung und Nutzung nur sinnvoll, wenn auch die Ergän-
zungsorte bzw. -regionen mit einbezogen werden. Andernfalls würde das viel-
bescholtene Gießkannenprinzip wieder zum Tragen kommen.

Zu der Forderung "Entwicklung in kleinen Schritten" ist festzustellen, daß bei
derzeit fallenden oder stagnierenden Übernachtungszahlen überhaupt keine andere Entwicklung als die in kleinen Schritten möglich ist. Hier sind sich
heute die meisten Entscheidungsträger im Fremdenverkehr einig.

Eine wichtige Forderung ist m.E. der Verzicht auf technische Großprojekte wie
z.B. Seilbahnen u.ä., die vor allem im belasteten Alpenraum vermieden werden
sollten. Für die übrigen deutschen Regionen kommen solche Projekte gar nicht
erst in Frage. Großprojekte wie z.B. Ferienzentren, werden schon seit langem
nicht mehr gebaut.

Eine weitere Forderung, die viel mehr Beachtung finden sollte, ist die Überwachung des Vollzugs. Hier können jedoch nur Erfolge erzielt werden, wenn die
Gemeinden auch personell besser ausgestattet werden, damit zum Beispiel Natur-

168

und Landschaftsschutzgebiete nicht nur durch Hinweisschilder und Zäune geschützt, sondern auch von entsprechend geschultem Personal betreut werden.

Fazit:

Eine andere Entwicklung, als die in kleinen Schritten, ist zur Zeit für deutsche Regionen nicht denkbar.

Großprojekte kommen für viele Regionen gar nicht in Frage. Besondere Aufmerksamkeit sollte vor allem der Überwachung des Vollzugs geschenkt werden.

4. Zusammenfassung

Um auf die anfänglich gestellten Fragen zurückzukommen, läßt sich folgendes feststellen:

Ist dieses Konzept zukunftsträchtig?

Sanfte Entwicklungsformen werden seit längerer Zeit von der Wissenschaft und z.T. auch von der Wirtschaft propagiert. Der touristische Markt, vor allem in der Bundesrepublik, hat sich inzwischen geändert und läßt - wenn überhaupt - gar kein anderes Konzept mehr zu. Es handelt sich also eher um eine Marktanpassung, als um ein neues Konzept. Aus der Not (im ökonomischen Sinne) wird nunmehr eine Tugend.

Ist das Konzept des "sanften Tourismus" auf deutsche Regionen übertragbar?

Das Konzept ist dann übertragbar, wenn sanfte Tourismusformen nur dort entwickelt werden, wo bereits Fremdenverkehr vorhanden ist. Die umweltzerstörenden Formen des sog. Alternativtourismus sollten dafür ein negatives Beispiel sein. Die Umweltschäden und die Belastungen der Einheimischen durch Rucksacktouristen, wie z.B. in Griechenland und Nepal, mögen zunächst nicht so offensichtlich sein, auf Dauer wirken sie wesentlich subtiler und sind weniger kontrollierbar als z.B. beim zentralisierten (Massen-) Tourismus.

Läßt sich dieses Konzept aus planerischer Sicht vertreten?

Obwohl dieses Konzept von vielen Entscheidungsträgern vertreten wird, sind zahlreiche Erfahrungen und Grundsätze der Planung vernachlässigt worden:

- Bürgerbeteiligungen haben gerade bei touristischen Projekten nicht zum erwünschten Erfolg geführt;

169

- es fehlen Potentialanalysen, die sich auf das endogene Potential und auf zukünftige Nachfragestrukturen beziehen und die zeigen, welche Tourismusformen für die Region in Frage kommen;

- bei der Förderung des "sanften Tourismus" wird übersehen, daß dies zu weiteren flächenhaften Zersiedlungen führen kann;

- kleinräumige Landschaftskonzepte und damit eine Entwicklung von unten nach oben bergen die Gefahr in sich, daß überregionale Gesichtspunkte vernachlässigt werden und vorhandene Ressourcen zu stark belastet werden, ohne daß dabei Ersatz- oder Ausgleichsräume geschaffen werden.

Gibt es überhaupt einen "sanften Touristen"?

Auch wenn sich im Rahmen des Wertewandels die Einstellung zwischen der Arbeit (als Lebensunterhalt) und Freizeit (als Lebensinhalt) verschoben haben sollte und damit gleichzeitig ein bescheideneres Anspruchsniveau verbunden ist, sind zur Zeit noch keine wesentlichen Veränderungen des Reiseverhaltens festzustellen, die darauf hindeuten, daß die Urlauber mit weniger Komfort und einfacheren Unterkünften zufrieden sind.

Die wenigen kostbaren Tage des Jahres, begrenzt durch zeitliche und finanzielle Restriktionen sowie beruflichen Streß, werden auch weiterhin dazu führen, daß die Befriedigung des Erholungsbedürfnisses eher in hektischen als in geruhsamen Formen abläuft mit hohen Anforderungen an Komfort, an die Infrastruktur und die Landschaft. Eher schon könnte eine Überlastung der Landschaft dazu führen, daß die Urlauber in Zukunft weniger belastete Regionen favorisieren. Damit verbunden wäre dann die erneute Fragestellung nach Belastungsgrenzen von Fremdenverkehrsregionen und -orten. Auch wenn solche Trends bisher noch nicht festgestellt wurden, gilt es, mögliche Veränderungen des Reiseverhaltens ständig zu beobachten, um rechtzeitig adäquate Maßnahmen einleiten zu können. Auch dies ist eine Aufgabe der Fremdenverkehrsplanung.

Sollte sich in Zukunft ein deutlicher Trend hin zu sanften Tourismusformen abzeichnen, so sollte der "sanfte Tourismus" dort stattfinden, wo bereits schon ein Fremdenverkehrsangebot besteht und nicht in Regionen, die bisher vom Tourismus verschont geblieben sind.

Die Internationale Alpenschutzkommission hat den folgenden Forderungskatalog zusammengestellt:

170

Forderungskatalog zum "sanften Tourismus"

1. Bei umweltrelevanten Planungen ist nach dem Grundsatz zu verfahren, "von, mit und für die örtliche Bevölkerung" (Partizipationsprinzip).

2. Das touristische Angebot in den Zielgebieten soll sich überwiegend auf die im Raum vorhandenen Ressourcen stützen (Nutzung des endogenen Entwicklungspotentials).

3. Kein weiterer Ausbau der örtlichen und überörtlichen Verkehrsinfrastruktur für den Tourismus.

4. Unerschlossene Landschaftsräume ohne ansässige Bevölkerung sind vor einer Erschließung zu bewahren.

5. Kontinuierliche Information und Motivation der Einheimischen und Gäste bezüglich der Vorteile von "umwelt- und sozialverträglichen" Erholungsreisen.

6. Schaffung von attraktiven Einrichtungen für die Tages- und Wochenenderholung in den Stadtregionen, damit der stark belastende Tagesausflugsverkehr vermindert wird.

7. Verstärkung der Umwelterziehung, insbesondere zu Fragen des Ferienverkehrs und des Mobilitätsverhaltens.

8. Umschichtung der Förderungsmittel zugunsten von Erholungsformen des "sanften Tourismus".

9. Aufstellen von Erholungsplanungen nur im Rahmen von kleinräumigen Landschaftskonzepten; Verzicht auf technische Großprojekte, Überwachung des Vollzugs (Entwicklung "in vielen kleinen Schritten").

Quelle: Internationale Alpenschutzkommission (CIPRA), Sanfter Tourismus: Schlagwort oder Chance für den Alpenraum? Vaduz 1985, 284 (Deklaration von Chur 1984).

II. Sanfter Tourismus aus der Sicht der Planungspraxis eines Bundeslandes

Es soll angeknüpft werden an die Zusammenfassung der vorstehenden, eher theoretischen Diskussion über die Ziele und Forderungen des sanften Tourismus und die darin gestellten Fragen, ob das Konzept des sanften Tourismus aus Sicht der Planungspraxis zukunftsträchtig, auf deutsche Regionen übertragbar und aus planerischer Sicht vertretbar erscheint. Erschwerend bei der Beantwortung dieser Fragen wirkt sich aus, daß der sanfte Tourismus durchaus nicht eindeutig definiert ist; der Hinweis im ersten Teil dieses Beitrages auf das 3000-Betten-Projekt "Les Karellis" in den französischen Alpen möge als Beispiel genügen. Es kann also nur darum gehen, an einigen Beispielen aus Schleswig-Holstein aufzuzeigen, ob und ggf. in welchem Maße sich das Gedankengut des sanften Tourismus gegenwärtig bei Fremdenverkehrsplanungen und -maßnahmen niederschlägt. Sind nun Tendenzen zu sanfteren, landschaftsbezogenen Erholungsformen erkennbar?

In Schleswig-Holstein hat der Fremdenverkehr besondere strukturpolitische Bedeutung; er soll als maßgebender Wirtschaftsfaktor weiter gestärkt werden. Die Landesplanung soll mit dem Landesraumordnungsplan und den Regionalplänen dieses Ziel wirksam unterstützen. Der Landesraumordnungsplan aus dem Jahre 1979 zeigt mit seinen Zielsetzungen zu Fremdenverkehr und Erholung - deutlicher als seine Vorgänger -, daß in zunehmendem Maße Belange der Gesundheitspolitik sowie des Umwelt- und Landschaftsschutzes berücksichtigt werden sollen. Die Tendenz zu mehr Umwelt- und Landschaftsschutz auf allen Gebieten des Erholungswesens zieht sich wie ein roter Faden durch die Zielsetzungen des Landesraumordnungsplanes - ob sie den klassischen gewerblichen Fremdenverkehr, den Urlaub auf dem Bauernhof oder den Naherholungsverkehr betreffen oder ob es um Aussagen zum Campingwesen oder zum Freizeitwohnen in Wochenend- und Ferienhäusern geht.

Die Neufassung des Landesraumordnungsplanes war letztlich auch eine Antwort auf die stürmische Fremdenverkehrsentwicklung um die Wende der 60er zu den 70er Jahren, an die kurz erinnert werden soll. Angeheizt durch steuerliche Investitionsanreize und - angesichts stark steigender Inflationsraten - durch Flucht in die Sachwerte erlebte das Land auf dem Sektor Fremdenverkehr einen Bauboom ohnegleichen, der u.a. an der Ostseeküste zu den großen Ferienzentren führte. Wenn wir heute zu den Ferienzentren eher ein gespaltenes Verhältnis haben, darf nicht verkannt werden, daß die Akzeptanz auf seiten der Erholungsuchenden durchaus vorhanden war und ist, konnten die Ferienzentren dorch qualitativ anspruchsvolle, von Größe und Preis her familiengerechte Unterkünfte und sonstige Fremdenverkehrsinfrastruktureinrichtungen bieten, die von immer mehr Gästen nachgefragt wurden, die vom traditionellen Fremdenverkehrsgewerbe und von den Kommunen jedoch nicht in dem gewünschten Umfang bereitgestellt werden konnten.

Weitere sich abzeichnende hemmungslose Bauwünsche zwangen die Landesregierung Anfang der 70er Jahre zu einem Baustopp für Großvorhaben im Ostseeküstenbereich. Mit der Neufassung des Landesraumordnungsplanes, festgestellt im Jahre 1979, wurde das Verbot, weitere Ferienzentren (mehr als 1000 gewerblich betriebene Betten) zu errichten, auf das ganze Land ausgedehnt; andere Großprojekte (ab 200 Betten) sollen sehr kritisch beurteilt und in den hochverdichteten Fremdenverkehrsordnungsräumen des Landes nicht mehr zugelassen werden. Konsolidierung in den stark entwickelten Fremdenverkehrsgebieten und vorsichtige umwelt- und landschaftsverträgliche Fortentwicklung in den weniger entwickelten Gebieten ist Ziel der Raumordnung und Landesplanung. Das hat zur Folge, daß sich bauliche Maßnahmen auf dem Beherbergungssektor überwiegend auf den Umbau bzw. die Renovierung des vorhandenen Bestandes, der qualitativ den Marktanforderungen angepaßt wird, beschränken; ferner spielt die Nutzbarmachung leerstehender landwirtschaftlicher Bausubstanz in Wohn- und Wirtschaftsgebäuden eine bedeutende Rolle.

Trotz dieser nur kurzen Anmerkungen zum Landesraumordnungsplan sei der Schluß erlaubt, daß auch auf dieser Ebene der vielzitierte Wertewandel erkennbar wird, der das Denken und Handeln der im Fremdenverkehr auf staatlicher, kommunaler und privater Ebene Tätigen prägt. Landschaftsbezogene, sanftere Erholungsformen stehen im Vordergrund des Interesses.

Es soll nicht verkannt werden, daß es sich dabei auch um eine Marktanpassung handelt, wie im ersten Teil dieses Beitrages zu Recht festgestellt wird; darüber hinaus gibt es aber Tendenzen, die auf eine doch grundlegende Bewußtseinsänderung schließen lassen und andere Fremdenverkehrskonzepte mit sanfteren Entwicklungsformen sinnvoll erscheinen lassen. Im folgenden sollen einige Forderungen aus dem Katalog des sanften Tourismus aus der Sicht eines Planungspraktikers - jeweils unter den vorn aufgeworfenen Fragen: Zukunftsträchtig? Übertragbar? Aus planerischer Sicht vertretbar? - betrachtet werden; dabei wird sich zeigen, ob und inwieweit Aspekte des sanften Tourismus bereits Bestandteil der Planungspraxis sind oder deren stärkere Berücksichtigung wünschenswert erscheint.

1. Bei umweltrelevanten Planungen ist nach dem Grundsatz zu verfahren, "von, mit und für die örtliche Bevölkerung" (Partizipationsprinzip).

   Es dürfte kaum noch Zweifel geben, daß dieser Grundsatz seine Berechtigung hat. Folgerichtig wurde auch 1976 die Burgerbeteiligung stärker im Bundesbaugesetz verankert (vorgezogene Bürgerbeteiligung bei der Bauleitplanung). Dieses soll nun nicht besagen, daß es zuvor keine Einflußmöglichkeiten der betroffenen Bevölkerung gegeben hat. Ruft man sich jedoch die sog. "heiße" Phase der Fremdenverkehrsentwicklung in Schleswig-Holstein in Erinnerung (Bau der Ferienzentren), muß man feststellen, daß - aus welchen Gründen auch immer - sogar diese Großprojekte häufig ohne hinreichende Beteiligung der Bürger durchgesetzt werden konnten. Es gibt aber auch gegenteilige Beispiele, das spektakulärste ist zweifellos Atlantis auf Sylt. Der Anstoß, dieses gigantische Fremdenverkehrsprojekt entgegen den Beschlüssen der Stadtvertretung zu Fall zu bringen, ging von den Bürgern aus, und die Ausdauer der Bürgerinitiative hat zweifellos mit dazu beigetragen, daß dem entsprechenden Bebauungsplan seitens des Innenministeriums die Genehmigung versagt wurde.

Ein neueres Beispiel soll erwähnt werden, in dem das aus der Schweiz bekannte Partizipationsprinzip bei einem Planungsprojekt an der Westküste Schleswig-Holsteins sinngemäß Anwendung finden soll. Vor dem Hintergrund des Ende 1985 durch ein Landesgesetz beschlossenen Nationalparks "Schleswig-Holsteinisches Wattenmeer" verfolgt der Kreis Dithmarschen die Absicht, in einem umweltverträglichen Entwicklungskonzept für den küstennahen Bereich des Kreisgebietes Strategien für die weitere zukunftsorientierte, die Eigenart und Schönheit der Landschaft bewahrende gesamtwirtschaftliche Entfaltung aufzuzeigen. Das Konzept soll in engem Verbund mit den an der Küste lebenden Bürgern - also unter Mitwirkung der betroffenen Bevölkerung - erarbeitet werden (Delegiertenversammlung, vier Arbeitsgruppen, Projektgruppe). Die Ergebnisse bleiben vorerst abzuwarten, die breite Beteiligung der ansässigen Bevölkerung sollte jedoch vorbehaltlos begrüßt werden.

Anfängliche Schwierigkeiten bei der Bürgerbeteiligung im Rahmen der Bauleitplanung sowohl auf seiten der Verwaltung als auch auf seiten der Bürger scheinen nach einem beiderseitigen Lernprozeß überwunden zu sein. Ob sich allerdings eine so breite Beteiligung der Bürger an Planungsprozessen verwirklichen läßt, wie es beim Partizipationsprinzip in der Schweiz der Fall ist, muß bezweifelt werden. Einige Vorkommnisse bei dem erwähnten Dithmarscher Projekt bestätigen diese Zweifel.

Die Thesen

2. Das touristische Angebot in den Zielgebieten soll sich überwiegend auf die im Raum vorhandenen Ressourcen stützen (Nutzung des endogenen Entwicklungspotentials).

3. Kein weiterer Ausbau der örtlichen und überörtlichen Verkehrsinfrastruktur für den Tourismus.

4. Unerschlossene Landschaftsräume sind vor einer Erschließung zu bewahren (Zonierung von Ruhegebieten).

sollen im Zusammenhang betrachtet werden.

Entwicklungen im Fremdenverkehr Schleswig-Holsteins vollziehen sich derzeit überwiegend auf dem Sektor der landschaftsgebundenen Erholung. Das trifft insbesondere dann zu, wenn auf teure und aufwendige zusätzliche Infrastruktur- maßnahmen verzichtet werden kann. Ergänzungen im Infrastrukturbereich können zwar erforderlich sein, haben sich im Grundsatz aber den landschaftlichen Gegebenheiten unterzuordnen. Auf ein für diese Erholungsform in der Regel erforderliches Rad- und Wanderwegenetz sei schon an dieser Stelle verwiesen.

Erwähnt wurde bereits der Trend des Landesraumordnungsplanes zu sanfteren Beherbergungsstrukturen. Entwicklungen auf diesem Sektor sollen sich und voll- ziehen sich auch mehr im Umbau bzw. Ausbau vorhandener Gebäudesubstanz als im Neubau. Vom Grundsatz her ist die Inanspruchnahme leerstehenden Wohnraums bzw. nicht mehr genutzter landwirtschaftlicher Gebäudesubstanz zu begrüßen, zumal es dadurch gelingen kann, das Bild einer überkommenen bäuerlichen Kulturland- schaft zu erhalten. Schwierigkeiten, die sich aus den Bestimmungen des Bundes- baugesetzes ergeben, dürfen jedoch nicht verkannt werden (z.B. Verbot, ehemals genutzte landwirtschaftliche Gebäudesubstanz zu Wohnzwecken auszubauen, wenn eine gewisse Frist verstrichen ist). Auch das Umschlagen dieser neuen Nutzung - ehemals Unterkunft der wechselnden Ferien- und Urlaubsgäste, nunmehr Zweit- wohnsitz bzw. Dauerwohnung - mit den bekannten kommunalen Folgelasten kann insbesondere für kleine ländliche Gemeinden erhebliche Probleme beinhalten. Trotz dieser nicht von der Hand zu weisenden Gefahren ist die Erholungsform "Ferien auf dem Lande/Urlaub auf dem Bauernhof" nach wie vor landesplane- risches Ziel; sie ist in allen Landesteilen möglich und soll insbesondere in agrarstrukturell schwachen, aber landschaftlich reizvollen Gebieten gefördert werden.

In diesem Zusammenhang soll auf das in Schleswig-Holstein z.Z. aktuelle "Lan- desprogramm zum Schutze der Natur und zur Verbesserung der Struktur an der schleswig-holsteinisch/mecklenburgischen Landesgrenze" und das "Stapelholm- Programm" verwiesen werden. In diesen strukturschwachen Gebieten stehen neben anderen Förderungsmöglichkeiten für die Fremdenverkehrsentwicklung solche Maßnahmen im Vordergrund, die erforderlich und geeignet sind, um der steigen- den Nachfrage nach Familienunterkünften (Ferienwohnungen) gerecht zu werden. Die Landesregierung beabsichtigt, durch eine gezielte Förderung die Urlaubs- form "Ferien auf dem Lande/Urlaub auf dem Bauernhof" besonders zu stärken.

Für die in diesen Gebieten angestrebte Entwicklung von Fremdenverkehr und Naherholung wird die Erhaltung der typischen dörflichen Struktur sowie die Gestaltung und Entwicklung ländlicher Gemeinden als eine wichtige Voraus- setzung angesehen. Daher läuft in fast allen Gemeinden der Programmgebiete ein Dorferneuerungsverfahren. Es geht nicht nur darum, die Infrastruktur für Fremdenverkehr und Naherholung auszuweiten, sondern auch die Lebensverhältnis- se für die ländliche Bevölkerung zu verbessern. Eine zumindest gleichwertige

Aufgabe liegt aber auch darin, das durch den Strukturwandel und zum Teil einseitig ausgerichtete dörfliche Entwicklungsmaßnahmen beeinträchtigte Dorfbild einschließlich der dazugehörenden Freiflächen möglichst so zu pflegen und zu gestalten bzw. wiederherzustellen, daß das typische unverwechselbare Gesicht der Dörfer wieder erkennbar wird. Dieses Ziel darf auch bei der weiteren Siedlungstätigkeit und der Fremdenverkehrsentwicklung nicht aus dem Auge verloren werden. In Zusammenarbeit mit dem Landesamt für Denkmalpflege und den Naturschutzstellen sollen sich die Gemeinden unter ausdrücklicher Beteiligung der Bürger stärker mit diesen Fragen auseinandersetzen, gemeinsam Ziele setzen und durch vielseitig abgestimmtes Handeln darauf achten, daß notwendige Entwicklungsinvestitionen dorf- und landschaftsgerecht erfolgen.

Ohne einen gewissen weiteren Ausbau der örtlichen Verkehrsinfrastruktur - die überörtliche soll hier außer acht gelassen werden - läßt sich in der Regel kein Fremdenverkehr, auch kein sanfter Tourismus, betreiben bzw. entwickeln. Zumindest Möglichkeiten zum Wandern und Radfahren müssen, da sie zumeist nur unvollkommen vorhanden sind, geschaffen werden. Dieses kann in der Nutzbarmachung und Verbindung von Wirtschaftswegen bestehen, kann aber auch ggf. zum Neubau von Rad- und Wanderwegen führen.

In den genannten Modellvorhaben spielt, da sich Schleswig-Holstein aufgrund seiner Topographie besonders für den erholungsuchenden Radwanderer eignet, die Anlage eines Rad- und Wanderwegesystems eine herausragende Rolle. Das durch Neuanlage bzw. Zusammenfügen geschaffene großzügige Radwanderwegenetz soll möglichst losgelöst von vorhandenen Autostraßen die Fremdenverkehrsräume neu vernetzen und strukturieren. Dabei sollen strukturverbessernde und auf Naturschutz und Landschaftspflege ausgerichtete Maßnahmen miteinander verbunden werden. Voraussetzung ist allerdings, daß bei der Wegeplanung auf die Belange des Naturschutzes und der Landschaftspflege Rücksicht genommen wird; landschaftlich empfindliche Bereiche dürfen dadurch nicht erschlossen werden.

Hier hilft das Prinzip der Zonierung einer Landschaft, das seit langem in den Naturparken mit Erfolg angewandt wird. Durch die Ausweisung und Ausgestaltung von Kern-, Übergangs- und Ruhezonen soll eine die Landschaft berücksichtigende Erholungsnutzung ermöglicht werden. Am sinnvollsten geschieht das durch eine landschaftlich vertretbare Führung der Rad- und Wanderwege. An den Seen und Flüssen sollen einige Uferbereiche - soweit mit den Zielen des Natur- und Landschaftsschutzes vereinbar - mit in die Erholung einbezogen werden, in anderen Bereichen muß das Wander- und Radwanderwegenetz um Ruhezonen herumgeführt werden. Auch die Anlage von Parkplätzen an geeigneten Stellen mit von diesen Plätzen ausgehenden, sinnvoll geführten Wanderwegen kann die notwendige Besucherlenkung bewirken, wie sich an vielen Beispielen nachweisen ließe.

5. Aufstellen von Erholungsplanungen nur im Rahmen von kleinräumigen Landschaftskonzepten; Verzicht auf technische Großprojekte, Überwachung des
   Vollzuges (Entwicklung "in vielen kleinen Schritten")

Im Grundsatz, wenn auch mit gewissen Einschränkungen, ist diese Forderung auch
auf Schleswig-Holstein übertragbar. Erholungsplanungen können sich natürlich
nicht nur im Rahmen kleinräumiger Landschaftskonzepte vollziehen, aber einge-
bunden in die übergeordneten Ziele der Raumordnung und Landesplanung sind -
auch kleinräumige - Landschaftskonzepte ein außerordentlich geeignetes Mittel,
Anforderungen von Erholung und Landschaft gegeneinander abzuwägen und miteinander in Einklang zu bringen. Vom Erholungsverkehr gehen vielfältige Auswirkungen auf Natur und Landschaft aus; eine möglichst intakte Landschaft ist
jedoch die Grundvoraussetzung für die Erholung überhaupt. Schutz-, Pflege- und
Entwicklungsmaßnahmen im Rahmen des Naturschutzes und der Landschaftspflege
tragen dazu bei, nachteilige Entwicklungen für Natur und Landschaft durch den
Erholungsverkehr zu verhindern oder auszugleichen. Die Landschaftsplanung
schafft hierfür wesentliche Erkenntnisse, als Landschaftsrahmenplan für einen
größeren Raum (Region), als Landschaftsplan für ein Gemeindegebiet bzw. als
Grünordnungsplan für Teile eines Gemeindegebietes. Die raumrelevanten Vorschläge der Landschaftsplanung erlangen durch die Übernahme in die Regional-
bzw. Bauleitplanung Rechtsverbindlichkeit und werden somit integrierter Bestandteil einer Gesamtplanung.

Gerade auch in kleinen ländlichen Gemeinden bieten sich kleinräumige Landschaftskonzepte als hervorragendes Mittel an, Belange von Fremdenverkehr und
Naherholung mit den natürlichen landschaftlichen Gegebenheiten abzustimmen. So
sind auch in den schon genannten Landesprogrammen Landschaftspläne ein wichtiges Instrument der Gesamtplanung für diese Gebiete, was an zwei Beispielen
veranschaulicht werden soll.

Als förderlich für eine erwünschte stärkere Entwicklung von Fremdenverkehr und
Erholung sind die in letzter Zeit stark propagierten Extensivierungsbestrebun-
gen in der Landwirtschaft anzusehen.

In den Programmgebieten gibt es relativ hohe Anteile an ertragsschwachen
Böden, die für eine intensive landwirtschaftliche Nutzung nicht mehr oder nur
mit unverhältnismäßig hohem Aufwand in Betracht kommen, die sich andererseits
aber häufig besonders gut für eine Erholungsnutzung eignen. Hier sollen Be-
wirtschaftungs- und Nutzungseinschränkungen erfolgen - z.B. spätere Mahd,
Brachfallen von Randstreifen an Wäldern, Bächen und Knicks -, eine teilweise
landwirtschaftliche Nutzung kann jedoch aus Gründen des Naturschutzes und der
Landschaftspflege nach wie vor erforderlich sein. Die für den Nutzungsausfall
bezahlten Zuschüsse sollen sowohl zu einer extensiveren Landbewirtschaftung
führen als auch die Einkommensminderung ausgleichen und einen Beitrag zur

Existenzsicherung landwirtschaftlicher Betriebe leisten. Diese Extensivierung kommt unmittelbar der Erholungsnutzung zugute, da die Landschaft kleinteiliger, abwechslungsreicher, vielfältiger, einfach "schöner" wird.

Auch Vorschläge für die Anlage des oben schon beschriebenen Radwander- und Wanderwegenetzes sind wichtiger Bestandteil dieser Landschaftspläne; so kann eine Lenkung der Besucherströme, aber auch von Einzelwanderern ermöglicht werden (Zonierung von Ruhegebieten). Die Vorschläge der Landschaftsplanung können aber auch dazu führen, einstmals angelegte Wanderwege und Parkplätze in besonders empfindlichen Landschaftsteilen (z.B. Uferbereiche) wieder aufzuheben (Rückbau); auch hier wird deutlich, daß sich bezüglich der Erschließung der Landschaft für den Erholungsuchenden in den letzten Jahren ein erheblicher Wertewandel vollzogen hat.

Zusammenfassend läßt sich nach Durchsicht der genannten Forderungen sagen, daß viele Elemente des sanften Tourismus bereits in der bisherigen Fremdenverkehrsplanung und -entwicklung ihren Platz und Stellenwert hatten, daß aber nicht zuletzt die auf breiter Front sich durchsetzende Erkenntnis vom Wertewandel im Fremdenverkehr deutlich neue Akzente setzt. Der zunehmende Trend zu naturnahen sanfteren Erholungsformen ist unverkennbar; hier schlägt sich zweifellos das gesteigerte Umweltbewußtsein, aber auch die höhere Wertschätzung einer intakten Landschaft nieder. Aber - und diese Feststellung sei abschließend erlaubt - nur mit sanftem Tourismus im strengen Sinne der CIPRA-Forderungen ist es im schleswig-holsteinischen Fremdenverkehr nicht getan, zumal die Frage gestellt werden muß: Gibt es überhaupt den sanften Touristen?

Literaturverzeichnis

Becker, C., "Einfache" Tourismus-Entwicklung im Interesse der Kommunen? In: Informationen zur Raumentwicklung, Heft 1, 1983, S. 61-69.

Beirat für Raumordnung, Selbstverantwortete regionale Entwicklung im Rahmen der Raumordnung. Empfehlungen des Beirats für Raumordnung vom 18. März 1983. In: Informationen zur Raumentwicklung, Heft 1/2, 1984, S. 187-194.

CIPRA (Commission Internationale pour la Protection des Regions Alpine), Sanfter Tourismus: Schlagwort oder Chance für den Alpenraum, Vaduz 1985.

Deutsche Gesellschaft für Freizeit, Freizeit im Wandel. Schriftenreihe der Deutschen Gesellschaft für Freizeit, Heft 57, Düsseldorf 1984.

Hahne, U., Ökologische Regionalentwicklung. Anmerkungen zu einer "endogenen" Entwicklung aus regionalökonomischer Sicht. In: Informationen zur Raumentwicklung, Heft 1/2, 1984, S. 53-62.

Jungk, R., Wieviel Touristen pro Hektar Strand? In: Geo 10, 1980, S. 154-156.

Klemm, K., Die Chance für die Kleinen nutzen. In: Informationen zur Raumentwicklung, Heft 1, 1983, S. 35-45.

Kramer, D., Der sanfte Tourismus - Umwelt- und sozialverträglicher Tourismus in den Alpen, Wien 1983.

Krippendorf, J., Die Ferienmenschen, Zürich 1984.

Meinung, A., "Einfacher Tourismus" - gemeindliche Erfahrungen in Rheinland-Pfalz. In: Informationen zur Raumentwicklung, Heft 1, 1983, S. 81-92.

Meuter, H., Ein Ansatz zur Typisierung von Wochenendausflügen auf der Basis von Freizeitaktivitäten. In: Freizeitverhalten in verschiedenen Raumkategorien, Materialien zur Fremdenverkehrsgeographie, Heft 3, Trier 1979.

Meyrat-Schlee, E., Soziokulturelle Aspekte der Entwicklung der Gemeinde Grindelwald. In: Krippendorf, J. u. a. (Hrsg.), Tourismus und regionale Entwicklung, Diessenhofen 1982, S. 191-196.

Romeiß-Stracke, F., u.a., Weniger Arbeit - mehr freie Zeit: Werden wir sie genießen können. In: Mackensen, R. u.a. (Hrsg.), Leben im Jahr 2000 und danach, Berlin 1984.

Reinhardt, Hesse, Schwarze, Beteiligung Ortsansässiger an der touristischen Entwicklung. In: Nationales Forschungsprogramm "Regionalprobleme in der Schweiz" - Arbeitsberichte, Bern 1983.

Schnell, P., Naherholungsraum und Naherholungsverhalten untersucht am Beispiel der Solitärstadt Münster. In: Spieker 25, 1977, S. 179-217.

Studienkreis für Tourismus, Reiseanalysen 1983 und 1984.

HEILBÄDER IN DER KURORT-KRISE

von
Christoph Becker und Mechthild May, Trier

Gliederung

Der Kurverkehr wurde in den Jahren 1977 und 1981 von einschneidenden Maßnahmen zur Kostendämpfung bei den Krankenkassen und Rentenversicherungen betroffen. Diese Maßnahmen bewirkten bei den Kuren wesentlich schärfere Einschnitte als die bis dahin bekannten Nachfrageschwankungen, die in Konjunkturkrisen aus Sorge um den Arbeitsplatz eintreten. Einige Einschränkungen sind im Jahr 1984 ausgelaufen, so daß sich der Kurverkehr wieder erholt.

In der Untersuchung wird geprüft, ob diese kräftigen Nachfragerückgänge auch zum Abbau von Beherbergungs- und Behandlungskapazitäten führten - angesichts der starken Konkurrenz anderer Funktionen und der Suburbanisierung im Ordnungsraum eine plausible Annahme - oder ob es den Heilbädern durch spezifische Strategien gelang, die Abhängigkeit von der Sozialgesetzgebung abzubauen und auf andere Gästegruppen auszuweichen.

I. Ziele und Methoden der Untersuchung

1. Problemstellung

Im Ordnungsraum Rhein-Main liegen sechs Mineralbäder in einer Entfernung bis zu etwa 40 km zum Ballungskern um Frankfurt und Wiesbaden.

Sie sind wie alle anderen Kurorte in sehr starkem Maße von der Sozialgesetzgebung abhängig, denn die Sozialkurgäste stellen seit Ende der fünfziger Jahre einen erheblichen Anteil an den Gäste- und Übernachtungszahlen. Die jüngsten Maßnahmen zur Kostendämpfung im Gesundheitswesen und zur Einschränkung der Kurbehandlungen haben daher auch in den hier untersuchten Kurorten teilweise massive Einschnitte im Kurverkehr zur Folge.

Diese allgemeine Problemlage in den Heilbädern wird für die Mineralbäder im Ordnungsraum durch ihre räumliche Nähe zu einem Ballungszentrum weiter erschwert. Die Kurorte eignen sich aufgrund ihrer vielfältigen Freizeitinfrastruktur und der landschaftlich schönen Lage am Taunusrand besonders gut für ein "Wohnen im Grünen", ohne auf die gewohnten Vorzüge der City verzichten zu müssen. Das positive Image der Heilbäder, die "gute Adresse", verstärkt die Anziehungskraft der Kurorte zusätzlich. Daraus können jedoch Nachteile für das Heilbad entstehen. Eine Bebauung mit Wohnhochhäusern kann die gewünschte Kleinmaßstäbigkeit des Kurortes durchbrechen und den Kurortcharakter zerstören. Die flächenhafte Ausdehnung des Ortes kann den Erholungswert mindern, wenn Waldgebiete nur noch mit größerem Zeitaufwand zu Fuß erreichbar sind. Die Ansiedlung von Gewerbebetrieben kann Lärm- und Umweltbelastungen mit sich bringen.

Die räumliche Nähe zum Ballungsgebiet hat aber auch direkten Einfluß auf den Fremdenverkehr. Die gute Erreichbarkeit über ein dichtes Autobahnnetz und den Flughafen Frankfurt sowie - im Nahverkehr - teilweise über einen S-Bahnanschluß tragen zu einem höheren Anteil an Passanten (d.h. Geschäfts-, Tagungs- und Kongreßreisenden) bei, die den Ballungsraum ansteuern. Gleichzeitig eröffnet sich den Heilbädern die Möglichkeit, über eigene Aktivitäten im Bereich des Tagungs- und Kongreßwesens neue Gästegruppen zu erschließen.

Wenden sich die Kurorte allerdings zu stark dem Tagungs- und Kongreßverkehr zu, besteht die Gefahr, daß der Kurortcharakter allmählich verloren geht. Die wohnungsnahen Parks und Grünanlagen könnten den Zielen, die im Ordnungsraum verfolgt werden, zuwiderlaufen, da solche Freiräume gerade gesichert werden sollen.

2. Zielsetzung

Am Beispiel der Mineralbäder im Ordnungsraum Rhein-Main soll dargestellt werden, welchen Bedingungen Kurorte in der räumlichen Nähe zu Ballungszentren unterliegen, welches ihre speziellen Probleme sind, wie stark sie von der Kurortkrise beeinflußt wurden und welche Lösungsmöglichkeiten sich für sie bieten, um Krisensituationen zu vermeiden. Dazu müssen die Auswirkungen der Kostendämpfungsmaßnahmen und der Suburbanisierung besonders berücksichtigt werden. Insbesondere ist zu prüfen, ob die Kurorte ihren Kurortcharakter entsprechend den Anforderungen des Deutschen Bäderverbandes (DBV) an Mineral- und Moorbäder bisher erhalten konnten.

Trotz der allen gemeinsamen Lage im Ordnungsraum bestehen in den einzelnen Orten unterschiedliche Ausgangssituationen für den Kurbetrieb, die wesentlich durch die historische Entwicklung bedingt sind. Aus diesem Grund ist es notwendig, die Entwicklung des Kurverkehrs zunächst für die einzelnen Heilbäder zu untersuchen. Im Anschluß daran werden generelle Entwicklungslinien, Problemlagen und Lösungsmöglichkeiten für die Heilbäder im Ordnungsraum aufgezeigt. Es ist dabei u.a. zu prüfen, ob alle untersuchten Kurorte auch die für den Ordnungsraum typischen Merkmale besitzen.

3. Vorgehensweise

Die Untersuchung gründet sich auf die statistischen Erhebungen zum Kurverkehr in den jeweiligen Untersuchungsorten. Damit soll eine möglichst fehlerfreie und vergleichbare Datengrundlage sichergestellt werden. Weiterhin wurden im Rahmen von Intensivinterviews mit den zuständigen Fachleuten der Kurorte (Kurdirektoren, Geschäftsführer, Sachbearbeiter) folgende Fragenkomplexe ausführlich erörtert:

- die Bedeutung und die Entwicklungsmöglichkeiten des Kursektors im Untersuchungsort;

- die Auswirkung der kostendämpfenden Maßnahmen im Gesundheitswesen auf die Entwicklung des Kursektors;

- die Vor- und Nachteile der räumlichen Nähe des Kurortes zum Ballungsgebiet Rhein/Main.

Ergänzt wurden diese Erhebungen durch die Auswertung von Unterkunftsverzeichnissen aus den Jahren 1970 bis 1985. Als problematisch erweist sich die Tatsache, daß nicht alle versicherungseigenen Sanatorien in den Unterkunftsverzeichnissen der Gemeinden aufgeführt werden. Die Anzahl der Betriebe und

Betten in den Sanatorien ist deshalb teilweise zu niedrig angesetzt. Da es sich aber über den gesamten Zeitraum in der Regel um die gleichen Betriebe handelt, die nicht aufgeführt wurden, geben die Unterkunftsverzeichnisse dennoch Aufschluß über die Entwicklung der Betriebs- und Bettenzahl im Zeitablauf.

Ortsbegehungen und die Verwendung ergänzender und weiterführender Literatur vervollständigten die Untersuchung.

4. Auswahl der Untersuchungsorte

In die Untersuchung werden entsprechend der Problemstellung sechs Mineralbäder im Ordnungsraum Rhein-Main einbezogen. Damit werden alle Mineralbäder dieses Gebietes mit Ausnahme von Wiesbaden erfaßt, das als Teil des Ballungskerns nicht berücksichtigt wird.

Die Mineral- und Moorbäder unterliegen nach den Richtlinien des Deutschen Bäderverbandes den strengsten Anforderungen an Kurorte. Im einzelnen handelt es sich um die Orte Bad Nauheim, Bad Homburg v.d.H., Bad Soden, Bad Schwalbach, Schlangenbad und Bad Vilbel.

Die ausgewählten Heilbäder befinden sich an der tektonischen Abbruchlinie des silurisch-devonischen Taunusschiefers, die von Bad Nauheim bis Bad Schwalbach und Schlangenbad und weiter nach Westen reicht. Sie zeigen daher eine linienhafte Anordnung. Das Vorkommen von Mineralquellen wird durch zahlreiche Störungslinien begünstigt.

5. Rahmenbedingungen des Kurverkehrs

Als wichtigster Einflußfaktor für die Entwicklung des Kurverkehrs können die gesetzlichen Regelungen angesehen werden. Die Voraussetzung dafür, daß Kuren nicht mehr nur bestimmten Gesellschaftskreisen, sondern den breiten Bevölkerungsschichten zugute kamen, wurde mit dem Rentenneuregelungsgesetz von 1957 geschaffen. Darin wurde das Prinzip des Vorrangs der Rehabilitation vor der Gewährung der Rente verankert (§ 1305 RVO). Mit dieser neuen Gesetzesgrundlage entstand jedoch gleichzeitig eine wesentlich stärkere Abhängigkeit der Kurorte von der Sozial- und Krankenversicherungsgesetzgebung.

Ein erster Einschnitt in die Kurentwicklung erfolgte mit der Verabschiedung des 20. Rentenanpassungsgesetzes im Jahr 1977. Danach durften Wiederholungskuren wegen des gleichen Leidens von den Rentenversicherungträgern nicht mehr vor Ablauf einer Frist von zwei Jahren genehmigt werden, und der Personenkreis

mit Antragsberechtigung auf Heilmaßnahmen wurde eingeschränkt (§ 1336). Darüber hinaus wurden im Rahmen der Maßnahmen zur Kostendämpfung im Gesundheitswesen die Krankenkassen dazu verpflichtet, Kuren nur noch nach vertrauensärzt-
licher Begutachtung zu gewähren und die Kuren für Kinder strengeren Bestimmungen zu unterwerfen (§ 187 und § 205 des KVKG vom 27.6.1977).

Der zweite wichtige gesetzgeberische Eingriff erfolgte im Jahr 1981 mit dem
sogenannten Kostendämpfungs-Ergänzungsgesetz (KVEG). Darin wurde festgelegt,
daß Sozialkuren nur noch nach Ablauf von drei Jahren bei gleichem Leiden
zugelassen sind (§ 187). Weiterhin wurde den Krankenkassen zur Auflage gemacht, daß in den Jahren 1982 und 1983 die durchschnittlichen Aufwendungen für
Kuren je Mitglied den Betrag aus dem Jahr 1980 nicht überschreiten durften (§
187a). Mit dem 2. Haushaltsstrukturgesetz wurde der Ablauf einer Frist von
drei Jahren bei Wiederholungskuren auch für die Rentenversicherungsträger
bindend festgelegt.

Die genannten Gesetzesänderungen aus den Jahren 1977 und 1981 schlagen sich
deutlich in den Übernachtungsstatistiken der Kurorte nieder. Nach Angaben des
Ärzteblattes hat sich z.B. bei der Bundesversicherungsanstalt für Angestellte
die Zahl der Kuranträge im Jahr 1982 gegenüber dem Jahr 1981 um gut 40 %
verringert (o. Verf. 1983, S. 59). Besonders betroffen sind die Mineral- und
Moorbäder, die wegen ihrer speziellen und aufwendigen Kureinrichtungen in
besonderem Maße auf die Sozialkurgäste angewiesen sind.

Von Januar 1983 an trat das Haushaltsbegleitgesetz in Kraft, das eine Selbst-
kostenbeteiligung von 10 DM pro Tag bei der Durchführung einer Kur fordert.

Mit dem Jahr 1984 laufen einige der Einschränkungen von Kuren in Trägerschaft
der Krankenkassen durch die Gesetze von 1977 und 1981 sowie die Drei-Jahres-
frist zwischen Kuranträgern aus. Damit sind positive Impulse für den Kursektor
verbunden.

Eine weitere Rahmenbedingung für die Entwicklung des Kurwesens ist die Ar-
beitsmarktsituation. Die Angst um den Arbeitsplatz führt in Rezessionsphasen
und Zeiten hoher Arbeitslosigkeit zu einem Rückgang der Anträge auf Heilmaßnahmen. Hüfner bewertet diese Erscheinung so: "Als besonders konjunkturanfällig erwies sich die Tatsache, daß dem Kreis der Sozialversicherten vor allem
auch wirtschaftlich abhängige Bevölkerungsschichten angehören, die in Krisen-
zeiten gegenüber Kuranträgern aus Angst um den Arbeitsplatz eine gewisse Zurückhaltung üben" (1976/77, S. 59). Die Auswirkungen der konjunkturellen Lage
lassen sich aber weniger deutlich an den Statistiken ablesen als die Rückgänge
infolge der Gesetzesänderungen, da sie mit time-lags erfolgen, weil zunächst
Antragsüberhänge aus dem vorangegangenen Jahr bearbeitet werden (Bleile, G.
1981, S. 26-36).

II. Die Entwicklung des Kurverkehrs in Bad Nauheim

1. Die geschichtliche Entwicklung Bad Nauheims als Kurort

Die Tradition Bad Nauheims als Heilbad reicht bis zum Beginn des 19. Jahrhunderts zurück (Hessisches Staatsbad Bad Nauheim 1985, S. 4ff.).

Im Jahr 1823 behandeln die Knappschaftsärzte Dr. Kritter und Dr. Renner erstmals die Rheumaleiden der Salinenarbeiter mit Solbädern. Im Jahr 1834 genehmigt die kurfürstliche Regierung in Kassel den Bau der ersten Badeanstalt, die ein Jahr später eröffnet wird. In der darauffolgenden Zeit wird der Ausbau des Kurbetriebs stetig vorangetrieben. Es werden weitere Badehäuser gebaut, und das Angebot an kulturellen Veranstaltungen wird ausgeweitet. Im Jahr 1854 wird Nauheim zur Stadt erhoben, und fünfzehn Jahre später erhält es das Prädikat "Bad".

Bad Nauheim wird zum beliebten Treffpunkt der oberen Gesellschaftskreise. Unter den Gästen befinden sich berühmte Persönlichkeiten wie die Kaiserin von Österreich, die Zarin Alexandra Feodora von Rußland und die deutsche Kaiserin Auguste Viktoria. Im Jahr 1902 wird das Inhalatorium fertiggestellt, und der Ausbau der Infrastruktur wird u.a. mit dem Bau eines Konzertsaals und eines Freischwimmbades weiter fortgesetzt. Bereits im Jahr 1936 erhält Bad Nauheim einen Autobahnanschluß in Richtung Frankfurt.

Einen großen Rückschlag im Kurverkehr erlebt Bad Nauheim durch den Zweiten Weltkrieg. Dss Kurhaus und das Kurtheater werden durch Brandbomben teilweise zerstört. Nach Ende des Krieges werden die Kuranlagen, Badehäuser sowie zahlreiche Hotels von der Besatzung beschlagnahmt.

Erst mit der Eröffnung des Kurhauses im Jahr 1952 beginnt eine Wiederbelebung des Kurverkehrs. Die gesetzliche Genehmigung von sozial finanzierten Vorbeugekuren und Heilmaßnahmen durch die Rentenreform im Jahr 1957 schafft die Voraussetzung für den Bau mehererer Kursanatorien durch die Versicherungsanstalten.

Eine zweite Bauphase schließt sich im Zuge der stationären Heilbehandlungen in den 70er Jahren an. Neue wissenschaftliche Erkenntnisse und die Weiterentwicklung medizinisch-technischer Geräte bringen einen Wandel der Kur mit sich: "Man erkannte mehr und mehr, daß die häufig vorgenommene Überbewertung eines Teilbereichs der komplexen Kurortbehandlung in den Mineral- und Peloidbädern, nämlich der Trink- und Badekur, also jener Kurmittel, die von den natürlichen Heilfaktoren des Bodens stammen, nicht die gesamten therapeutischen Möglichkeiten eines Kurortes berücksichtigt" (Rütten 1973, S. 230).

Die Anschaffung und Auslastung neuer Kureinrichtungen war aber nur bei größeren Betriebseinheiten und in entsprechend neu konzipierten Betrieben möglich.

Bis heute stellt der Kurbetrieb den entscheidenden Wirtschaftszweig für die Stadt Bad Nauheim dar. Auch in jüngster Zeit werden deshalb Anstrengungen unternommen, um die Infrastruktur und das Beherbergungsangebot weiter zu verbessern. Im Jahr 1982 erfolgt die Eröffnung des neuen staatlichen "Parkhotels am Kurhaus" mit 166 Betten, im Jahr 1985 die Wiedererhöffnung des Kurtheaters und im Jahr 1986 soll der Anbau eines Therapiebeckens an das vorhandene Thermalbad durchgeführt werden.

Der kurze Überblick über die Geschichte des Heilbades zeigt, daß Bad Nauheim auf eine lange Tradition als Heilbad zurückblicken kann, die auch heute noch das Image der Stadt prägt. Die große wirtschaftliche Bedeutung des Kurverkehrs führt dazu, daß bis heute erhebliche Anstrengungen unternommen werden, um den gestiegenen Ansprüchen an die Kurbehandlung gerecht zu werden.

2. Entwicklung der Gästeankünfte und des Übernachtungsaufkommens seit 1970

Einen Einblick in die Entwicklung des Fremdenverkehrs in Bad Nauheim gibt der Verlauf der Gästemeldungen und der Übernachtungszahlen.

Das Gästeaufkommen zeigt bis zum Jahr 1974 eine positive Tendenz. Es wird eine Steigerung von etwa 66 000 Gästen auf über 74 000 Gäste erreicht (s. Tab. 1).

Als Folge der wirtschaftlichen Rezession Mitte der siebziger Jahre kommt es jedoch zu Rückgängen, so daß die Gästezahlen unter das Niveau von 1970 zurückfallen. Eine erste Erholung des Fremdenverkehrs bahnt sich zwischen 1978 und 1981 an. Die Gesetzesänderungen aus dem Jahr 1981 drängen diese positive Entwicklung jedoch wieder zurück. Im Jahr 1983 wird mit etwa 58 500 Gästen der absolute Tiefstand der Gästemeldungen im betrachteten Zeitraum verzeichnet. Das Jahr 1984 läßt erwarten, daß dieser negative Trend umgekehrt werden könnte, genauere Aussagen werden sich aber erst bei der Betrachtung eines längeren Zeitraums treffen lassen. Für eine mögliche Trendumkehr sprechen die verstärkte Aufklärungsarbeit des Deutschen Bäderverbandes, eine entsprechende Werbung Bad Nauheims sowie die nachlassende Zurückhaltung der Ärzte und Krankenkassen gegenüber der Gewährung von Kuren, nachdem die negativen Auswirkungen der Kostendämpfung auf die Kurorte in vollem Umfang deutlich geworden sind. Nachteilig könnte sich jedoch die weiterhin angespannte Lage auf dem Arbeitsmarkt auswirken.

In den Kurorten gliedern sich die Gäste in Passanten und Kurgäste. Unter "Passanten" werden Gäste verstanden, die die Kureinrichtungen nicht in An-

Tab. 1: Gäste- und Übernachtungsaufkommen, Kurgästeanteil sowie Aufenthaltsdauer in Bad Nauheim 1970 - 1984

| Jahr | Gäste | | Übernachtungen | | Aufenthalts- |
	Anzahl	Anteil der Kurgäste in %	Anzahl	Anteil der Kurgäste in %	dauer
197o	66.3o7	68,o	1.25o.228	95,9	18,9
1971	67.625	66,9	1.314.716	96,1	19,4
1972	66.874	69,4	1.4o9.133	96,9	21,1
1973	73.724	65,9	1.493.297	96,o	2o,3
1974	74.268	64,5	1.639.334	95,3	22,1
1975	7o.9oo	68,9	1.755.225	96,6	24,8
1976	63.372	65,1	1.3o2.672	94,9	2o,6
1977	63.299	57,5	1.o87.971	93,2	17,2
1978	67.39o	54,8	1.181.32o	93,o	17,5
1979	68.888	55,1	1.234.896	93,2	17,9
198o	69.152	57,1	1.263.o1o	93,4	18,3
1981	67.o86	55,3	1.162.727	94,o	17,3
1982	59.629	52,4	1.o27.oo1	92,9	17,2
1983	58.523	47,7	926.413	89,5	15,8
1984	59.247	51,5	1.ooo.356	91,6	16,9

Quelle: Kurverwaltung Bad Nauheim, eigene Berechnung.

spruch nehmen[1]. Die Kurgäste stellen bis zum Jahr 1976 jeweils einen Anteil
von zwei Dritteln aller Gästemeldungen. Dieser Anteil geht ab 1977 stark
zurück bis auf einen Tiefstand von 47,7 % im Jahr 1983, d.h. nicht einmal mehr
die Hälfte aller Gästemeldungen geht auf Kurgäste zurück. Entsprechend stark
nimmt der Anteil der Passanten am Gästeaufkommen zu.

Die Bedeutung dieser Verschiebung in der Gästestruktur für das Heilbad wird
besonders deutlich, wenn man die jeweiligen Anteile der beiden Gästegruppen am

---

1) In Bad Nauheim werden - abweichend von der üblichen Definition - auch
Geschäftsreisende, Kongreß- und Tagungstouristen, die länger als drei Tage
bleiben, zu den Passanten gezählt, sofern sie die Kureinrichtungen nicht in
Anspruch nehmen.

Übernachtungsaufkommen berücksichtigt. Da die Kurgäste eine sehr viel längere durchschnittliche Aufenthaltsdauer aufweisen als die Passanten, schlägt sich der Rückgang der Kurgäste sehr viel deutlicher in der Übernachtungsstatistik nieder. Hinzu kommt, daß die Passanten per definitionem die Kureinrichtungen nicht benutzen und damit keinen Beitrag zur Auslastung und Unterhaltung dieser kapital- und personalintensiven Betriebe leisten. Als Folge dieser Entwicklung sowie des Trends, Kurmittel zunehmend in den Kliniken zu verabreichen, mußte im Jahr 1981 ein Kurmittelhaus geschlossen werden. Zur Unterauslastung der Kurmittelhäuser trägt aber auch eine Umorientierung der Kurbehandlung von der reinen Badekur hin zu einer aktiveren Kurgestaltung bei, in der die Bewegungstherapie im weitesten Sinne einen höheren Stellenwert einnimmt.

Eine weitere Gästegruppe, die jedoch ohne Einfluß auf die Übernachtungszahlen bleibt und deshalb bisher unberücksichtigt blieb, sind die ambulanten Kurgäste.

Die Entwicklung der ambulanten Gästezahlen unterliegt starken Schwankungen. Von 1970 bis 1975 steigt die Zahl der ambulanten Kurgäste von 2000 auf 11 500 an. Im Zuge der Rezession und der Kostendämpfungsmaßnahmen geht ihre Zahl stark zurück und liegt heute bei etwa 5000 Personen pro Jahr. Gemessen an der Anzahl der Kurgäste bleibt ihre Zahl relativ gering und kann damit auch nur einen untergeordneten Beitrag zur Auslastung der Kureinrichtungen leisten. Als weiteres Problem erweist sich die Tatsache, daß die Ärzte infolge der Kostendämpfung auch bei der Verschreibung von ambulanten Kurbehandlungen zurückhaltender geworden sind. Die ambulanten Kurgäste sind deshalb nicht dazu geeignet, die negativen Folgen der gesetzlichen Restriktionen aufzufangen.

Die Entwicklung der Kurmittelabgabe verdeutlicht, wie eng die Zahl der Gästeankünfte und der Übernachtungen mit der Zahl der abgegebenen Kurmittel zusammenhängt. In den Jahren 1973 bis 1975, in denen die höchste Anzahl der Gästemeldungen zu verzeichnen ist, wird auch die Millionengrenze bei den abgegebenen Kurmitteln in Bad Nauheim überschritten (s. Tab. 2). Der Rückgang der Kurgastzahlen infolge der gesetzlichen Maßnahmen schlägt sich auch im Bereich der Kurmittel nieder. Der niedrigste Stand wird im Jahr 1983 mit 567 000 abgegebenen Kurmitteln erreicht. Diese Entwicklung muß allerdings vor dem Hintergrund gesehen werden, daß Kurmittel zunehmend direkt in den Kliniken verabreicht werden. In den meisten Kliniken werden nach Angaben der Kurdirektion alle Kurmittel mit Ausnahme der Unterwasser-Bewegungstherapie in Sole abgegeben. Der Ausbau der Kurmittelabteilungen in den einzelnen Kliniken ist noch nicht abgeschlossen, zu allen neueren Kliniken gibt es aber bereits Sole-Leitungen.

Tab. 2: Zahl der abgegebenen Kurmittel für die Jahre 1970 - 1984 in 1000

Jahr	Bad Nauheim	Bad Homburg	Bad Soden	Bad Schwalbach	Schlangenbad
1970	694	93	453	_[2]	208
1971	737	120	450	_[2]	231
1972	815	107	404	251	243
1973	1.017	101	358[1]	263	222
1974	1.157	98	669	276	221
1975	1.099	88	437[1]	246	381
1976	810	58	541	193	343
1977	747	52	533	192	322
1978	719	65	433	202	312
1979	740	75	434	211	337
1980	761	81	467	215	357
1981	649	82	430	223	355
1982	593	60	349	198	336
1983	567	48	309	148	313
1984	575	48	355	153	323

1) Ohne Thermalbad.
2) Ohne Angabe.

Quelle: Kurverwaltungen der Gemeinden.

3. Entwicklung der Betriebsstruktur seit 1970

Die Entwicklung des Gästeaufkommens, die Gästestruktur, aber auch die Tendenz zur Klinifizierung der Kur und veränderte Präferenzen der Gäste - bedingt durch den höheren Anteil der Passanten - schlagen sich in Veränderungen der Betriebsstruktur in Bad Nauheim nieder. Dabei ist es schwierig, die unterschiedlichen Einflüsse voneinander abzugrenzen.

Zwischen den Jahren 1970 und 1985 halbiert sich die Anzahl der Sanatorien, d.h. die absolute Zahl der Betriebe geht von 18 auf 9 Betriebe zurück (s. Tab. 3). Diese Entwicklung geht aber nur zeitweise mit einer Reduzierung des Bettenangebots in Sanatorien einher, so daß insgesamt ein starker Trend zur Vergrößerung der Betriebe abgeleitet werden kann. Größere Betriebseinheiten werden vor allem aufgrund des verstärkten Einsatzes klinischer Apparate und

Tab. 3: Anzahl der Betriebe und Betten in Bad Nauheim nach Betriebsarten im Beherbergungsgewerbe 1970 bis 1985

Jahr	Sanatorium		Hotel		Gästehaus	
	Betr.	Betten	Betr.	Betten	Betr.	Betten
1970	18	1.069	33	1.003	76	1.074
1974	14	795	30	1.046	61	866
1978	14	1.261	27	962	58	878
1982	12	1.497	21	916	50	825
1983	12	1.472	20	914	46	772
1984	10	1.190	20	931	36	554
1985	9	1.362	20	937	35	548

Quelle: Eigene Berechnung nach den Unterkunftsverzeichnissen der jeweiligen Jahre.

Einrichtungen neben der rein physikalischen Therapie notwendig, da nur so die Rentabilität der Sanatorien erhalten bleibt.

Die Zahl der Betten in Hotels bleibt über den gesamten untersuchten Zeitraum relativ konstant. Der Rückgang der Betriebe von 33 im Jahr 1970 auf 20 im Jahr 1985 zeigt aber auch hier die Tendenz zu größeren Betriebseinheiten, mit der Absicht, die fixen Kosten anteilig zu verringern.

Starke Rückgänge der Betriebe zeigen sich im Bereich der Gästehäuser und der Privatzimmer sowohl bei der Anzahl der Betriebe als auch bei der Bettenzahl. Nach Ansicht der Kurverwaltung sind dafür nicht veränderte Präferenzen der Gäste oder höhere Anspruchsniveaus verantwortlich, sondern die Aufgabe vieler Betriebe bei Generationswechsel. Hier macht sich bemerkbar, daß viele Hotels in der Hand von Gesellschaften sind, während Gästehäuser typischerweise Familienunternehmen darstellen. Diese Entwicklung ist dennoch nicht von Wirtschaftlichkeitsüberlegungen zu trennen, da nicht ohne weiteres geklärt werden kann, ob der Generationswechsel tatsächlich der Grund oder nur der Anlaß für die Betriebsaufgabe war. Bei einer entsprechend hohen Rentabilität der Betriebe hätten sich sicherlich Möglichkeiten der Weiterführung durch einen neuen Besitzer geboten.

Eine positive Entwicklung ist in der Kategorie der Apartments zu verzeichnen, die eine Zunahme der Betriebe wie auch der Bettenzahlen aufweisen. Als Nutzer

Tab. 3 (Forts.)

Privatzimmer		Apartment		Insgesamt	
Betr.	Betten	Betr.	Betten	Betr.	Betten
116	325	4	11	247	3.471
1oo	314	1o	26	215	3.o47
9o	343	17	62	2o6	3.506
74	263	36	149	193	3.65o
65	224	34	143	177	3.525
62	22o	36	148	164	3.o43
6o	216	38	156	162	3.219

dieser Unterkünfte kommen in erster Linie private Kurgäste sowie Angehörige
von Kurgästen in Frage.

4. Einfluß der Lage im suburbanen Raum auf den Kurverkehr

Grundsätzlich kann festgehalten werden, daß das Ballungsgebiet Rhein-Main
keine sehr großen Auswirkungen auf den Kurverkehr in Bad Nauheim hat. Dies
liegt zum einen darin begründet, daß die Entfernung für tägliche Pendler-
fahrten nach Frankfurt zu weit und durch die fehlende S-Bahn-Verbindung nicht
attraktiv genug ist. Bad Nauheim blieb deshalb auch vom Suburbanisierungsprozeß weitgehend verschont. Dazu hat auch die Lage Bad Nauheims an den Aus-
läufern des Taunus beigetragen, die landschaftlich nicht so attraktiv ist.
Zuzüge, die über die normale Mobilität hinausgehen, sind zum ganz überwiegen-
den Teil auf Personen im Rentenalter zurückzuführen. Sie wollen die Infrastruktur des Heilbads nutzen und haben den Ort teilweise bei früheren Kuraufenthalten schätzen gelernt.

Positiv auf die Entwicklung Bad Nauheims als Kurort wirkt sich außerdem die
lange Tradition des Heilbades aus. Der Kurverkehr und der Fremdenverkehr
allgemein bilden heute immer noch den entscheidenden Wirtschaftszweig der
Stadt. Neben dem Kurbetrieb sind große Teile des Einzelhandels und der Gastronomie vom Fremdenverkehr abhängig. Die Bedeutung des Fremdenverkehrs für die
Wirtschaftsstruktur der Stadt übt großen Einfluß auf die kommunalpolitischen

Entscheidungen aus, so daß bisher Industrieansiedlungen größtenteils unterblieben sind.

Negative Auswirkungen der Nähe zu Frankfurt machen sich für Bad Nauheim insofern bemerkbar, als jüngere Arbeitskräfte eher abwandern. Das allgemein relativ niedrige Lohnniveau im Fremdenverkehr hat teilweise Engpässe bei der Arbeitskräftebeschaffung zur Folge.

Insgesamt läßt sich feststellen, daß Bad Nauheim keine Umweltbeeinträchtigungen aufgrund der Lage im Ordnungsraum aufweist. Die lange Tradition des Heilbades und die relativ weite Entfernung zum Ballungskern haben eine Suburbanisierung mit ihren negativen Folgen für den Kurortcharakter der Stadt verhindert. Bad Nauheim erfüllt damit in hohem Maße die Anforderungen an einen modernen Kurort, wie sie in den Leitlinien des DBV vom 30. Juni 1979 formuliert sind (S. 18): "Der Kurbetrieb muß für das Wirtschaftsleben des Kurortes von erheblicher Bedeutung sein. Der Kurortcharakter muß sich in Kureinrichtungen aller Art, in gepflegtem Ortsbild und aufgelockerter Bebauung und der Einbettung von Grün in das Ortsbild widerspiegeln. Besondere Bedeutung kommt dabei dem Kurgebiet zu. Das Kurgebiet umfaßt die Teile der Gemeinde, die den Kurortcharakter bestimmen".

III. Entwicklung des Kurverkehrs in Bad Homburg

1. Geschichtliche Entwicklung Bad Homburgs als Kurort

Die Geschichte Bad Homburgs als Heilbad beginnt mit der Wiederentdeckung des Elisabethenbrunnens durch Dr. Trapp am 27. Juni des Jahres 1834. Der Kurverkehr beginnt damit etwa gleichzeitig wie in Bad Nauheim (Bernecker u.a. 1984, S. 10ff.).

Mit dem Eintreffen der ersten Kurgäste werden einige bauliche und gestalterische Veränderungen in der Stadt notwendig: ein kleiner Park wird angelegt, es entstehen mehrere Privatbäder, und im Jahr 1838 wird das erste Kurhaus errichtet.

Der Aufschwung Bad Homburgs als Kurort beginnt jedoch erst mit den Brüdern Francois und Louis Blanc, die im Jahr 1840 für dreißig Jahre die Rechte an den Mineralquellen und der Spielbank erwerben. Das Kursaalgebäude, zu dessen Bau sie vertraglich verpflichtet werden, erfüllt die gehobensten Ansprüche. Der Bekanntheitsgrad Bad Homburgs reicht in dieser Zeit bis nach Paris und St. Petersburg, und es kommen Gäste aus den vornehmsten Gesellschaftskreisen. Im Jahr 1873 wird jedoch auf Beschluß der preußischen Regierung hin die Spielbank

194

geschlossen, und das Kurwesen geht in die Verantwortung der Stadt über. Daraufhin sinkt die Zahl der Kurgäste beträchtlich.

Eine zweite Blütezeit beginnt für Bad Homburg, als Kaiser Wilhelm II. diese Stadt als seine Sommerresidenz wählt. Um die Jahrhundertwende kommen jährlich bereits etwa 15 000 Gäste, und der Bau des ersten Sanatoriums wird begonnen. Zur großen Beliebtheit des Kurortes trägt auch das reichhaltige Kultur- und Sportangebot bei.

Der Kriegsausbruch im Jahr 1914 bedeutet für Bad Homburg einen Rückschlag. Die Wiederbelebung des Kurwesens nach Kriegsende wird zunächst durch große finanzielle Schwierigkeiten behindert. Versuche, den Kurort in ein Staatsbad umzuwandeln oder einer Aktiengesellschaft die Verwaltung zu übertragen, schlagen fehl. Schließlich wird im Jahr 1924 eine neue Aktiengesellschaft mit Mehrheitsbeteiligung der Stadt Frankfurt gegründet. Mit der stärkeren Betonung des Heilbadcharakters versucht man, neue Gästegruppen aus der Mittelschicht zu gewinnen, aber die Finanzlage bleibt weiterhin schlecht.

Mit dem Ausbruch des Zweiten Weltkrieges wird die Phase der langsamen Stabilisierung des Kurverkehrs erneut unterbrochen. Während des Krieges werden das Kurhaus, verschiedene Kureinrichtungen und die Parkanlagen zerstört.

Ein wichtiger Schritt in der Zeit des Wiederaufbaus nach dem Krieg ist die Wiedereröffnung der Spielbank im Jahr 1949 und der Bau eines Kurhauses, das im Jahr 1952 fertiggestellt wird. In den fünfziger Jahren werden die Kureinrichtungen erneuert, und die Zusammenarbeit mit den Sozialversicherungsträgern wird verstärkt. Parallel zur Weiterentwicklung des Kurwesens wird bereits zu dieser Zeit ein neuer Schwerpunkt im Fremdenverkehr auf den Tagungs- und Kongreßtourismus gelegt (Bernecker u. Gunkel 1984, S. 24). Das positive Image der Stadt, das breite Infrastrukturangebot und die günstige Lage unweit von Frankfurt bieten die notwendigen Voraussetzungen dazu.

Um den quantitativ und qualitativ steigenden Ansprüchen beider Gästegruppen, der Kurgäste und der Tagungs- und Kongreßreisenden, gerecht zu werden, wird die Freizeitinfrastruktur mit dem Bau eines neuen Thermal-Freizeit-Bads im Jahr 1980 entscheidend verbessert. Zusätzlich kann im Jahr 1984 ein neues Kurhaus mit angeschlossenem Hotel die Angebotspalette erweitern.

Bad Homburg kann damit ebenfalls wie Bad Nauheim auf eine langjährige Tradition als Heilbad verweisen. Allerdings spielt der Kongreß- und Tagungstourismus in Bad Homburg neben dem Kurverkehr eine wesentliche Rolle. Diese Entwicklung wird durch die kürzere Entfernung nach Frankfurt begünstigt.

2. Entwicklung der Gästeankünfte und des Übernachtungsaufkommens seit 1970

Ein erster Überblick über die Gäste- und Übernachtungszahlen (s. Tab. 4) zeigt einen tendenziellen Rückgang der Gästemeldungen von mehr als 67 000 Gästen im Jahr 1970 auf etwa 43 000 im Jahr 1983. Im Jahr 1984 ist ein sprunghafter Anstieg auf über 61 000 Gäste zu verzeichnen, der in erster Linie auf den Bau des neuen Maritimhotels mit knapp 300 Betten zurückzuführen ist.

Das Übernachtungsaufkommen verläuft nicht parallel zu den Gästeankünften. Hier sind bis zum Jahr 1975 Zuwächse zu verzeichnen, danach setzt eine leicht rückläufige Entwicklung ein. Erst seit dem Jahr 1981 setzen als Folge der

Tab. 4: Gäste- und Übernachtungsaufkommen, Kurgästeanteil sowie Aufenthalts-
       dauer in Bad Homburg 1970-1984

| Jahr | Gäste | | Übernachtungen | | Aufent-halts-dauer |
	Anzahl	Anteil der Kurgäste in %	Anzahl	Anteil der Kurgäste in %	
1970	67.717	11,3	374.397	59,1	5,5
1971	67.125	13,2	404.167	66,9	6,0
1972	67.045	17,3	490.470	76,0	7,3
1973	-*)	-*)	-*)	-*)	-*)
1974	-*)	-*)	-*)	-*)	-*)
1975	60.974	24,5	615.313	80,0	10,1
1976	58.992	21,2	551.942	77,0	9,1
1977	52.253	21,8	497.780	77,2	9,5
1978	57.962	18,6	473.008	78,3	8,2
1979	47.019	24,8	492.799	78,4	10,5
1980	43.988	28,3	512.171	76,4	11,6
1981	45.232	28,8	510.052	80,6	11,3
1982	45.487	23,5	441.218	75,7	9,7
1983	43.030	17,8	325.526	74,7	7,6
1984	61.201	15,1	394.047	72,6	6,4

*) Ohne Angabe.

Quelle: Kurverwaltung Bad Homburg, eigene Berechnung.

Kostendämpfungsmaßnahmen im Gesundheitswesen massive Rückgänge der Übernachtungszahlen ein: zwischen 1982 und 1983 erfolgt eine Abnahme um rund 120 000 Übernachtungen. Eine Trendwende deutet sich ähnlich wie in Bad Nauheim für das Jahr 1984 an, das erstmals wieder einen Zuwachs um etwa 70 000 Übernachtungen ausweist.

Die unterschiedliche Entwicklung der Gäste- und Übernachtungszahlen weist bereits auf die zugrundeliegenden unterschiedlichen Anteile der Kurgäste und Passanten am Übernachtungsaufkommen hin. Bad Homburg kann bis zum Jahr 1975 den Anteil der Kurgäste auf 24,5 % steigern. Aufgrund ihrer hohen durchschnittlichen Aufenthaltsdauer haben die Kurgäste 1975 mit 80 % einen außergewöhnlich großen Anteil am Übernachtungsaufkommen.

In den darauffolgenden Jahren geht der Anteil der Kurgäste zunächst etwas zurück, erreicht aber im Jahr 1981 den Höchststand im Untersuchungszeitraum mit 28,8 %. Als Folge der restriktiven Gesetzgebung setzt jedoch im darauffolgenden Jahr ein abnehmender Trend ein, so daß im Jahr 1984 nur noch 15,1 % der Gäste dem Kursektor zuzurechnen sind. Diese zahlenmäßig relativ kleine Gästegruppe stellt aber immer noch 72,6 % der Übernachtungen. Entsprechend entfallen auf die Passanten mit einem Anteil von 84,9 % am Gästeaufkommen nur 27,4 % der Übernachtungen.

Die Entwicklung der Kurgastzahlen - und die entsprechenden Anteile der Passanten - zeigen zunächst, daß die Kurgäste in Bad Homburg einen wesentlich geringeren Anteil des Gästeaufkommens ausmachen als in Bad Nauheim. Fast drei Viertel aller Gäste gehören zur Personengruppe der Passanten. Im Übernachtungsbereich ist der Anteil der Kurgäste ebenfalls geringer als in Bad Nauheim, wo die Kurgäste mehr als 90 % des Übernachtungsaufkommens stellen. Trotzdem sind die Kurgäste aufgrund ihrer hohen Verweildauer mit knapp drei Vierteln der Gesamtübernachtungen vertreten.

Die Gegenüberstellung der beiden Gästegruppen zeigt, daß eine Steigerung der Passantenzahlen, die in Bad Homburg vorwiegend über die Förderung des Kongreß- und Tagungstourismus erreicht wird, die Übernachtungsausfälle im Kursektor nur zu einem geringen Teil kompensieren kann.

Die Entwicklung der Kurgastzahlen zeigt deutliche Auswirkungen auf die Zahl der abgegebenen Kurmittel. So ist der Umfang der Kurmittelabgabe in Bad Homburg von ihrem Höchststand von mehr als 120 000 Kurmitteln auf knapp 48 000 abgegebene Kurmittel im Jahr 1984 zurückgegangen (s. Tab. 2). Teilweise ist der Rückgang der Kurmittelabgabe allerdings - ähnlich wie in Bad Nauheim - auf verstärkte Anwendungen direkt in den Sanatorien zurückzuführen.

197

3. Entwicklung der Betriebsstruktur seit 1974

Die Unterkunftsverzeichnisse von Bad Homburg sind nicht mehr für den gesamten Zeitraum von 1970 bis 1985 verfügbar. Trotzdem lassen sich für den Zeitabschnitt von 1974 bis 1985 einige charakteristische Entwicklungslinien aufzeigen.

In der Kategorie der Sanatorien zeigt sich eine Abnahme von zehn Betrieben im Jahr 1974 auf sieben Betriebe im Jahr 1985 (s. Tab. 5). Trotz einer Kapazitätssteigerung in den bestehenden Betrieben nimmt auch die Bettenzahl in den Sanatorien um etwa 150 Betten über den betrachteten Zeitraum ab. Hierbei ist zu berücksichtigen, daß ein Kurhotel mit 80 Betten und eigener Kurabteilung seit 1982 als reines Hotel weitergeführt wird und daher ab diesem Jahr unter der Kategorie Hotel gezählt wird. Die beiden anderen Sanatorien wurden in Altersheime umgewandelt.

Die Zahl der Hotels kann von 16 Betrieben im Jahr 1973 auf 25 Betriebe im Jahr 1985 gesteigert werden. Bei der Bettenkapazität macht sich jedoch im Jahr 1978 die Schließung eines Großhotels mit 230 Betten negativ bemerkbar; ein Neubau ist nach Ende der Abbrucharbeiten vorgesehen. Dieser Rückschlag kann erst im Jahr 1984 mit der Eröffnung des neuen Maritimhotels auf dem Gelände des alten Kurhauses beseitigt werden. Nach Auskunft der Kurverwaltung bestand in der Zwischenzeit ein Engpaß auf der Angebotsseite, der teilweise damit gelöst werden mußte, daß Gäste an Nachbarorte weitervermittelt wurden. Das Maritim-Hotel ist allerdings in erster Linie zur Stützung des Tagungs- und Geschäfts-

Tab. 5: Anzahl der Betriebe und Betten in Bad Homburg nach Betriebsarten im Beherbergungsgewerbe

Jahr	Sanatorium		Hotel		Gästehaus	
	Betr.	Betten	Betr.	Betten	Betr.	Betten
1974	1o	1.379	21	734	7	139
1978	9	1.396	22	547	5	97
1982	8	1.264	24	555	4	78
1983	8	1.184	25	579	5	11o
1984	8	1.o61	27	911	4	94
1985	7	1.229	25	829	4	94

Quelle: Eigene Berechnung nach den Unterkunftsverzeichnissen der jeweiligen Jahre.

reiseverkehrs geeignet; höchstens 1 % der Übernachtungen geht auf den Kurverkehr zurück.

Die Zahl der Gästehäuser geht ähnlich wie in den übrigen betrachteten Heilbädern während des untersuchten Zeitraums von sieben Betrieben auf vier Betriebe
zurück. Die Zahl der Betten in dieser Beherbergungskategorie zeigt jedoch eine
stark schwankende Entwicklung, da einige Betriebe versucht haben, durch eine
Kapazitätserweiterung ihre Rentabilität aufrecht zu erhalten. Im Bereich der
Privatzimmer zeichnet sich eine positive Entwicklung ab. Die Zahl der Anbieter
steigt von 20 im Jahr 1974 auf 25 im Jahr 1985 an.

Die Beherbergungsform der Apartments zeigt auch in Bad Homburg eine ansteigende Tendenz. Die Zahl der Betriebe nimmt von zwei im Jahr 1974 auf 16 im Jahr
1985 zu. In der Bettenzahl schlägt sich deutlich nieder, daß der Bereich der
Apartments bis zum Jahr 1977 durch einen Betrieb mit 32 Betten dominiert wird.
Nach dessen Schließung muß daher zunächst ein Rückschlag im Bettenangebot
hingenommen werden, der aber in den folgenden Jahren wieder wettgemacht werden
kann.

Tab. 5 (Forts.)

| Privatzimmer | | Apartment | | Insgesamt | |
Betr.	Betten	Betr.	Betten	Betr.	Betten
2o	74	2	34	6o	2.36o
2o	82	3	7	59	2.129
32	86	6	3o	74	2.o13
25	88	9	49	72	2.o1o
24	81	13	65	76	2.212
25	95	16	52	77	2.299

4. Einfluß der Lage im suburbanen Raum auf den Kurverkehr

Bad Homburg ist wesentlich stärker von der Lage im suburbanen Raum geprägt als Bad Nauheim. Die Anbindung der Stadt an das S-Bahn-Netz des Frankfurter Verkehrsverbundes und die räumliche Nähe zum Ballungskern haben Bad Homburg zu einer attraktiven Wohngegend und einem beliebten Naherholungsziel der Frankfurter Bevölkerung werden lassen. Die Wohnbebauung findet jedoch außerhalb des Kurviertels statt. Die Kurzone selbst ist durch spezielle Vorschriften geschützt, die Nutzungen durch andere als Kur- und Fremdenverkehrsbetriebe untersagen. Die flächenhafte Ausdehnung der Stadt hat allerdings den Nachteil, daß die Wege in die umliegenden Wälder zunehmend durch Wohngebiete führen.

Die räumliche Nähe zu Frankfurt macht sich im Kurverkehr vor allem in der Gästestruktur bemerkbar. Die Passanten - darunter sind in Bad Homburg fast ausschließlich Geschäfts-, Kongreß- und Tagungstouristen zu fassen - nehmen einen wachsenden Anteil der Gästemeldungen ein. Neben Kongressen, die im Kur- und Kongreßzentrum der Stadt selbst abgehalten werden, profitiert Bad Homburg auch von Kongressen und Messen im benachbarten Frankfurt. Wie bereits erwähnt, führt diese Entwicklung zu Schwierigkeiten bei der Auslastung von Kureinrichtungen und zu einem Rückgang der durchschnittlichen Aufenthaltsdauer. Die Rückgänge im Übernachtungsaufkommen des Kursektors können auf diese Weise nur zum Teil kompensiert werden. Solange die Passanten die Kurgäste nicht verdrängen, sondern ein zusätzliches Gästepotential darstellen, ist diese Entwicklung trotzdem zu begrüßen.

Der Kursektor steht bei den kommunalen Entscheidungsträgern in Bad Homburg keineswegs so eindeutig im Vordergrund ihres Handelns wie in Bad Nauheim.

Trotz einer langen Tradition als Heilbad ist die Wirtschaftsstruktur Bad Homburgs diversifizierter. Die Stadt ist damit unabhängiger von der Entwicklung im Fremdenverkehr. Das höhere Gewerbesteueraufkommen der Stadt läßt einen größeren Spielraum für Industrieansiedlungen zu, der von kommunaler Seite möglichst wahrgenommen wird.

Trotzdem bleiben die Belange des Kurverkehrs nicht völlig unberücksichtigt, weil der Kurverkehr und die Spielbank ein werbewirksames Image für die Stadt vermitteln, das sich auch zur Ansiedlung neuer Betriebe einsetzen läßt.

Insgesamt erfüllt das Kurgebiet der Stadt Bad Homburg die Anforderungen des DBV an Heilbäder. Abstriche müssen nur beim Punkt "aufgelockerte Bebauung" gemacht werden, dem einige Sanatorien in Hochbauweise aus den siebziger Jahren nicht gerecht werden.

IV. Entwicklung des Kurverkehrs in Bad Soden

1. Geschichtliche Entwicklung Bad Sodens als Kurort

Die Geschichte Bad Sodens als Kurort beginnt im Jahr 1701, als durch den Arzt Dr. Gladbach die Wirkung des Gesundbrunnens bekannt gemacht wird. Im darauffolgenden Jahr treffen die ersten Kurgäste ein.

Ab 1823 entsteht der Kurpark, und es werden mehrere neue Quellen erschlossen. Aufgrund der Beschaffenheit der Bad Sodener Mineralbrunnen und Thermalsolequellen stehen Erkrankungen der Atemwege, des Kreislaufs und des Bewegungssystems im Vordergrund der Heilanzeigen. Bereits im Jahr 1847 wird Bad Soden durch den Bau einer Eisenbahnlinie verkehrsmäßig gut erreichbar. In dieser Zeit beginnt für Bad Soden eine Phase großer Bekanntheit und Beliebtheit. Berühmte Persönlichkeiten vor allem aus dem russischen Adels- und Gelehrtenkreis besuchen Bad Soden, darunter auch Leo Tolstoi.

Die positive Entwicklung des Kurverkehrs wird durch den Ausbruch des Ersten Weltkrieges unterbrochen. Mit dem Bau eines neuen Kurhauses kann die Fremdenverkehrsentwicklung nach dem Kriegsende zunächst wieder gestärkt werden. Mit dem Zweiten Weltkrieg wird diesen Bemühungen jedoch erneut ein vorläufiges Ende gesetzt.

Nach Ende des Zweiten Weltkriegs wird das alte Kurhaus zunächst von den Besatzungsmächten beschlagnahmt. Im Jahr 1971 wird es schließlich abgebrochen, um es durch ein neues Gebäude zu ersetzen. Dieses Vorhaben kann jedoch erst im Jahr 1980 in die Tat umgesetzt werden. Ein Grund für diese Verzögerung liegt darin, daß Bad Soden als Kommunalbad die notwendigen finanziellen Mittel teilweise aus dem kommunalen Haushalt bereitstellen muß.

Bis zur Fertigstellung des neuen Kurhauses im August 1982 fehlt daher ein gesellschaftlicher und kultureller Mittelpunkt für die Kurgäste und Bürger Bad Sodens.

Mit der Eröffnung des neuen Kurhauses soll zusätzlich eine neue Gästegruppe angeworben werden: "... das mittlere und kleine Tagungsgeschäft, das gerade durch die Lage am Rande des Ballungsgebietes Rhein-Main und im Zentrum der Bundesrepublik Deutschland eine besondere Chance aufzeigte" (Dornauf, M., 1983, S. 40). Im neuen Kurhaus sind deshalb mehrere Konferenz- und Tagungsräume, ein "Haus des Gastes" für die Kurgäste und ein Hotel mit 260 Betten zusammengefaßt, um den Ansprüchen beider Gästegruppen gerecht zu werden.

2. Entwicklung der Gästeankünfte und des Übernachtungsaufkommens seit 1970

Die Zahl der Gästemeldungen unterliegt in Bad Soden starken Schwankungen (s. Tab. 6).

Von 1970 bis 1972 steigt die Zahl der Gäste zunächst von etwa 36 000 auf fast 50 000 Gäste an. Danach setzt ein starker Rückgang ein, so daß im Jahr 1976 nur noch etwa 17 000 Meldungen vorliegen. Im darauffolgenden Jahr zeigt sich jedoch eine erneute Steigerung der Gästezahlen, die sich in ihrer positiven Tendenz fortsetzt. Im Jahr 1984 wird mit 43 713 Gästen ein neuer Höchststand erreicht.

Die Übernachtungszahlen zeigen ebenfalls eine große Spannbreite. Sie liegen zwischen 358 000 Übernachtungen im Jahr 1974 und etwa 224 000 im Jahr 1977.

Tab. 6: Gäste- und Übernachtungsaufkommen, Kurgästeanteil sowie Aufenthaltsdauer in Bad Soden 1970-1984

| Jahr | Gäste | | Übernachtungen | | Aufenthalts- |
	Anzahl	Anteil der Kurgäste in %	Anzahl	Anteil der Kurgäste in %	dauer
1970	36.557	26,9	338.403	87,1	12,7
1971	48.580	20,9	357.224	82,9	7,4
1972	49.243	20,4	357.496	86,5	7,3
1973	38.247	26,8	358.296	88,7	9,4
1974	30.737	33,1	358.881	88,7	11,7
1975	24.598	39,6	341.903	92,0	13,9
1976	17.537	45,5	281.133	92,4	16,0
1977	19.500	32,5	224.080	88,0	11,5
1978	22.163	26,6	273.524	86,0	12,3
1979	22.426	27,4	255.709	84,0	11,4
1980	24.102	29,5	283.194	81,1	11,7
1981	23.973	29,1	261.073	79,6	10,7
1982	26.618	21,3	236.312	75,4	8,9
1983	38.060	11,3	219.171	59,7	5,8
1984	43.713	11,8	247.069	61,2	5,7

Quelle: Kurverwaltung Bad Soden, eigene Berechnung.

Ein direkter Zusammenhang mit dem Gästeaufkommen ist im Verlauf der Übernachtungsentwicklung nicht ersichtlich. Erst die Aufschlüsselung nach den Gästegruppen Kurgäste und Passanten macht deutlich, daß der Anteil der Passanten bzw. Kurgäste an den Gästemeldungen in den einzelnen Jahren und ihre jeweils spezifische durchschnittliche Aufenthaltsdauer für das Übernachtungsaufkommen ausschlaggebend sind. So kann beispielsweise im Jahr 1976 mit den niedrigsten Gästezahlen im Beobachtungszeitraum noch ein Übernachtungsaufkommen von 280 000 Übernachtungen erreicht werden. In diesem Jahr sind 45,5 % der Gäste dem Kursektor zuzurechnen, und die durchschnittliche Aufenthaltsdauer ist mit 16,0 Tagen auf ihrem Höhepunkt. Demgegenüber ist im Jahr 1984 trotz einer mehr als doppelt so hohen Zahl der Gästemeldungen nur ein Stand von 247 000 Übernachtungen zu registrieren. Der Anteil der Kurgäste beträgt in diesem Jahr nur noch 11,8 %, und die durchschnittliche Aufenthaltsdauer ist mit 5,7 Tagen äußerst niedrig. Der Rückgang der stationären Kurgäste konnte durch die ambulanten Kurgäste nur marginal ausgeglichen werden. Nach Angaben der Kurverwaltung konnte die Zahl der ambulanten Gäste in den letzten fünf Jahren von 10 000 auf etwa 15 000 Gäste pro Jahr gesteigert werden. Diese Gästegruppe ist damit in Bad Soden von größerer Bedeutung als in den übrigen Orten, was sicherlich zum Teil auf die gute Erreichbarkeit von Frankfurt aus zurückzuführen ist. Trotzdem bleibt die Wirkung der ambulanten Kurgäste auf den Fremdenverkehr gering, da sie keinen Beitrag zum Übernachtungsaufkommen leisten.

Die Rückgänge der Kurgastzahlen zeigen sich auch in der Zahl der abgegebenen Kurmittel (s. Tab. 2). Diese Zahlen können aber nur in ihrer Tendenz interpretiert werden, da die Erhebungsgrundlagen in den einzelnen Jahren sehr unterschiedlich waren. Der Badebetrieb wurde nicht in allen Jahren berücksichtigt. Inwiefern die Kurmittelhäuser bereits eine Unterauslastung erfahren, konnte nicht erhoben werden.

3. Entwicklung der Betriebsstruktur seit 1970

Allgemeine Entwicklung

Seit dem Jahr 1970 ist die Anzahl der Betriebe insgesamt um etwa ein Viertel von 82 auf 62 Beherbergungsbetriebe gesunken (s. Tab. 7). Dieser negative Trend ist vor allem auf die rückläufigen Zahlen bei den Gästehäusern und den Privatzimmern zurückzuführen. Die Zahl der Sanatorien bleibt dagegen weitgehend konstant, und die Betriebsarten Hotel und Apartment verzeichnen sogar Zuwächse.

Die Entwicklung der Betriebsstruktur kann nicht unabhängig von den Veränderungen in der Gästestruktur gesehen werden. Der zunehmende Anteil von Geschäfts- und Tagungsreisenden bewirkt, daß die preiswerteren und meist quali-

Tab. 7: Anzahl der Betriebe und Betten in Bad Soden nach Betriebsarten im Beherbergungsgewerbe in den Jahren 1970-1985

Jahr	Sanatorium		Hotel		Gästehaus	
	Betr.	Betten	Betr.	Betten	Betr.	Betten
1970	8	506	12	425	42	564
1974	6	586	10	469	29	329
1978	5	505	11	362	24	301
1982	5	491	15	467	17	238
1983	5	493	18	799	18	218
1984	5	493	17	758	17	213
1985	5	493	18	873	17	194

Quelle: Eigene Berechnung nach den Unterkunftsverzeichnissen der jeweiligen Jahre.

tativ nicht so gut ausgestatteten Gästehäuser und Privatzimmer seltener nachgefragt werden. Gleichzeitig bietet diese Gruppe ein neues Gästepotential für die Hotels. Als neue Form der Unterkunft haben sich auch in Bad Soden die Apartments durchgesetzt. Trotz der rückläufigen Kurgastzahlen zeigt sich bei der Zahl der Sanatorien nur eine leicht rückläufige Tendenz. Zum einen können die Verluste im Bereich der stationären Kurgäste teilweise durch ambulante Kurgäste ersetzt werden, zum anderen hat das große Investitionsvolumen der Sanatorien eine höhere Persistenz dieser Betriebe zur Folge.

Die Zahl der Betten nimmt insgesamt von 1970 bis 1979 von 1550 auf etwa 1200 Betten ab, bis zum Jahr 1985 steigt sie jedoch auf einen neuen Höchststand von etwa 1600 Betten an. Deutlich schlägt sich die Schaffung von 260 neuen Betten im Parkhotel nieder, das im Jahr 1982 eröffnet wurde. Die Zahl der Betten nach Betriebsarten entwickelt sich insgesamt parallel zur Anzahl der Betriebe in der jeweiligen Kategorie.

Betriebsneugründungen und -schließungen zwischen den Jahren 1970 und 1985

Beispielhaft wurde an Bad Soden die Entwicklung der einzelnen Betriebe näher betrachtet. Die folgenden Angaben beruhen auf Informationen aus den Unterkunftsverzeichnissen, Angaben der Kurverwaltung und Ortsbegehungen. Interviews mit ehemaligen und heutigen Betriebsinhabern wären sicher aufschlußreich gewesen, sie konnten aber aus zeitlichen Gründen im Rahmen dieser Arbeit nicht

Tab. 7 (Forts.)

Privatzimmer		Apartment		Insgesamt	
Betr.	Betten	Betr.	Betten	Betr.	Betten
16	45	4	1o	82	1.55o
18	47	4	1o	67	1.441
18	55	6	19	64	1.242
11	29	8	22	56	1.247
1o	28	8	25	59	1.563
11	33	1o	29	6o	1.526
11	33	11	33	62	1.626

durchgeführt werden, zumal einige der Betriebsinhaber mittlerweile einen Ortswechsel vollzogen haben.

Insgesamt existieren im Jahr 1970 21 Betriebe mit mehr als zwanzig Betten. Die Betriebe dieser Größenordnung stehen bei den folgenden Ausführungen im Mittelpunkt. Bis zum Jahr 1985 hat sich die Gesamtzahl der Betriebe mit mehr als zwanzig Betten um einen Betrieb verringert. Dieser Saldo sagt aber noch nichts über die Zahl der Betriebsgründungen und -schließungen in diesem Zeitraum aus.

Von den sieben Sanatorien aus dem Jahr 1970 existieren im Jahr 1985 nur noch zwei (s. Tab. 8). Von den fünf Betrieben, die bis zum Jahr 1985 aufgegeben

Tab. 8: Betriebsgründungen und -schließungen in Bad Soden 1970-1985

	Betriebe > 2o Betten 197o	Betriebs- schließungen	Betriebs- eröffnungen	Betriebe > 2o Betten 1985
Sanatorien	7	5	3	5
Hotels	7	2	8	13
Pensionen	7	5	0	2[1]
zusammen	21	12	11	2o

1) Davon ein Betrieb < 20 Betten.

wurden, werden drei Betriebe als Hotel weitergeführt, ein Betrieb wird als Wohnhaus genutzt und ein weiteres Gebäude steht noch zum Verkauf an, weil der Besitzer einen Hotelneubau errichtet hat. Bei den zwei neu gegründeten Betrieben handelt es sich um ein umgewandeltes Hotel und eine ehemalige Pension.

In der Kategorie der Hotels hat es zwischen 1970 und 1985 nur zwei Betriebsschließungen gegeben, davon wird ein Betrieb als Sanatorium weitergeführt. Im Gebäude des zweiten Betriebs ist die Kurverwaltung untergebracht. Auf dem Grundstück des zweiten Hotels wurde das neue Parkhotel errichtet. Auffallend ist jedoch, daß insgesamt acht Hotels neu eröffnet werden.

Von den sieben Pensionen mit mehr als 20 Betten aus dem Jahr 1970 bestehen im Jahr 1985 noch zwei Betriebe; ein Betrieb hat mittlerweile allerdings weniger als zwanzig Betten. Zwei der ehemaligen Pensionen werden als Hotel weitergenutzt, je ein Betrieb wurde in eine Beauty Farm, ein Wohnhaus und ein Personalhaus einer Kurklinik umgewandelt.

Insgesamt zeigt auch diese Betrachtung, daß die Betriebe auf die veränderte Gästestruktur in Bad Soden reagieren. Sanatorien und Pensionen werden eher geschlossen und weniger häufig durch neue Betriebe ersetzt als Hotels. Es zeigt sich, daß teilweise eine andere Betriebsform im Fremdenverkehrsgewerbe einer Umwandlung in eine artfremde Nutzung vorgezogen wird.

Zum Vergleich wurde eine Stichprobe von neun aufgegebenen Betrieben mit weniger als zwanzig Betten herangezogen. Hier zeigt sich, daß in der Mehrzahl der Fälle persönliche Gründe die Schließung herbeiführen. In sechs Betrieben haben Alter, Krankheit oder Tod des Betriebsinhabers zur Betriebsaufgabe geführt. Drei der aufgegebenen Betriebe wurden zu Wohnungen umgewandelt.

Räumliche Standortwahl der Beherbergungsbetriebe

In die Betrachtung der räumlichen Standortwahl wurden nur Betriebe mit mehr als zwanzig Betten aufgenommen. Bei Betrieben dieser Größenordnung kann man eher davon ausgehen, daß Standortentscheidungen rational geplant und nicht zufällig und subjektiv vorgenommen werden. Die Sanatorien konzentrieren sich auf Standorte am alten und vor allem am neuen Kurpark. Zwei etwas weiter entfernte Sanatorien wurden geschlossen.

Die Hotels bevorzugen ebenfalls Standorte an den Kurparks. Eine zusätzliche Standortkonzentration zeigt sich im Jahr 1985 in Bahnhofsnähe. Die gute Verkehrsanbindung an Frankfurt spielt in erster Linie bei Geschäftsreisenden eine große Rolle.

Weiterhin fällt auf, daß es sich bei allen größeren Beherbergungsbetrieben, die in Neubauten untergebracht sind, um Hotels handelt. Diese Tatsache unterstreicht noch einmal, daß die Hotels eine zunehmende Bedeutung im Beherbergungsgewerbe Bad Sodens einnehmen. Eine eindeutige Standortbevorzugung der neuen Betriebe läßt sich nicht feststellen, da die Standortwahl innerhalb des Ortes sehr stark durch die bereits vorhandene Bebauung und die bestehenden Besitzverhältnisse eingeschränkt wird.

Die Königsteiner Straße mit ihrem hohen Verkehrsaufkommen und ihrer starken Lärmbelastung wirkt sowohl im Jahr 1970 als auch 1985 als Barriere bei der Standortwahl. Westlich der Königsteiner Straße sind in beiden Jahren nur wenige Betriebe mit mehr als zwanzig Betten zu finden.

4. Einfluß der Lage im suburbanen Raum auf den Kurverkehr

Zusammenfassend läßt sich sagen, daß die Lage Bad Sodens im suburbanen Raum sich am deutlichsten auf die Umstrukturierung des Beherbergungsgewerbes und die Zusammensetzung der Gäste ausgewirkt hat. Die verkehrsgünstige Lage am Rand des Ballungsgebietes, das breite Infrastrukturangebot und die Bereitstellung entsprechender Tagungsräume ermöglichen es Bad Soden, eine große Gruppe von Kongreß- und Tagungstouristen anzusprechen. Gleichzeitig entstehen jedoch durch den Rückgang des Kurgastaufkommens Probleme, die nur marginal durch die ambulanten Kurgäste aufgefangen werden können. Die geringe durchschnittliche Aufenthaltsdauer der Passanten hat eine geringere Bettenauslastung zur Folge.

Trotz dieser Gefahren scheint es bei den in letzter Zeit stagnierenden und rückläufigen Kurgastzahlen in den Mineral- und Moorbädern im ganzen Bundesgebiet unverzichtbar, sich auch auf die Geschäfts- und Tagungsreisenden als neues Marktsegment für den Kurort einzustellen. Gerade für Kurorte im Ordnungsraum eröffnen sich gute Chancen im Geschäfts-, Tagungs- und Kongreßverkehr. Dabei wird allerdings zu beachten sein, daß die Kurgäste nicht durch die neue Gästegruppe verdrängt werden und der Ort sein Image als Heilbad weiter erhalten kann. Negative Auswirkungen aus der Lage am Ballungsrand durch eine stärkere Besiedlung sind nur indirekt bei den Miet- und Bodenpreisen feststellbar, die die Neugründung von Fremdenverkehrsbetrieben erschweren und das Preisniveau im Fremdenverkehr beeinflussen. Vereinzelt wurden außerhalb der Kurzone Hochhäuser errichtet, die sich negativ auf das Ortsbild auswirken. Dies trifft ebenfalls auf einige Fremdenverkehrsbetriebe im Kurbereich zu.

Größere Probleme für den Kurortbereich ergeben sich durch die vielbefahrene Königsteiner Straße, die direkt entlang dem alten Kurpark verlaufende Verbindungsstraße nach Frankfurt (s. Busch, H. u. Preuck, R. 1981). Obwohl eine

Umgehungsstraße westlich von Bad Soden gebaut wurde, ist die Verkehrs- und Lärmbelastung für Bad Soden immer noch zu hoch. Inwiefern sich diese Belastung quantitativ bei den Kurgastzahlen bemerkbar macht, ist kaum nachzuweisen.

Abgesehen von einigen Hochhäusern, die nicht der Forderung nach aufgelockerter Bebauung entsprechen, ist der Kurortcharakter in Bad Soden noch erhalten.

V. Entwicklung des Kurverkehrs in Bad Schwalbach

1. Geschichtliche Entwicklung Bad Schwalbachs als Kurort

Im Jahr 1581, also bereits vor mehr als 400 Jahren, wird die heilsame Wirkung der Schwalbacher Quellen durch ein Buch des Arztes Tabernaemontanus erstmals einer breiten Öffentlichkeit bekannt (Kurverwaltung Bad Schwalbach 1981). Der Kurbetrieb setzt bald darauf ein und nimmt eine so positive Entwicklung, daß das Heilbad schon in der Mitte des 17. Jahrhunderts zu den führenden Kurorten Europas zählt. Unter den berühmten Gästen befinden sich Ludwig II. von Bayern, Kaiserin Eugenie von Frankreich, Johann Wolfgang v. Goethe und Kaiserin Elisabeth von Österreich.

Im Jahr 1880 wird das erste Kurhaus gebaut. Zur gleichen Zeit tritt neben die Mineralanwendungen die Moortherapie, die durch den Bau einer Moorbadeanstalt verbessert wird.

Im Jahr 1936 gründet sich das Balneologische Institut Bad Schwalbach, das zu internationalem Ansehen gelangt. Während des Zweiten Weltkrieges werden viele Pensionen und Hotels zu Lazaretten umgewandelt. Von Zerstörungen bleibt die Stadt jedoch weitgehend verschont. Damit sind nach Ende des Krieges relativ gute Ausgangsbedingungen für eine Wiederbelebung des Kurverkehrs gegeben.

Mit dem Neubeginn setzt ein wichtiger Strukturwandel im Kurwesen Bad Schwalbachs ein. Die Rentenreform der fünfziger Jahre läßt die Gruppe der Sozialkurgäste in unerwartetem Ausmaß zunehmen. Die Versicherungsanstalten errichten eigene Häuser, und der Kurbetrieb wird ganzjährig offen gehalten. In dieser Zeit wird Bad Schwalbach zum Staatsbad.

Bis heute ist das Kurwesen der wichtigste Wirtschaftszweig der Stadt. Die Kurinfrastruktur wird weiterhin ausgebaut und modernisiert. 1974 wird beispielsweise das Kurhaus umgebaut, und im Jahr 1977 kann das neue Moorpackungshaus in Betrieb genommen werden.

2. Entwicklung der Gästeankünfte und des Übernachtungsaufkommens seit 1970

Die Gästemeldungen zeigen von 1972 bis 1974 - Angaben aus früheren Jahren fehlen - einen Anstieg von 12 500 auf etwa 17 500 Gäste (s. Tab. 9). Danach hat Bad Schwalbach leichte Rückgänge zu verzeichnen, die sich schließlich auf einem Niveau von etwa 16 500 Kurgästen pro Jahr einpendeln. Im Jahr 1981 erfolgt wieder eine Zunahme um etwa 1000 Gäste. Dieser positive Ansatz wird jedoch durch die gesetzlichen Maßnahmen, die im gleichen Jahr beschlossen werden, unterbrochen. Bereits im darauffolgenden Jahr sind die Gästezahlen erneut rückläufig, und im Jahr 1983 sind sogar Einbußen in Höhe von 3000 Gästemeldungen zu verbuchen. Das Jahr 1984 deutet an, daß sich dieser negative Trend nicht weiter fortsetzt.

Tab. 9: Gästeankünfte, Übernachtungsaufkommen und Aufenthaltsdauer in Bad Schwalbach 1970-1984

Jahr	Gästeankünfte	Übernachtungen	Aufenthaltsdauer
1970	-*)	359.565	-
1971	-*)	364.609	-
1972	12.446	380.949	30,6
1973	15.798	448.772	28,4
1974	17.475	516.267	29,5
1975	16.297	481.939	29,6
1976	15.049	431.427	28,7
1977	16.589	513.603	31,0
1978	16.781	513.272	30,6
1979	16.292	497.922	30,1
1980	16.893	508.741	30,1
1981	17.944	512.900	28,6
1982	16.524	492.432	29,8
1983	13.877	425.702	30,7
1984	14.513	442.496	30,5

*) Ohne Angabe; die ambulanten Gäste wurden aus der ursprünglichen Statistik herausgerechnet.

Quelle: Kurverwaltung Bad Schwalbach, eigene Berechnung.

Das Übernachtungsaufkommen erweist sich als sehr stark abhängig von der Zahl der Gäste und zeigt einen vollständig parallelen Verlauf zu den Gästeankünften. Diese Tatsache spiegelt sich auch in der durchschnittlichen Aufenthaltsdauer wieder, die durchweg bei etwa 30 Tagen liegt.

Eine Unterscheidung zwischen Passanten und Kurgästen ist nicht möglich, da die Daten nicht nach diesen beiden Gästegruppen getrennt erhoben werden. Die außerordentlich hohe Aufenthaltsdauer der Gäste, die sich im gesamten Untersuchungszeitraum als stabil erweist, läßt aber den Schluß zu, daß Passanten in Bad Schwalbach nur einen sehr geringen Anteil am Gästeaufkommen haben. Das Heilbad ist daher im Fremdenverkehr vollständig von der Entwicklung des Kurwesens abhängig. Größere Einbrüche im Gefolge der gesetzlichen Maßnahmen konnten nach Angaben der Kurverwaltung nur durch die günstigen Indikationen - Rheuma- und Kreislauferkrankungen - verhindert werden. Da solche Maßnahmen größtenteils unter die Rubrik "Rehabilitation" fallen und nicht den Präventivkuren zuzurechnen sind, waren sie durch die gesetzlichen Maßnahmen nicht so stark eingeschränkt.

Die ambulanten Gäste spielen auch für Bad Schwalbach nur eine untergeordnete Rolle. Ihre Zahl verdoppelt sich zwar von 655 im Jahr 1972 auf mehr als 1400 im Jahr 1984. Da sie aber keinen Beitrag zum Übernachtungsaufkommen leisten, bleiben die wirtschaftlichen Effekte dieser Gästegruppe äußerst gering.

Tab. 10: Anzahl der Betriebe und Betten in Bad Schwalbach nach Betriebsarten im Beherbergungsgewerbe in den Jahren 1970-1985

Jahr	Sanatorium		Hotel		Gästehaus	
	Betr.	Betten	Betr.	Betten	Betr.	Betten
1970	1	60	15	514	27	538
1974	3	498	15	501	23	426
1978	4	785	12	307	22	382
1982	4	803	13	352	20	264
1983	4	803	14	381	19	222
1984	4	806	14	376	19	220
1985	4	808	14	367	18	211

Quelle: Eigene Berechnung nach den Unterkunftsverzeichnissen der jeweiligen Jahre.

210

Die Zahl der abgegebenen Kurmittel zeigt eine starke Abhängigkeit vom Gästeaufkommen. Die größte Menge an Kurmitteln (mehr als 275 000) wird im Jahr 1974
abgegeben (s. Tab. 2). Danach geht die Zahl der abgegebenen Kurmittel leicht
zurück und pendelt sich auf einem Wert von etwa 220 000 pro Jahr ein. Die
restriktiven gesetzlichen Regelungen aus dem Jahr 1981 zeigen auch hier deutliche Spuren: im Jahr 1983 wird mit 148 429 abgegebenen Kurmitteln das
schlechteste Ergebnis des gesamten Untersuchungszeitraums registriert. Die
Kurmittelabgabe zeigt für das Jahr 1984 wieder eine ansteigende Tendenz.
Inwieweit sich diese positiven Ansätze fortsetzen lassen, wird sich in der
Zukunft erweisen.

3. Entwicklung der Betriebsstruktur seit 1970

Die Betriebsstruktur Bad Schwalbachs weist deutlich auf die hohe Bedeutung des
Kurbetriebs für den Fremdenverkehr hin. Die Zahl der Sanatorien hat seit 1970
von einem Betrieb auf vier Betriebe mit etwa 800 Betten im Jahr 1985 zugenommen (s. Tab. 10). Im gleichen Zeitraum bleibt die Zahl der Hotels etwa gleich,
die Zahl der Betten nimmt jedoch um etwa ein Drittel auf ca. 370 Betten im
Jahr 1985 ab. Einen starken Rückgang der Betriebe wie der Betten weisen -
ähnlich wie in den übrigen Kurorten - die Gästehäuser und Privatzimmer auf,
während die Apartments eine positive Entwicklung erfahren. Die Strukturveränderungen im Beherbergungsgewerbe erhärten die Aussage, daß Passanten, die in

Tab. 10 (Forts.)

| Privatzimmer | | Apartment | | Insgesamt | |
Betr.	Betten	Betr.	Betten	Betr.	Betten
55	191	-	-	98	1.3o3
42	147	1	3	84	1.575
44	165	7	2o	89	1.659
33	125	19	6o	89	1.6o4
31	119	19	61	87	1.586
3o	116	2o	62	87	1.58o
28	116	21	64	85	1.566

erster Linie Hotels in Anspruch nehmen, in Bad Schwalbach nur von untergeord-
neter Bedeutung sind. Die ruhige Lage relativ weit vom Ballungskern entfernt
bietet dagegen günstige Bedingungen für den Kurverkehr, was sich in der starken Zunahme der Betten in Sanatorien widerspiegelt.

4. Einfluß der Lage im suburbanen Raum auf den Kurverkehr

Die Lage im Ordnungsraum schlägt sich in Bad Schwalbach kaum nieder. Die
relativ große Entfernung zu Frankfurt und die heute fehlende Eisenbahnverbin-
dung nach Wiesbaden lassen den Ort als Wohnort für Pendler weniger attraktiv
erscheinen. Eine Bebauung des Ortes im Rahmen des Suburbanisierungsprozesses
wird zudem durch eine restriktive Bauleitplanung der Kommune und die Tallage
mit steil ansteigenden Hängen weitgehend verhindert. Auf die Ansiedlung von
Industriebetrieben wurde - mit Ausnahme von zwei Betrieben - verzichtet bzw.
darauf geachtet, daß keine Beeinträchtigungen des Kurverkehrs entstehen.

Der Kursektor kann als dominanter Wirtschaftszweig in Bad Schwalbach bezeichnet werden. Nach einer Schätzung der Kurverwaltung sind etwa 900 bis 1000
Arbeitsplätze direkt vom Kurbetrieb abhängig (in Kliniken, Beherbergungsbetrieben etc.). Hinzu kommen sekundäre Arbeitsplätze im Einzelhandel und in
sonstigen Dienstleistungsbetrieben. Bad Schwalbach kann somit als Kurort gekennzeichnet werden, der keine Beeinträchtigungen durch die Lage im Ordnungsraum erfährt. Dazu trägt sowohl die Entfernung zum Ballungskern wie auch die
Berücksichtigung der Belange des Kurverkehrs bei kommunalen Entscheidungen
bei.

VI. Entwicklung des Kurverkehrs in Schlangenbad

1. Geschichtliche Entwicklung Schlangenbads als Kurort

Die Heilkraft der Schlangenbader Quellen wird erst relativ spät, nämlich
frühestens im 17. Jahrhundert entdeckt (Gemeinde Schlangenbad, Hg., 1968, S.
19ff.).

Erst im Jahr 1687 kommt es zu einer wirtschaftlichen Ausnutzung der Schlangenbader Quellen. Mit der Übernahme des Bades durch den Landgrafen von Hessen-
Kassel setzt der Bau von Unterkünften und die Errichtung eines Badehauses ein.

Seit 1716 ist Schlangenbad Staatsbad und gelangt schnell zu größerer Bekanntheit.

Im Jahr 1860 zählt man bereits etwa 1600 Besucher. Einen besonderen Stellenwert nimmt der Kuraufenthalt der russischen Zarin Alexandra ein, der den Ruf des Bades erheblich steigert. Während des Ersten Weltkrieges kommt es zu einem spürbaren Rückgang des Kurbetriebs. Obwohl sich die Verhältnisse bald wieder stabilisieren, hat Schlangenbad seine Eigenschaft als Luxusbad unwiederbringlich verloren. Zunehmend wird der Gästekreis durch Angehörige der mittleren Schichten geprägt.

Bereits im Jahr 1931 wird ein Freischwimmbad in Schlangenbad angelegt, das die Attraktivität des Kurortes wesentlich verbessert. Der Zweite Weltkrieg bringt den Kurverkehr zum Erliegen. Seit 1949 beginnt der Wiederaufbau des Kurbetriebs, der seitdem gemeinsam mit Bad Schwalbach verwaltet wird (Gemeinde Schlangenbad, Hrsg., 1968, S. 106). Man verbessert die Parkanlagen, errichtet eine neue Liegehalle, und die Moortherapie wird erstmalig angewandt. Gleichzeitig nimmt die Zahl der Sozialkurgäste erheblich zu.

Tab. 11: Gästeankünfte (ohne Passanten) und Übernachtungsaufkommen (einschl. Passanten) in Schlangenbad 1970-1984

Jahr	Gästeankünfte	Übernachtungen
1970	4.149	144.400
1971	3.650	134.139
1972	4.126	140.740
1973	5.035	130.327
1974	5.164	158.456
1975	5.862	170.616
1976	4.908	183.776
1977	4.837	151.930
1978	4.903	157.031
1979	5.019	151.485
1980	5.196	157.611
1981	5.194	147.081
1982	4.569	141.924
1983	4.172	142.354
1984	4.281	138.550

Quelle: Kurverwaltung Schlangenbad.

Im Jahr 1974 wird als vorläufiger Höhepunkt der Entwicklung das neue Thermal-
hallenschwimmbad mit angegliedertem Kurmittelzentrum eröffnet.

2. Entwicklung der Gästeankünfte und des Übernachtungsaufkommens seit 1970

Die Bewertung der Gäste- und Übernachtungszahlen stößt in Schlangenbad auf
Schwierigkeiten, da bei den Gästemeldungen die Passanten aus der Erhebung
ausgeschlossen, bei den Übernachtungszahlen dagegen miterfaßt werden. Damit
ist die Vergleichbarkeit zu anderen Orten eingeschränkt, die Unterschiede
zwischen beiden Gästegruppen werden verdeckt, und eine Berechnung der durchschnittlichen Aufenthaltsdauer ist unmöglich.

Trotz dieser Probleme wurde auf die Benutzung anderer Statistiken verzichtet,
um systematische Erhebungsunterschiede auszuschließen. Aufgrund der genannten
Schwierigkeiten läßt sich in Schlangenbad nur feststellen, daß die Gästeankünfte und Übernachtungen einen weitgehend stabilen Verlauf zeigen (s. Tab.
11). Die Gästezahlen schwanken über den gesamten Zeitraum zwischen knapp 4000
(1971) und dem Höchststand von 5800 (1975) Gästen. Die Übernachtungszahlen
verlaufen nur teilweise parallel zum Gästeaufkommen. Trotz der Aussage der
Kurverwaltung, daß Passanten in Schlangenbad ohne Bedeutung sind, wäre eine
differenzierte Betrachtung der Gästegruppen hilfreich.

Tab. 12: Anzahl der Betriebe und Betten in Schlangenbad nach Betriebsarten im
Beherbergungsgewerbe in den Jahren 1970-1985

| Jahr | Hotel | | Gästehaus | | Privatzimmer | |
	Betr.	Betten	Betr.	Betten	Betr.	Betten
1970	13	534	16	287	11	50
1974	13	512	13	200	17	94
1978	14	518	7	90	11	52
1982	11	340	5	62	11	58
1983	11	333	5	62	9	47
1984	10	316	4	53	10	55
1985	11	336	2	27	ʼ8	46

Quelle: Eigene Berechnung nach den Unterkunftsverzeichnissen der jeweiligen
Jahre.

Die Zahl der ambulanten Gäste steigt von 1400 im Jahr 1975 auf fast 2700 im Jahr 1984 an. Der absolute Umfang dieser Gästegruppe bleibt dennoch vergleichsweise unbedeutend und kann auftretende Ausfälle bei stationären Kurgästen nicht ausgleichen. Die Zahl der abgegebenen Kurmittel steigt von 1970 bis zu den Jahren 1975/76 von etwa 200 000 auf 380 000 Einheiten an (s. Tab. 2).

Danach beträgt die Kurmittelabgabe durchschnittlich etwa 330 000 Kurmittel pro Jahr. Die Kurmittelabgabe zeigt damit eine weitgehende Übereinstimmung mit dem Verlauf der Gästemeldungen. Hier wird das höchste Ergebnis mit 5862 Gästen ebenfalls im Jahr 1975 erzielt.

3. Entwicklung der Betriebsstruktur seit 1970

Die Zahl der Betriebe in Schlangenbad ist mit 34 bis 45 Betrieben im Untersuchungszeitraum im Vergleich zu den übrigen Kurorten relativ klein. Der Ort verfügt nicht über ein Sanatorium, die Kurmittelabgabe erfolgt im Römerbad.

Die Zahl der Hotels bleibt im Zeitablauf weitgehend konstant, es zeigt sich aber ähnlich wie in Bad Schwalbach ein starker Rückgang der Bettenzahlen. Noch stärkere Rückgänge sowohl in der Betriebsanzahl als auch in der Bettenzahl sind bei den Gästehäusern zu verzeichnen. Die Zahl der Betten schrumpft hier von 287 auf 27 Betten. Eine weitgehend stabile Entwicklung ist dagegen im

Tab. 12 (Forts.)

| Apartment | | Insgesamt | |
Betr.	Betten	Betr.	Betten
-	-	4o	871
2	9	45	815
5	31	37	74o
11	7o	38	53o
9	53	34	495
1o	82	34	5o6
13	89	34	498

Privatzimmerbereich erfolgt. Die Apartments haben als einzige Betriebsart starke Zuwächse zu verzeichnen, was u.a. damit zusammenhängt, daß diese Wohnform sich im Jahr 1974 erst neu entwickelt.

Die Abläufe in der Betriebsstruktur bestätigen weitgehend die Aussage der Kurverwaltung, daß Bad Schwalbach und Schlangenbad, abgesehen von den Größenunterschieden, relativ strukturgleich sind. So zeigt der Rückgang der Hotelbetten und der Gästehäuser - ähnlich wie in Bad Schwalbach -, daß Passanten nur in geringem Maße unter den Gästen zu finden sind. Die Privatzimmer halten ihre Position im Vergleich zu anderen Orten unerwartet gut. Dies könnte mit fehlenden Verdienstmöglichkeiten innerhalb des Ortes in anderen Betrieben zusammenhängen. Die Apartments haben sich wie in anderen Kurorten auch als neue Wohnform durchgesetzt.

4. Einfluß der Lage im suburbanen Raum auf den Kurverkehr

Auf Schlangenbad treffen weitgehend die gleichen Aussagen zu wie auf Bad Schwalbach. Die etwas abgelegene Lage und die ungünstigen Verkehrsverbindungen haben den Suburbanisierungsprozeß in andere Orte gelenkt. Dazu trägt auch die kommunale Bauleitplanung bei, die im Kursektor nur Bebauung zuläßt, die dem Kurverkehr dient. Die Ausweisung größerer Baugebiete wird zudem durch die topographische Lage erschwert.

Der Kursektor ist für Schlangenbad von größter wirtschaftlicher Bedeutung, so daß auf beeinträchtigende Industrieansiedlungen verzichtet wurde.

Insgesamt hat die Lage im Ordnungsraum für Schlangenbad kaum Bedeutung, und der Kurortcharakter ist davon nicht beeinträchtigt.

VII. Entwicklung des Kurverkehrs in Bad Vilbel

Bad Vilbel wird an dieser Stelle nur mehr der Vollständigkeit halber erwähnt. Der Ort trägt zwar formal den Titel "Mineral- und Moorbad", wesentliche Voraussetzungen dafür werden aber nicht erfüllt. So wird in den Leitlinien des DBV (1979, S. 18) ausgesagt: "Der Kurbetrieb muß für das Wirtschaftsleben des Kurortes von erheblicher Bedeutung sein".

In Bad Vilbel werden dagegen seit 1978 keine stationären Kurgäste mehr gezählt. Zudem wird seit dem Jahr 1975 keine Kurtaxe mehr erhoben, was ebenfalls den Bestimmungen widerspricht (s. DBV 1979, S. 11). Mehrere ehemalige Beherbergungsbetriebe wurden teilweise bereits in den 60er Jahren artfremden Nutzungen zugeführt. Sie werden heute als Rathaus, Gaststätte und Polizeistation genutzt. Das Kurhaus dient heute als Bürgerhaus und als Schulungshaus der Volkshochschule. Heute werden in Bad Vilbel nur noch in geringem Umfang ambulante Kuren durchgeführt.

Die Gründe für den bereits in den 60er Jahren stark rückläufigen Kurbetrieb liegen zum einen in der sehr kurzen Tradition des Ortes als Heilbad. Vilbel erhielt erst im Jahr 1948 das Prädikat "Bad". Zudem stehen Bad Vilbel als Kommunalbad nicht die finanziellen Mittel für die notwendigen Investitionen zur Verfügung. Erschwerend kommt hinzu, daß die Lage in unmittelbarer Nähe zur Großstadt Frankfurt bereits in den 60er Jahren die Versicherungsträger bewog, ihre Belegungsverträge zu kündigen, da sie negative Auswirkungen für die Kurgäste befürchteten.

Bad Vilbel würde einer Überprüfung des Prädikats nicht standhalten und wird deshalb in der vorliegenden Untersuchung nicht weiter analysiert.

VIII. Zusammenfassende Darstellung der Ergebnisse

Nach der Untersuchung des Kurverkehrs im Ordnungsraum Rhein-Main können im wesentlichen zwei Typen von Heilbädern unterschieden werden: Der eine Typ der Heilbäder (Typ 1), der in der Nähe des Ballungskernes liegt, ist von der Suburbanisierung stark betroffen und hat sich im Fremdenverkehrssektor auch dem Tagungs- und Kongreßverkehr zugewandt. Der andere Typ liegt im Ordnungsraum ausgesprochen peripher, ist kaum suburbanisiert und stark allein von der Entwicklung im Kurverkehr abhängig.

Typ 1: Bad Soden, Bad Homburg

Die Heilbäder des Typ 1 sind besonders stark durch ihre Lage im Ordnungsraum geprägt. Sie liegen relativ nah am Ballungskern und weisen eine gute Verkehrsverbindung (S-Bahn) nach Frankfurt auf. Sie verbinden die Vorzüge einer gut ausgebauten Infrastruktur, eines hohen Freizeit- und Imagewerts sowie einer zentralen Lage in idealer Weise meiteinander. Sie sind deshalb als Wohn- und Gewerbestandorte äußerst attraktiv und begehrt.

Die Orte nutzen diese Vorzüge zum einen, um mit ihrem Image erwünschte Gewerbebetriebe anzuwerben, zum anderen aber auch, um den Fremdenverkehrssektor durch Geschäftsreisende und Tagungs- und Kongreßtourismus zu erweitern.

Die kommunalen Vertreter sind sich bewußt, daß das Kurortprädikat für beide Ziele eine wichtige Voraussetzung darstellt, und bemühen sich daher, den Kurbereich vor störenden Einflüssen zu schützen und die Freizeitinfrastruktur

weiter auszubauen. Da die Gewerbebetriebe meist in anderen Stadtteilen angesiedelt werden, bleibt der Kurbereich weitgehend ungestört. Zudem wird darauf
geachtet, daß keine ruhestörenden oder umweltverschmutzenden Betriebe zugelassen werden. Der starke Zuzug von Wohnbevölkerung aus dem Ballungskern hat eine
Ausdehnung der Orte bewirkt, so daß Erholungsgebiete teilweise nicht mehr şo
leicht zu erreichen sind. Diese Störung wirkt jedoch nicht so nachhaltig, daß
die Orte des Typ 1 nicht mehr den Richtlinien des DBV zur Ausstattung und zum
Kurortcharakter für Mineral- und Moorbäder entsprechen würden. Insgesamt kann
man daher sagen, daß die Suburbanisierung keine entscheidende Beeinträchtigung
des Kurverkehrs bewirkt.

Langfristig bedenklich ist allerdings der zunehmende Anteil der Passanten am
Fremdenverkehrsaufkommen, der teilweise bereits mehr als die Hälfte der Gäste
ausmacht. Er ist darauf zurückzuführen, daß die Heilbäder des Typ 1 auf die
Rückgänge der Sozialkurgäste mit verstärkten Aktivitäten auf dem Teilmarkt des
Geschäfts-, Kongreß- und Tagungsreiseverkehrs reagiert haben. Auf diese Weise
versucht man, sich ein zweites Standbein zu schaffen und die Krise des Kurverkehrs abzuwenden. Dieses Verhalten ist auf lange Sicht aber nicht unproblematisch. Da die Aufenthaltsdauer der Passanten wesentlich unter der der Sozialkurgäste liegt, sinkt die durchschnittliche Aufenthaltsdauer. Ein Rückgang der
Kurgäste hat einen überproportionalen Rückgang der Übernachtungen zur Folge:
für einen Sozialkurgast mit einem durchschnittlichen Aufenthalt von 30 Tagen
müssen etwa zehn Passanten mit einem durchschnittlichen Aufenthalt von drei
Tagen angeworben werden.

Weitere Probleme ergeben sich durch die unterschiedlichen Anforderungen der
beiden Gästegruppen an den Kurort. Die Passanten benutzen im allgemeinen nicht
die typischen Kureinrichtungen, sondern nur das eher auf Freizeit ausgerichtete Infrastrukturangebot (z.B. Thermal-Hallenbad). Langfristig kann dies dazu
führen, daß die Kureinrichtungen nicht mehr genügend ausgelastet sind. Bisher
hat allerdings noch keine Schließung von Kureinrichtungen stattgefunden. Neue
Investitionen erfolgen jedoch meistens in Einrichtungen, die nicht nur kurspe-
zifischen Belangen, sondern gleichzeitig auch den Interessen von Geschäfts-
und Tagungsreisenden entgegenkommen. Dies trifft z.B. auf das Thermal-Frei-
zeit-Bad in Bad Homburg oder auf das Parkhotel in Bad Soden zu, das besonders
im Hinblick auf Kongresse und Tagungen konzipiert ist. Das Maritim-Hotel in
Bad Homburg hat ebenfalls nur einen verschwindend geringen Anteil von Kurgästen an den Übernachtungen.

Auf lange Sicht bleibt die Umschichtung der Gäste hin zu einem stärkeren
Anteil an Passanten auch nicht ohne Einfluß auf die Struktur des Beherbergungsgewerbes.

Eine Untersuchung der Betriebe mit mehr als 50 Betten hat ergeben, daß sich in den fünf Heilbädern keine auffällige Häufung von Betriebsschließungen zu bestimmten Zeitpunkten feststellen läßt (s. Abb.1). Weder der Rückgang der Kurgastzahlen aufgrund von gesetzlichen Maßnahmen noch konjunkturelle Schwankungen bewirken eine sofortige Schließung von Betrieben, vielmehr können die Inhaber Übernachtungsrückgänge größtenteils zunächst innerbetrieblich auffangen. Es zeigt sich, daß die Betriebseröffnungen und -schließungen sich in den einzelnen Jahren jeweils annähernd ausgleichen. Bemerkenswert ist allerdings, daß bei den Neueröffnungen Hotels eine größere Rolle spielen als Sanatorien. So wurden in Bad Homburg und Bad Soden zwischen 1973 und 1985 insgesamt fünf größere Hotels mit insgesamt etwa 598 Betten neu eröffnet, aber nur ein Sanatorium mit 120 Betten. Im gleichen Zeitraum wurden vier größere Sanatorien mit 531 Betten und drei Hotels mit 431 Betten geschlossen.

Abb. 1: Eröffnungen und Schließungen von Beherbergungsbetrieben mit > 50 Betten in Bad Nauheim, Bad Homburg, Bad Soden und Bad Schwalbach[1] in den Jahren 1970-1985

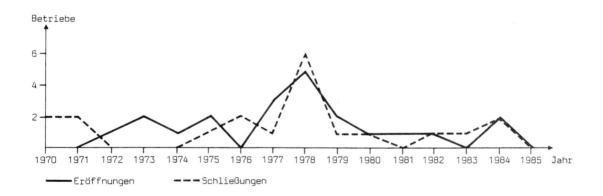

1) Jahr der Schließung = Zeitpunkt, zu dem der Betrieb nicht mehr im Unterkunftsverzeichnis aufgeführt ist.
In Schlangenbad fanden keine Veränderungen statt.

Aus diesen Zahlen wird ersichtlich, daß die Umstrukturierung ein sehr langfristiger Prozeß ist, der bisher noch nicht zum Stillstand gekommen ist. Die Entwicklung des Bettenangebots in Sanatorien sollte daher in Zukunft besonders aufmerksam beobachtet werden.

Zusammenfassend läßt sich sagen, daß die Kurorte des Typ 1 auf den Rückgang des Kurverkehrs aufgrund der gesetzlichen Restriktionen mit einem verstärkten Anwerben von Passanten reagiert haben. Diese Entwicklung ist nur dann zu befürworten, wenn damit kurzfristige Rückgänge im Kurverkehr aufgefangen und vorübergehende Unterauslastungen von Fremdenverkehrsbetrieben vermieden werden können. Langfristig ist aber unbedingt darauf zu achten, daß der Kurverkehr der Schwerpunkt des Fremdenverkehrsmarketing bleibt. Nur bei genügend hohem Kurverkehrsumfang läßt sich der Kurortcharakter auf Dauer erhalten.

Das Image und die Lebensqualität der Heilbäder, die mit dem Kurortcharakter zusammenhängen, sind nicht nur für die Bewohner und die Kurgäste von Bedeutung, sondern auch die Grundlage für den übrigen Fremdenverkehr. In der Zukunft sollten deshalb die Kurgäste im Mittelpunkt des Marketing stehen. Der Tagungs- und Kongreßverkehr sollte nur ergänzend gefördert werden.

Typ 2: Bad Nauheim, Bad Schwalbach, Schlangenbad

Die Heilbäder des Typ 2 liegen am äußeren Rand des Ordnungsraums und sind vom Ballungszentrum aus wesentlich schlechter zu erreichen. Es gibt keine S-Bahnverbindung im öffentlichen Personennahverkehr. In Bad Schwalbach und Schlangenbad hat zudem die Topographie eine weitere Ausdehnung der Orte eingeschränkt. Alle diese Faktoren haben dazu geführt, daß die Suburbanisierung von Wohn- und Arbeitsstätten kaum bis in die Heilbäder vorgedrungen ist und der ursprüngliche Charakter der Kurorte weitgehend erhalten geblieben ist. Der Kursektor ist weiterhin der dominante Wirtschaftszweig und übt damit erheblichen Einfluß auf kommunale Entscheidungen aus. Industrieansiedlungen sind daher weitgehend unterblieben.

Die positiven Voraussetzungen bewirken, daß die Heilbäder des Typ 2 voll mit Kurorten im ländlichen Raum konkurrenzfähig sind. Gleichzeitig ist aber für diese Orte eine viel höhere Abhängigkeit von der Gesetzgebung für Sozialkuren gegeben als in den Kurorten des ersten Typs. Starke Einschnitte im Kurverkehrsaufkommen können nur zu einem weitaus geringeren Teil durch ein höheres Passantenaufkommen überbrückt werden.

Bad Schwalbach und Schlangenbad konnten einer Krisensituation nach den jüngsten gesetzlichen Einschränkungen nur deshalb entgehen, weil dort vorwiegend Rehabilitationskuren durchgeführt werden, die von den Einsparungen nicht so

220

stark betroffen waren. In Bad Nauheim hat dagegen eine stark rückläufige Übernachtungsentwicklung eingesetzt, der auf kommunaler Ebene kaum entgegengewirkt werden kann.

Eine stärkere Ausrichtung des Beherbergungsgewerbes hin zu mehr Hotelbetten ist daher in den Heilbädern des Typ 2 nicht feststellbar. Vielmehr konnte die Bettenkapazität in Bad Schwalbach in den Sanatorien stark gesteigert werden. Bad Nauheim, das stärker durch die Kureinschränkungen betroffen war, konnte ebenfalls noch leichte Steigerungen bei der Bettenkapazität in Sanatorien erreichen. Dieses Bild wird auch durch die Untersuchung der Betriebe mit mehr als fünfzig Betten bestätigt: Zwar wurden in Bad Nauheim und Bad Schwalbach - in Schlangenbad gab es keine Veränderungen in Betrieben mit mehr als fünfzig Betten - zwischen 1970 und 1985 insgesamt neun größere Sanatorien mit insgesamt 872 Betten geschlossen, gleichzeitig wurden jedoch elf größere Sanatorien mit insgesamt 2152 Betten neu eröffnet.

Dagegen wurden nur fünf größere neue Hotels und Gästehäuser mit 536 Betten verzeichnet, denen drei geschlossene Hotels mit 280 Betten gegenüberstanden. Diese Entwicklung zeigt noch einmal deutlich, daß auch auf lange Sicht der Kurverkehr in den Orten des Typ 2 ohne Alternative bleibt. In Krisensituationen bleibt hier nur die Möglichkeit, politischen Druck auf den Gesetzgeber auszuüben, damit die Kurgesetzgebung berechenbarer wird. Es muß deutlich gemacht werden, daß eine wirtschaftliche Krise in den Kurorten ebenso volkswirtschaftliche Kosten verursacht wie die Ausgaben im Gesundheitswesen.

Zusammenfassend läßt sich sagen, daß der Kurverkehr in den Heilbädern des Typ 2 nicht durch kommunale Entscheidungen oder eine stärkere Ausrichtung auf Passanten bedroht wird. Der Kurortcharakter kann als langfristig gesichert angesehen werden. Allerdings entfällt damit auch die Möglichkeit, kurzfristige Rückgänge durch ein diversifiziertes Angebot aufzufangen. Unterauslastungen und wirtschaftliche Probleme der Beherbergungsbetriebe können nicht durch andere Gästegruppe gemildert werden. Die Kurorte müssen sich deshalb verstärkt um politischen Einfluß bemühen und gleichzeitig versuchen, attraktive Angebote für Privatkurgäste und Gesundheitsurlauber bereitzuhalten.

Im Hinblick auf die Abgrenzung des Ordnungsraumes stellt sich die Frage, ob die Heilbäder des Typs 2 wirklich zutreffend dem Ordnungsraum zugerechnet werden. Zumindest der geringe Grad der Suburbanisierung, vor allem aber auch die starke Übereinstimmung der Fremdenverkehrsstruktur mit der in Heilbädern des ländlichen Raumes weckt Zweifel, ob diese Heilbäder sinnvoll in den Ordnungsraum einbezogen werden.

Die Heilbäder Bad Homburg und Bad Soden gehören ohne Zweifel zum Ordnungsraum. Gewisse Nutzungskonflikte bestehen hier im Hinblick auf den Freiflächenverbrauch, der im Ordnungsraum möglichst gering gehalten werden soll. Einerseits haben sich die Wohngebiete stark ausgedehnt, wachsen jetzt aber kaum noch. Andererseits könnte eine zu starke Zuwendung zum Kongreß- und Tagungsverkehr zu einer Vernachlässigung des Kurverkehrs führen. Zwar soll der Kurverkehr aus kommunaler Sicht unter allen Umständen erhalten und gefördert werden, doch bleibt abzuwarten, ob der Kurverkehr seine Dominanz in den beiden Heilbädern wird bewahren können. Hier sind unter Umständen Verzichte auf kurzfristige Marktchancen im Tagungs- und Kongreßverkehr nötig. Verliert aber der Kurverkehr seine Bedeutung, besteht auch Gefahr für die umfangreichen Freiflächen innerhalb und außerhalb der Stadtgebiete.

Literaturverzeichnis

Bernecker, H. u.a. (1984): 150 Jahre Heilbad Bad Homburg.- (= Verlagsbeilage der Heimatzeitung Taunus-Kurier), Bad Homburg.

Bernecker, H. u. Gunkel, E. (1984): Nach 1945: Neuer Aufschwung zur Kur- und Kongreßstadt. - In: Bernecker, H. u.a., a.a.O., 23-24.

Bleile, G. (1981): Langfristige Entwicklungstendenzen im westdeutschen Fremdenverkehr. Die Entwicklung auf den Teilmärkten Städtetourismus, Kurtourismus und Erholungstourismus 1960-1979.- (= Schriftenreihe Fremdenverkehr, H. 3), Heilbronn.

Busch, H. u. Preuck, R. (1981): Lärm und Ruhe in Kurorten.- (= Schriftenreihe der Hessischen Landesanstalt für Umweltschutz, H. 14), Wiesbaden.

Charvat, J. (1972): Gegenwart und Zukunft des Heilbäderwesens. - (= Berner Studien zum Fremdenverkehr, H. 9), Bern.

Delius, L. (1976): Das Kurwesen.- In: Blohmke, M. (Hrsg.): Handbuch der Sozialmedizin, Bd. III, 651-676, Stuttgart.

Deutscher Bäderverband, Hrsg. (1979): Begriffsbestimmungen für Kurorte, Erholungsorte und Heilbrunnen vom 30. Juni 1979. - Bonn.

Deutscher Bäderverband (1984): Jahresbericht 1983. - Bonn.

Dörffeldt, S. (1968): Schlangenbad. Geschichte und Gegenwart. - Schlangenbad.

Dornauf, M. (1983): Das neue Kurhaus mit Taunus-Tagungszentrum und Parkhotel. - In: Magistrat der Stadt Bad Soden a.T. (Hrsg.): Jahreschronik 1982, 40-42.

Eiden, E. (1985): Die Klassifikation von Fremdenverkehrsgemeinden. Prädikate, Abgrenzungskriterien, Vergabepraxis und Tauglichkeit am Beispiel von Rheinland-Pfalz, Baden-Württemberg und Hessen. - Trier (= unveröffentlichte Diplomarbeit).

Ferber v., L. (1976): Kur und Rehabilitation. - In: Blohmke, M. (Hrsg.), a.a.O., 676-699.

Hartog, R. u. Groebben v., C. (1979): Leitlinien für die Planung und Gestaltung in Heilbädern und Kurorten. - (= Hrsg. vom Deutschen Bäderverband, 2. Auflage, Bonn.

Hessisches Staatsbad Bad Nauheim, Hrsg. (1985): Bad Nauheim - 150 Jahre Thermalsolebad. Ein geschichtlicher Abriß 1835-1985. - Bad Nauheim.

Hüfner, G. (1976/77): Stärken und Schwächen des Heilbäderwesens in der BRD. - In: Jahrbuch für Fremdenverkehr, 51-63, München.

Krabsch, D. (1983): Anspruch und Wirklichkeit der Heilbäder-Entwicklungsplanung mit vier Fallbeispielen. - Trier (= unveröffentlichte Magisterarbeit).
Kurverwaltung Bad Schwalbach, Hrsg. (1981): Bad Schwalbach. 400 Jahre Heilbad 1581-1981. - Bad Schwalbach.

Magistrat der Stadt Bad Soden, Hrsg. (1983): Jahreschronik 1982 Bad Soden a.T. - Bad Soden.

Prognos AG (1973): Entwicklungsplanung für Kur- und Kongreßwesen - Bad Homburg v.d.H. - Basel.

Rütten, E. (1973): Wandel im Selbstverständnis der Kurorte. - In: Ender, W. (Hrsg.): Festschrift zur Vollendung des 65. Lebensjahres von o. Prof. Dkfm. Dr. Paul Bernecker. - (= Beiträge zur Fremdenverkehrsforschung, 229-237), Wien.

Tippelt, D. (1983): Historische Entwicklung und Funktionswandel in der gegenwärtigen Strukturkrise der Kur- und Badeorte am Beispiel von Bad Homburg v.d.H. und Bad Soden a.Ts. - Frankfurt. - (= unveröffentlichte Diplomarbeit).

Wiener, J. (1982): Sodens Mineralquellen, -brunnen und Thermalsole. - Bad Soden.

O. Verf. (1983): Kuren. - In: Deutsches Ärzteblatt, H. 3, 59.

Der Freizeitraum Berchtesgaden

Räumliche Verflechtungen als Wirkungsgefüge

von
Peter Gräf und Karl Ruppert, München

Gliederung

I. Vielfalt der Abgrenzungen des Freizeitraums

II. Strukturbedingte Einflüsse im Beherbergungswesen

III. Verflechtungen und saisonale Komponenten im Urlaubsreiseverkehr

    1. Ausflugsverkehr
    2. Saisonalität - Potential und Abhängigkeit

IV. Regionale Wirkungszusammenhänge

    1. Naherholung
    2. Bodenmobilität
    3. Grenzüberschreitende Verflechtungen
    4. Außerregionaler Kapitaltransfer

V. Aktuelle Entwicklungsansätze

    1. Alpen- und Nationalpark Berchtesgaden
    2. Olympische Winterspiele
    3. Kurbetrieb

VI. Zusammenfassung

Anmerkungen

Der Freizeitraum Berchtesgaden hat sich aus einer Fremdenverkehrstradition heraus entwickelt, die bis in die Mitte des 19. Jahrhunderts zurückreicht. Aktuelle Entwicklungen (u.a. Alpen- und Nationalpark Berchtesgaden, Bewerbung um Olympische Winterspiele) haben eine breite Palette von gegensätzlichen Interessen entstehen lassen, die beispielhaft die Entscheidungsproblematik zahlreicher Fremdenverkehrsgemeinden zwischen wirtschaftsdynamischen, lokal-kulturellen und ökologisch orientierten Zielen aufzeigen können. Die Forschungsergebnisse zeigen, daß die Kommunalpolitik bei verbessertem Informationsstand auch mit geringem infrastrukturellen Aufwand gezielt die Entwicklung eines Freizeitraumes fördern kann.

Die Individualität des Freizeitraums Berchtesgaden ist durch eine Reihe von Merkmalen charakterisiert, die in dieser Kombination kaum in einem anderen Freizeitraum der Bundesrepublik Deutschland zu finden sind. Eine extreme Randlage im südostoberbayerischen Grenzraum zu Salzburg, ein für vielfältige Freizeitaktivitäten überaus attraktiver Raum, dessen Besonderheit nicht zuletzt im Nationalpark Berchtesgaden seinen raumplanerischen Ausdruck findet, und eine Persistenz der Fremdenverkehrsfunktion, die in die Anfänge des Fremdenverkehrs nach dem Eisenbahnbau um 1860 zurückreicht[1], lassen gerade dieses Gebiet für eine Analyse vielschichtiger freizeitfunktionaler Wirkungs- und Konfliktzusammenhänge besonders interessant erscheinen.

I. Vielfalt der Abgrenzungen des Freizeitraums

Kurz zahlenmäßig skizziert lag 1985 das Fremdenverkehrsgebiet "Berchtesgadener Alpen mit Reichenhaller Land" mit rund 380 000 Gästeankünften und 3,2 Mio. Übernachtungen nach dem Oberallgäu (gemessen an den Übernachtungen) an zweiter Stelle der alpinen bzw. randalpinen Fremdenverkehrsgebiete Bayerns. Die durchschnittliche Aufenthaltsdauer von 8,3 Tagen ist deutlich von den längerfristigen Kuraufenthalten in Bad Reichenhall beeinflußt, das alleine mit rund 1,28 Mio Übernachtungen ein Drittel des Übernachtungsvolumens auf sich vereint.

Der Landkreis Berchtesgadener Land umfaßt eine Fläche von 840 km^2 mit einer Wohnbevölkerung von 92 200 Personen (1985). Der Teilraum "Fremdenverkehrsverband" Berchtesgadener Land (auf den sich nachfolgende Ausführungen überwiegend beziehen) ist wesentlich enger gefaßt. Zu ihm gehören der Markt Berchtesgaden und die Gemeinden Bischofswiesen, Markt Schellenberg, Ramsau und Schönau am Königssee, zusammen 125 km^2 Gemeindefläche und 24 000 Einwohner.

Auch das Berchtesgadener Land hat - wie zahlreiche Fremdenverkehrsgebiete im bayerischen Alpenraum - eine Doppelsaison, wenn auch die topographische Situation für alpinen Skisport ungünstiger ist als vergleichsweise in weiten Be-

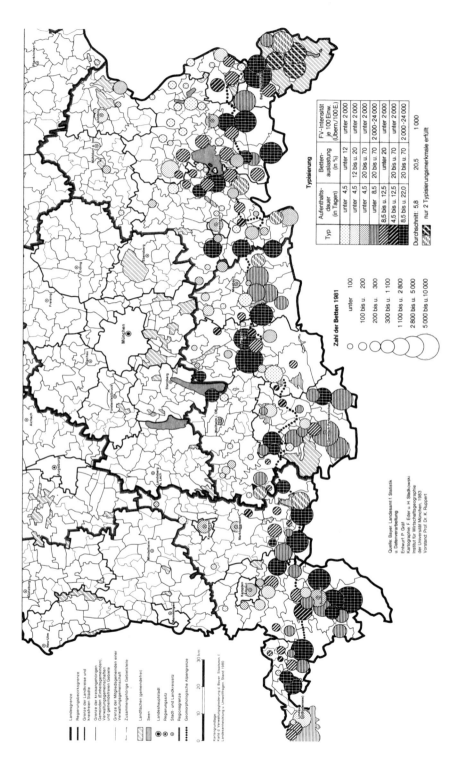

Karte 1: Deutscher Alpenraum – Typisierung der Fremdenverkehrsstruktur 1981

Typisierung

Typ	Aufenthalts-dauer (in Tagen)	Betten-auslastung (in %)	FV-Intensität je 100 Einw. (Übern./100 E.)
	unter 4,5	unter 12	unter 2 000
	unter 4,5	12 bis u. 20	unter 2 000
	unter 4,5	20 bis u. 70	unter 2 000
	unter 8,5	20 bis u. 70	2 000-24 000
	8,5 bis u. 12,5	unter 20	unter 2 000
	4,5 bis u. 12,5	20 bis u. 70	unter 2 000
	8,5 bis u. 22,0	20 bis u. 70	2 000-24 000

Durchschnitt: 5,8   20,5   1 000

nur 2 Typisierungsmerkmale erfüllt

Zahl der Betten 1981

unter 100
100 bis u. 200
200 bis u. 300
300 bis u. 1 100
1 100 bis u. 2 800
2 800 bis u. 5 000
5 000 bis u.10 000

Quelle: Bayer. Landesamt f. Statistik
u. Datenverarbeitung

Entwurf: P. Graf

Kartographie: F. Eder u. H. Sladkowski
Institut für Wirtschaftsgeographie
der Universität München, 1983
Vorstand: Prof. Dr. K. Ruppert

Landesgrenze
Regierungsbezirksgrenze
Grenze der Landkreise und
kreisfreien Städte
Grenze der kreisangehörigen
Gemeinden (Einheitsgemeinden)
Verwaltungsgemeinschaften
und gemeindefreien Gebiete
Grenze der Mitgliedsgemeinden einer
Verwaltungsgemeinschaft
Zusammengehörige Gebietsteile
Seen
Landeshauptstadt
Regierungssitz
Stadt- und Landkreissitz
Geomorphologische Alpengrenze

Kartengrundlage:
Karte II Verwaltungsgliederung d. Bayer. Staatslexs f.
Landesvermessung u. Umweltfragen Stand 1980

0 10 20 30 km

227

reichen der Allgäuer Alpen. Gleichwohl hat sich Berchtesgaden als Kandidat für die Olympischen Winterspiele 1992 beworben, woraus bereits jetzt werbewirksamer Nutzen für eine Verbesserung der Wintersaison zu ziehen ist, ohne daß Berchtesgaden bei seiner ersten Bewerbung erfolgreich war.

Von Wissenschaft und Praktikern wird die Unzulänglichkeit fremdenverkehrsstatistischer Zahlengrundlagen bemängelt, verstärkt noch nach der Umstellung der FV-Statistik 1981, die bundesweit die Privatquartiere nicht mehr erfaßt, wenngleich u.a. in Bayern als landeseigene Sondererhebung die Erfassung der Privatquartiere wenigstens in den prädikatisierten Gemeinden fortgeführt wird. Die meisten analytischen Arbeiten beschränken sich aus diesen Gründen auf die geläufigen Indikatoren von Gästezahlen, Übernachtungszahlen, FV-Intensitäten und Aufenthaltsdauer aus dem eingeschränkten Zahlenmaterial.

Allzu häufig wird jedoch übersehen, daß solche Zahlen, selbst wenn man eine homogene Dunkelziffer und Meldedisziplin unterstellt, nur teilweise geeignet sind, wirtschaftliche Bedeutung, strukturelle Probleme, Entwicklungspotentiale und nicht zuletzt die Abhängigkeiten durch außergebietliche Verflechtungen des Freizeitgeschehens darzustellen. Ferner führt die derzeitige statistische Erfassung zu einer Überbetonung des lokalen wirtschaftlichen Effekts, ohne etwa die Verlagerung von Konsumausgaben der Gäste durch den sekundären Ausflugsverkehr berücksichtigen zu können. Schon in früheren Studien wurde darauf verwiesen, daß die Nichterfassung von Tagesausflugsverkehr und Freizeitwohnsitzen gerade im Einzugsbereich der Verdichtungsräume zu einer wesentlichen Verzerrung des freizeitfunktionalen Charakters von Fremdenverkehrsgemeinden führt[2]. An drei Sachbereichen soll die zuvor getroffene Aussage am Beispiel des Berchtesgadener Landes belegt werden.

II. Strukturbedingte Einflüsse im Beherbergungswesen

Als Datenquellen standen drei unterschiedliche Materialien zur Verfügung: Die amtliche Statistik des Bayerischen Landesamtes für Statistik und Datenverarbeitung, Auswertungen der Meldeunterlagen durch den Fremdenverkehrsverband Berchtesgadener Land und das Unterkunftsverzeichnis dieses Gebietes.

Für die Marktgemeinde Berchtesgaden selbst, auf die im Schnitt der Jahre 1981-1985 rund ein Drittel des Übernachtungsvolumens im Untersuchungsgebiet entfällt, erteilt die amtliche veröffentlichte Statistik für das Beherbergungsgewerbe folgende Auskunft:

Tab. 1: Marktgemeinde Berchtesgaden 1985

	Ankünfte	Übernachtungen
Beherbergungsstätten mit neun und mehr Betten	95.210	517.209
mit weniger als neun Betten	20.281	183.823
Gesamtzahl	115.491	701.032

Quelle: Bayer. Landesamt für Statistik und Datenverarbeitung, 1986.

Der Markt Berchtesgaden ist heilklimatischer Kurort, daneben in Ansätzen auch Kongreß- und Tagungsort, wenngleich gerade für diesen Bereich des Fremdenverkehrs das qualitative Beherbergungsangebot zum Engpaß wird, wie an späterer Stelle noch zu zeigen ist. Diese Mischfunktion erklärt auch die Abweichung von der bayerischen Durchschnittssituation der Beherbergung in heilklimatischen Kurorten.

Die Relativdarstellung in Tab. 2 zeigt bereits für den gleichen Typus bzw. Gemeinde eine sehr unterschiedliche Struktur, je nach Betrachtungsebene. Extrem sind die Abweichungen in der Kategorie "Hotel garni" zwischen dem bayerischen Durchschnitt und der Situation in Berchtesgaden.

Tab. 2: Beherbergungsstruktur in heilklimatischen Kurorten - Bayern und Marktgemeinde Berchtesgaden 1985 in % - Relativanteil der Betriebe

	Bayern ohne Privatvermieter	BGD ohne Privatvermieter	BGD mit Privatvermieter
Hotel	7,4	9,4	5,7
Hotel garni	51,3	3,7	2,3
Gasthöfe	8,9	14,5	8,8
Pensionen	20,2	42,2	25,7
Ferienwohnung	12,2	30,2	18,4
Privatvermieter	-	-	39,1
	100,0	100,0	100,0

Quelle: Bayer. Landesamt für Statistik und Datenverarbeitung.

Besonders aufschlußreich für die tatsächlichen Entwicklungspotentiale eines Fremdenverkehrsortes sind die qualitativen Aspekte des Beherbergungsangebots, in kleinräumlicher Betrachtung auch der Entwicklung von Ortskern und Ortsteilen. Zur Marktgemeinde Berchtesgaden gehören die Ortsteile Ober-/Unterau, Maria Gern und Ober-/Untersalzberg. Tab. 3 zeigt als Indikator den Anteil der Zimmer mit Dusche/WC am Zimmerangebot der jeweiligen Kategorie.

Tab. 3: Qualitätsstruktur im Beherbergungsgewerbe 1985 Marktgemeinde Berchtesgaden - Zimmer und Anteil Zimmer mit DU/WC in %

| | BGD Ortszentrum | | Au | | Ortsteile Gern | | Salzberg | |
| | Zimmer mit DU/WC | | Zimmer mit DU/WC | | Zimmer mit DU/WC | | Zimmer mit DU/WC | |
	abs.	%	abs.	%	abs.	%	abs.	%
Hotel	452	90,7	24	100	–	–	28	60,7
Hotel garni	150	58,0	–	–	–	–	–	–
Gasthof/Pensionen	87	59,7	94	61,7	19	47,3	18	27,2
Gästehäuser	300	14,3	100	56,0	–	–	97	14,4
Privatvermieter	196	17,3	43	25,5	65	10,8	35	14,3

Quelle: Gastgeberverzeichnis 1985; eigene Umrechnung.

Tab. 4: Relativer Zimmeranteil und Ausstattungsintensität mit DU/WC Marktgemeinde Berchtesgaden 1985 in %

	Anteil des Beherbergungs-angebots in % (Zimmerbasis)	Anteil mit Dusche/WC
Hotel	28,7	89,5
Hotel garni	8,5	58,0
Gasthof/Pensionen	15,1	51,5
Gästehäuser	28,3	22,7
Privatvermieter	19,4	16,8

Quelle: Gastgeberverzeichnis 1985; eigene Umrechnung.

Die zuvor dargelegten Sachverhalte zeigen nachdrücklich, daß ein statistisches Betten- oder Zimmerangebot generell nur eine unscharfe Vorstellung über das eigentliche Attraktivitätsprofil der Beherbergungseinrichtungen gibt. Immerhin ist knapp die Hälfte des Zimmerangebots nur zu einem Viertel oder weniger mit Dusche und WC ausgestattet. Vordergründig ließe sich vermuten, daß diese

Struktur sich auch in einer starken Differenzierung der Betriebsauslastung widerspiegeln müsse. Im Falle Berchtesgaden trifft dies jedoch nicht zu. In den gewerblichen Betrieben schwanken die Auslastungswerte nur zwischen 28 % und 36 %, die Privatvermieter erreichen lediglich 22 % (1984)[3]. Läßt man den Auslastungszuwachs durch den Kongreß- und Tagungstourismus außer Betracht, wird die Auslastungsspannweite noch geringer.

Gästestruktur als Selektionsmoment

Eine Erklärung dieses vermeintlichen, an den generell gestiegenen Qualitätsan-sprüchen gemessenen Widerspruchs liegt im Spezifikum der Gästestruktur. Gäste-zahlen der amtlichen Statistik, ihre Trennung in in- und ausländische Gäste, und die Kenntnisse über den Einzugsbereich der Gäste können keine hinreichen-den Informationen liefern. So dominieren beispielsweise in Oberstdorf und Reit im Winkl ebenso Gäste aus Nordrhein-Westfalen[4], aber in einer unterschiedli-chen schichtenspezifischen Zusammensetzung. Das Wirkungsgefüge zwischen Gast und qualitativer Entwicklung eines Fremdenverkehrsortes ist - auch im Beispiel Berchtesgaden - ambivalent.

Das Fehlen eines mit den Ansprüchen schritthaltenden verbesserten Angebots an Unterkünften kann bei gleichbleibender Auslastung zu einem Selektionsprozeß der Gäste führen, die die einseitige Abhängigkeit eines Fremdenverkehrsortes

Tab. 5: Schichtung und Altersstruktur der Urlaubsgäste
FV-Gemeinden Berchtesgadener Land

Altersstruktur		Schichtung	
bis unter 18	2,0 %	Rentner und Hausfrauen	33,8 %
18 bis unter 32	18,9 %	Handwerker, Facharbeiter	25,5 %
32 bis unter 48	29,1 %	einfache und mittlere Angestellte, Beamte und Selbständige	
48 bis unter 62	29,4 %	Nettomonatseink. unter 5.000,-	23,0 %
62 und älter	20,6 %	Ltd. Angestellte, Beamte, Selbständige, Nettoein-kommen über 5.000,-	17,7 %
	100,0 %		100,0 %

Quelle: Erhebungen des WGI, Juli 1979, Umfang: 410 Urlauber.

anwachsen läßt, da der skizzierte Prozeß in der Regel von sozial schwächeren Bevölkerungsgruppen getragen wird, die wesentlich rascher auf konjunkturelle oder arbeitsmarktspezifische Schwankungen reagieren. Ein solcher Trend ist auch im lokalen Raum bisher häufig unterschätzt worden, weil das qualitative Nachhinken vielfach die Betriebe in Ortskernlage betrifft, der somit an Attraktivität verliert, selbst wenn dort Maßnahmen einer Verkehrsberuhigung durchgeführt werden.

Der Selektionsprozeß im Berchtesgadener Raum läßt sich im Vergleich zu den anderen Freizeiträumen des deutschen Alpenraums anhand einiger Indikatoren verdeutlichen. Anfang der 80er Jahre betrug der Anteil der Unterschicht an den Gästen bereits rund 56 %, also etwa 10 bis 20 % mehr als in Fremdenverkehrsgebieten vergleichbaren Bekanntheitsgrades[4]. Als weiterer Indikator kann der Anteil der Boulevardpresse an den verkauften Zeitungen angesehen werden, der im Lkrs. Berchtesgadener Land mit 72 % den Spitzenwert in Bayern einnimmt, dessen Plausibilität nur aus den Einflüssen der Verkaufszahlen durch Gäste und Pendler zu erklären ist[5].

III. Verflechtungen und saisonale Komponenten im Urlaubsreiseverkehr

1. Ausflugsverkehr und Infrastruktur

Die spezifischen Gästestrukturen eines Fremdenverkehrsgebietes haben Wirkungszusammenhänge zur Folge, die weit über den rein ökonomischen Multiplikator des schichtenspezifischen Ausgabeverhaltens hinausgehen. Die Kombination von Schichtenzugehörigkeit und Altersstruktur gibt den stärksten Hinweis auf einen regionalen oder überregionalen Distributionsfaktor der Ausgaben. In Berchtesgaden und Bischofswiesen, in denen die Gästegruppen zwischen 50 und 60 Jahren dominieren, sind die sekundären Ausflüge am Urlaubsort von wesentlich geringerer Distanz als in den benachbarten Gemeinden Königssee oder Ramsau, wo die Altersgruppe 25-45 Jahre stärker vertreten ist[6].

Zahlreiche, für die spezifische Gästestruktur attraktive Ausflugsziele liegen außerhalb des Verbandsbereichs und teilweise im benachbarten Österreich, so daß die Streuung der Ausgaben nur schwer einer systematischen Bewertung zugänglich ist. Nach den vorliegenden Erhebungen nimmt in der Regel mit steigender Aufenthaltsdauer und auch besserer regionaler Kenntnis bei Stammgästen die Zahl der Ausflüge zu, d.h. Werte steigender durchschnittlicher Aufenthaltsdauer scheinen vordergründig als fremdenverkehrswirtschaftlicher Erfolg, lassen aber vermuten, daß eine lineare Extrapolation der zusätzlichen, für die jeweilige Unterkunftsgemeinde interessanten Ausgaben nicht zulässig ist.

Zweifellos erhält auch Berchtesgaden seinerseits Einnahmen als Zielgebiet des Urlaubsausflugsverkehrs (überwiegend in der Gastronomie), wenngleich hier die lokale Konkurrenz des Ausflugszieles "Königssee" lokal bezogen erdrückend, regional gesehen interessant erscheint. Da dieser Ausflugsverkehr gerade bei den höheren Altersgruppen sich stark auf das Angebot von Bustouren konzentriert, sind "Mitnahmeeffekte" von zwei- bis dreistündige Aufenthalt auch dann interessant, selbst wenn das eigentliche Ziel außerhalb der Gemeinde liegt. In der sommerlichen Hochsaison sind 100-150 Busse pro Tag am Königssee beispielsweise eine normale Erscheinung, deren gastronomische Versorgung an Ort und Stelle immer stärker Imbißcharakter trägt. Das Angebot der lokalen Busunternehmer weist in seinem Spektrum an Ausflugszielen aber auch auf eine Funktion hin, die den Urlaubsort zum Standquartier einer "Tagesferntouristik" werden lassen. Rund 40 % des Angebots gehen deutlich über die 100 km Distanz hinaus und gipfeln in Tagesausflugszielen (!) von Berchtesgaden nach Wien, Venedig, Nordjugoslawien, Verona, Schweiz. Die Ursachen für die Attraktivität solcher Ausflüge sind sicher vielfältig, nicht zuletzt aber auch aus dem Typus des Gastes zu erklären, der längere Reisen zu den o.a. ausländischen Zielen sonst kaum unternehmen würde.

Der Wettbewerb um den Gast ist von mehreren, scheinbar unvermeidbaren Zwängen geprägt, wozu beispielsweise die Angebotspalette von Freizeiteinrichtungen am Ort gehört. Die Homogenisierungseffekte des Angebotes, meist zu Lasten der Qualität einzelner Einrichtungen, gehen im blinden Wettbewerbseifer nicht nur kommunalwirtschaftlich problematische Wege, sondern auch meist völlig an den Nachfrageverhältnissen vorbei (vgl. Tab. 6). Mit Ausnahme der Wintersportinfrastruktur kommt Freizeiteinrichtungen wie Hallenbad, Reiten, Tennis etc. begleitender, aber nur in seltenden Fällen entscheidender Charakter zu. In

Tab. 6: Nutzung und Erwartungen von Freizeitinfrastrukturen in FV-Gemeinden

Infrastrukturnutzung in % durch Urlaubsgäste		Infrastrukturverbesserungen Erwartungen in % der Gäste	
Keine Infrastrukturen	21,9	ohne Verbesserungswünsche	64,4
Lokale Attraktivitäten	42,8	Unterhaltung	4,4
Unterhaltung	6,9	Gastronomie-Preise	3,6
Sport	18,3	Wanderwege-Beschilderung	3,1
Sonstige Einrichtungen	11,1	Verkehrsberuhigung	2,4
		Einrichtungen für Kinder	1,4
		Verbesserung ÖPNV	1,9
		Gästebetreuung	1,4

Quelle: Erhebungen des WGI, Juli 1979, Umfang: 410 Urlauber.

Berchtesgaden konzentrieren sich 42 % der Ausflugsnennungen innerhalb eines Radius von 20 km auf nur 6 Ziele (Königssee, Jenner, Hintersee, Maria Gern, Bindalm und Salzburg). In der Frequentierung liegen Einrichtungen wie Hallenbad, Bauerntheater und Heimatmuseum weit hinter denen der o.a. Ausflugsziele (unter 10 % der Nennungen)[7].

Dem Urlaubsausflugsverkehr kommt in mehrfacher Hinsicht Indikatorcharakter zu, da er sowohl Hinweise auf regionale Attraktivitätslücken natürlicher und infrastruktureller Art geben als auch den Rahmen räumlicher Dispersionsmuster von Ausgaben in einem Fremdenverkehrsgebiet vermitteln kann.

Während im benachbarten Chiemgau (Reit i.W., Ruhpolding, Inzell) bereits Ansätze zu einem Infrastrukturverbund zu finden sind, scheint sich in Berchtesgaden der Weg vom "Verband zum Verbund" schwieriger zu gestalten. Lediglich die Bemühungen um die Bewerbung für die Olympischen Winterspiele 1992 haben Ansätze verstärkter Zusammenarbeit erkennen lassen.

Es ist nach mehreren empirischen Erhebungen auch außerhalb des Berchtesgadener Raums äußerst schwierig, eine Bewertung fremdenverkehrlich bzw. freizeitwirtschaftlich bedeutsamer Infrastrukturen vorzunehmen[8]. Auch wenn die Kenntnisse des Gastes über die vorhandenen Einrichtungen (v.a. bei sog. Stammgästen) gut sind, orientiert sich die Nutzung kaum an der Kenntnis oder Erwartung, sondern viel eher am Kostenaufwand. So spielen etwa für die individuelle Attraktivitätsvorstellung des Fremdenverkehrsraums Berchtesgaden Jenner- oder Untersbergbahn, Königsseeschiffahrt und Salzbergwerk eine große Rolle und werden als "Muß-Ausflüge" eingestuft. Sie berühren aber schon aus Kostengründen bei einem dreiwöchigen Aufenthalt nur ca. 15 % der Ausflugsaktivitäten, mehr als zwei Drittel sind Spaziergänge, Wanderungen und Bergtouren, deren "infrastrukturelle" Voraussetzung und Bewertung nicht großtechnische Anlagen sind, sondern in der Qualität von Wegen, Beschilderungen, Ruhebänken, Einkehrmöglichkeiten u.ä. bestehen (vgl. Tab. 6). Hier wurde von kommunaler Seite bislang eine Chance der lokalen Strukturverbesserung meist unterbewertet, da die weitere Erschließung von Gebirgsteilen durch großtechnische Anlagen auf nachhaltigen Widerstand von Interessengruppen des Natur- und Landschaftsschutzes stößt bzw. durch Schutzgebietsausweisung bereits untersagt ist. Erst die häufig idealisierte und ausufernde Diskussion um einen "sanften Tourismus" hat auch Gemeinderäte wieder an die einfache Infrastruktur denken lassen, deren Pflege zwar keine direkten Einnahmen, aber in der Regel auch keine höheren Schuldenlasten bringt und dennoch den quantitativ so schwer darstellbaren Zufriedenheitsgrad des Gastes zu stabilisieren vermag.

2. Saisonalität zwischen Potential und Abhängigkeit

Saisonalität ist für die Freizeitwirtschaft ein häufig benutztes Strukturmerkmal und Hauptziel fremdenverkehrspolitischer Aktivitäten der Glättung. Das Wesen der Saisonalität spiegelt sich u.a. in zwei Dimensionen wider:

- Verteilungsdimension pro Jahr
- Engpaßsituation der Kapazitätsauslastung.

Es ist überraschend, daß bislang Konzentrationsmaße, wie etwa der GINI-Koeffizient[9], in der fremdenverkehrswirtschaftlichen Diskussion als quantifizierendes Strukturmerkmal kaum Eingang gefunden haben. In den Abbildungen 1 und 2 sind die Konzentrationsmaße des Marktes Berchtesgaden im Vergleich zu Nachbargemeinden bzw. zu Oberstdorf und München graphisch und rechnerisch dargestellt. Die Werte des GINI-Koeffizienten belegen, daß die Verbandsgemeinden in der Nachbarschaft Berchtesgadens eine noch stärkere saisonale Konzentration aufweisen, Berchtesgaden selbst aber weit stärker an eine Saison gebunden ist als etwa Oberstdorf oder München. Graphik 3 unterstreicht, daß den zahlreichen Bemühungen Berchtesgadens, eine Saisonentflechtung zu erreichen (Preis- und Werbepolitik für die Nachsaison, Kongreß- und Tagungstourismus), zwischen 1981 und 1985 nur in geringem Maße eine Erfolg beschieden war. Konkret heißt dies für Berchtesgaden, daß nach wie vor der wesentliche Teil des Fremdenverkehrs sich auf die Monate Juni, Juli und August konzentriert. Nur in kleinen Schritten konnte auch der Wintertourismus zwischen 1970 und 1980 weiterentwickelt werden[10] (vgl. Karte 2). Ursache ist sicher nicht alleine der relative Nachteil der Topographie für alpinen Wintersport, wie bereits erwähnt, sondern in erheblichem Maße die Struktur der Sommergäste, die zu einem großen Teil keine alpinen Skiläufer sind und somit als "bisaisonale" Gäste kaum in Betracht kommen. Die Entwicklung des Skilanglaufs als Breitensport, auch bei älteren Menschen, war eine Möglichkeit, sich von den topographischen Zwängen zu emanzipieren.

Saisonalitätswirkungen sind ambivalent. Berchtesgaden ist ein plakatives Beispiel hierzu. Auf der negativen Seite der Erfahrungen stehen die Personalengpässe von Hotellerie und Gastronomie. Die rasche Fremdenverkehrsentwicklung im benachbarten Österreich absorbierte im eigenen Land das traditionelle Arbeitskräftereservoir aus dem Nachbarland. Die Beschäftigung von Saisonarbeitskräften aus Italien, Jugoslawien und der Türkei schuf mehrfach arbeitsrechtliche Konflikte illegaler Beschäftigung. Anfang der 80er Jahre sollten britische Arbeitslose aus Industriegebieten die Lücke füllen, was sich aus mehrerlei Ursachen bald als fehlgeschlagenes Experiment erwies. Auch mit wachsender Arbeitslosigkeit auf dem binnenländischen Arbeitsmarkt ist kaum eine verbesserte Akzeptanz saisonaler Arbeitsplätze im Fremdenverkehrsbereich festzustellen, weil die Arbeitszeitregelungen und fehlende Wochenendfreizeit als extrem

Abb. 1: Saisonale Konzentration in den Gemeinden Bischofswiesen, Markt-
schellenberg, Ramsau und Schönau 1985

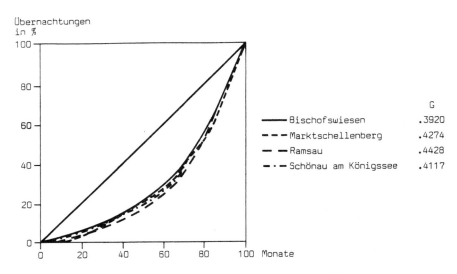

Quelle: Fremdenverkehrsverband Berchtesgadener Land 1985.

Abb. 2: Saisonale Konzentration der Übernachtungen in Berchtesgaden, Oberstdorf und München 1981

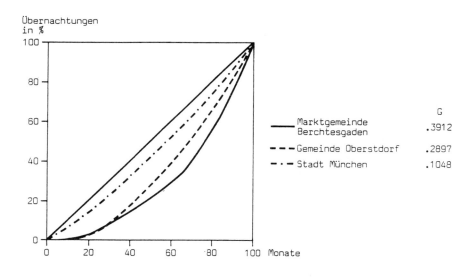

Quelle: Fremdenverkehrsverband Berchtesgadener Land, Kurverwaltung Oberstdorf,
Stat. Amt München.

236

Abb. 3: Saisonale Konzentration der Übernachtungen in der Marktgemeinde
        Berchtesgaden

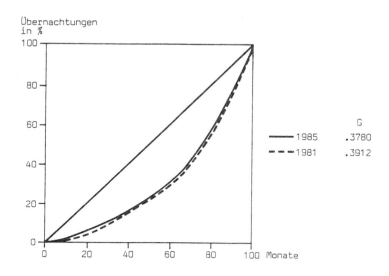

Quelle: Fremdenverkehrsverband Berchtesgadener Land 1986.

Legende zu Abb. 1- 3:

Der G I N I - Koeffizient ist ein relatives Konzentrationsmaß
     G = 0   Homogene Gleichverteilung
     G = 1   Konzentration in einer Einheit

unattraktiv empfunden werden bzw. eine entsprechende Mobilitätsbereitschaft
nicht vorhanden ist[11].

Saisondruck der Nachfrage führt aber auch zu positiven Effekten einer Kapazitätsauslastung von Quartieren, die ob ihrer qualitativen Schlichtheit kaum
noch zu vermeiden wären, insbesondere im Bereich der Privatquartiere.

Kapazitätsaus- und -überlastungen werden nicht nur im jahreszeitlichen Rhythmus, sondern auch im Wochenverlauf als saisonales Phänomen vom Naherholungsverkehr geprägt (vgl. nächster Abschnitt). Auch hier ist Saisonalität ambivalent, wobei - wie auch in anderen Fremdenverkehrsgebieten - das Pendel von der
positiven Seite einer Auslastungsergänzung zur negativen Seite einer kurzzei-
tigen Verdrängungskonkurrenz ausschlagen kann. Die Gefahr einer räumlichen
Pauschalierung punktueller Überlastungserscheinungen (z.B. Königssee, Jen-
nerbahn, Ramsau) für einen Fremdenverkehrsraum ist, obwohl sachlich völlig
falsch, publizistisch häufig zu beobachten. Als "Wahrnehmungsindikator" steht

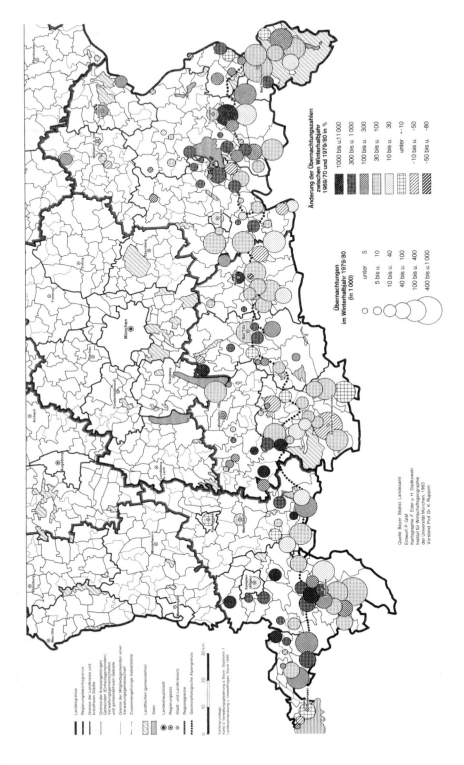

Karte 2: Deutscher Alpenraum - Dynamik des Wintertourismus 1970 - 1980

Änderung der Übernachtungszahlen
zwischen Winterhalbjahr
1969/70 und 1979/80 in %

1000 bis u.11 000
300 bis u. 1 000
100 bis u. 300
30 bis u. 100
10 bis u. 30
unter +-10
unter +-10
-10 bis u. -50
-50 bis u. -80

Übernachtungen
im Winterhalbjahr 1979/80
(in 1 000)

unter 5
5 bis u. 10
10 bis u. 40
40 bis u. 100
100 bis u. 400
400 bis u.1 000

Quelle: Bayer. Statist. Landesamt
Entwurf: P. Graf
Kartographie: F. Eder u. H. Siadkowski
Institut für Wirtschaftsgeographie
der Universität München, 1983
Vorstand: Prof. Dr. K. Ruppert

Landesgrenze
Regierungsbezirksgrenze
Grenze der Landkreise und
kreisfreien Städte
Grenze der kreisangehörigen
Gemeinden (Einheitsgemeinden),
Verwaltungsgemeinschaften
und gemeindefreien Gebiete
Grenze der Mitgliedsgemeinden einer
Verwaltungsgemeinschaft
Zusammengehörige Gebietsteile

Landflächen (gemeindefrei)
Seen
Landeshauptstadt
Regierungssitz
Stadt- und Landkreissitz
Regionsgrenze
Geomorphologische Alpengrenze

Kartengrundlage:
Karte 2 Verwaltungsgliederung d. Bayer. Staatsmin. f.
Landesentwicklung u. Umweltfragen, Stand 1980

0   10   20   30 km

hier an erster Stelle die jeweilige Verkehrssituation eines Raums zur Verfügung, wo aus Belastungen meist wochenendbezogene Belästigungen der Anlieger werden, ein Konfliktbereich, der bis heute ungelöst gilt, an dessen Bewertung jedoch - unabhängig von der Fremdenverkehrsfunktion - im ländlichen Raum andere Maßstäbe als in den Verdichtungsgebieten angelegt werden.

IV. Regionale Wirkungszusammenhänge

1. Naherholung

In der Periode besonders starker Zuwachsraten der Urlaubsbeteiligung (sechziger und siebziger Jahre) nahm vor allem in den städtischen Quellgebieten der Naherholungsverkehr rasch an Intensität und Reichweite zu, ohne daß ihm von fremdenverkehrswirtschaftlicher Seite jene Beachtung geschenkt worden wäre, die seinem ökonomischen Wert tatsächlich zukommt[12]. Inzwischen konnte eine umfangreiche Zahl von Fallstudien belegen, daß selbst nach nur grober Abschätzung des Ausgabevolumens die Naherholung die Summe der Ausgaben für den Urlaub erreicht oder übersteigt. Trotz dieser Erkenntnis wäre selbst bei Wegfall bürokratischer Hemmnisse technisch eine regelmäßige statistische Erfassung des Naherholungsverkehrs am Zielort kaum möglich. Solang Naherholer "nur" einen Beitrag zu besserer Auslastung der Gastronomie, der Bergbahnen, Skipisten und Bäder brachten, wurde auch in der Öffentlichkeit relativ wenig Notiz von diesem Phänomen genommen. Erst das Zusammentreffen von mindestens drei der nachfolgend genannten Phänomene konnte zu lokalen oder regionalen Konflikten führen, die heute Gegenstand von Auseinandersetzungen auf kommunaler Ebene sind:

- starkes Anwachsen der Beteiligungsintensität (über 25 %)
- Nähe eines einwohnerstarken Quellgebiets
- Überlagerung von Urlaubs- und Naherholungsverkehr
- Hohe Attraktivität einzelner Naherholungsgebiete
- räumliche Konzentration weniger Aktivitäten (Baden, Wassersport, Wandern, Skilauf).

Das Berchtesgadener Land läßt sich anhand dieser Kriterien nicht eindeutig einordnen. Unter den einwohnerstarken 'Quellgebieten' ist an erster Stelle der Raum München zu nennen, obwohl die Entfernung von ca. 160 km gemessen an dem für München nächstgelegenen alpinen Bereich (z.B. Garmisch-Partenkirchen, südl. Tegernseer Tal) schon fast die doppelte Distanz umfaßt. Relativ nahe ist der Raum Salzburg, der als Quellgebiet jedoch stärker auf alpine Bereiche des Salzburger Landes orientiert ist. Ohne Zweifel gehört heute München zu den äußerst naherholungsintensiven Quellgebieten, dennoch bleibt unter den bevorzugten Naherholungsräumen das Berchtesgadener Land mit ca. 3 % Anteil im

Jahresdurchschnitt eher zurück[13]. Insbesondere im Sommer kommt es jedoch zu deutlichen Überlagerungserscheinungen mit dem Urlauberverkehr, wie am Beispiel der Besucher des Alpen- und Nationalparks zu zeigen ist (Abb. 4)[14]. Im Winter beträgt der Anteil der Besucher aus Bayern über 60 %, im Sommer zwischen 35 und 48 %.

Tab. 7: Herkunft der Besucher des Nationalparks Berchtesgaden nach Parkplätzen (in %)

	Königsee/Jenner		Wimbach		Hintersee	
	SO	WI	SO	WI	SO	WI
Einheimische	4,9	38,1	9,4	34,0	21,0	31,3
Region 18	11,4	42,3	18,5	44,3	33,9	54,5
Bayern	35,8	60,3	37,8	59,8	48,8	66,7
Bayern und Salzburg	39,3	63,8	41,7	76,3	52,0	73,7
Ausländer insgesamt	13,0	7,9	7,2	16,5	3,2	8,1

Quelle: Schott, 1983, S. 100.

Die naturräumlich hohe Attraktivität des Raumes Berchtesgaden, die Konzentration der Aktivitäten auf Wandern, Bergsteigen und Skilauf und die wenigen erschlossenen Zugangsbereiche zum Alpen- und Nationalpark führten zu punktuellen Konzentrationen von Urlaubern und Naherholern, an deren Spitze mit Abstand Königssee und Jenner stehen (vgl. Abb. 4 u. 5). Es ist unvermeidlich, daß z.B. mehr als 700 000 Besucher des Königssees (Schiffahrtsbenutzer) zu ökologischen Belastungen führen, die gerade mit der Zielsetzung eines Nationalparks in Konflikt stehen. Andererseits sind in der Regel solche Belastungen so stark lokal konzentriert (etwa im 15-Minuten Fußweg-Umkreis der Jenner-Bergstation), daß von einer gebietsbildenden Belastung oder Beeinträchtigung nicht gesprochen werden kann.

In der aktuellen Naherholungsstudie des Quellgebiets München zeigt sich, daß Lage und naturräumliche Gegebenheiten sowie jahreszeitliche Prioritäten der Naherholer im Salzburger Land und Berchtesgadener Land sehr ähnlich sind[15]. Es ist somit im grenzüberschreitenden Bereich eine Konkurrenzsituation der Naherholungsgunst zu sehen, die insbesondere im Wintersport zum Tragen kommt.

Die Struktur der Urlauber und Naherholer deckt sich in mehreren Segmenten sehr stark. Der relativ günstige Bahnanschluß Berchtesgadens führt in beiden Gruppen zu einem Anteil von mehr als 30 % an Gästen ohne Pkw, was in Verbindung mit den angebotenen ÖPNV-Buslinien zu einer weiteren Sortierung und Konzentra-

Abb. 4: Herkunft der Besucher des Nationalparks Berchtesgaden nach Parkplätzen am 10.11. und 12.6.1983 (Autokennzeichenkartierung)

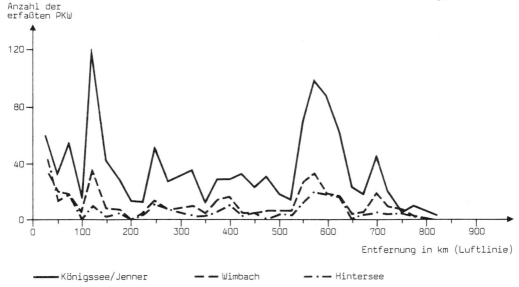

Quelle: Eigene Erhebung.

Abb. 5: Herkunft der Besucher des Nationalparks Berchtesgaden nach Wochentagen am 10.11. und 12.6.1983 (Autokennzeichenkartierung)

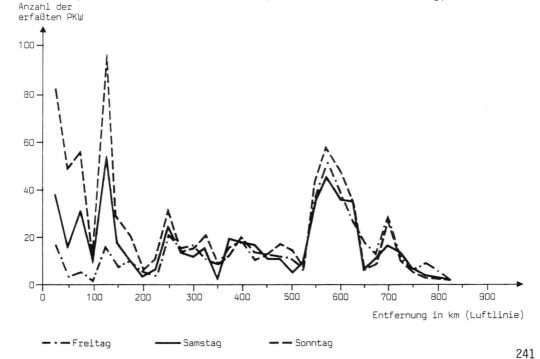

241

Quelle: Eigene Erhebung.

tion der Gäste innerhalb des Raumes Berchtesgadens führt. Ganzjährig dominant ist die Gruppe der Angestellten sowie die der Rentner in den Sommermonaten.

Nicht unbeträchtlich ist der Einfluß von Freizeitwohnsitzen für die Naherholung im Berchtesgadener Raum. Rund ein Siebtel der Naherholer aus München, die den Raum Berchtesgaden aufsuchen, verfügen dort über einen Freizeitwohnsitz[16].

Die Belastungen durch Überlagerung von Urlaubsverkehr und Naherholungsverkehr erreichen nicht jene örtlichen Konzentrationen wie in den Brennpunkten des Naherholungsverkehrs zwischen Tegernsee und Garmisch (Quellgebiet: München) bzw. im Allgäu (Quellgebiet: Stuttgart). Es ist bislang ungeklärt, ob eine unterschiedliche Belastungsbewertung bei ähnlichen Situationen gewöhnungsabhängig ist ("Hochsaisonbetrieb"), ob regionale Mentalitätsunterschiede bzw. Urbanisierungsgrade eine Rolle spielen oder es überwiegend die Folge unterschiedlicher verkehrstechnischer Organisation ist (ausreichende Parkplätze, Ortsumfahrten), daß eine bestimmte Fahrzeugmenge pro Stunde als mehr oder weniger belastend empfunden wird. Das hieraus entstandene regionale Planungsdefizit ist mehr eine Koordinationsfrage als ein Forderungsgrund finanzieller Abfindungen für Belastungen in bestimmten Gemeinden.

Der Berchtesgadener Raum ist bislang - Bobfahren ausgenommen - nicht im Brennpunkt von Wintersportgroßveranstaltungen gestanden. Erfahrungen aus Österreich und der Schweiz zeigen, daß im Einflußbereich solcher Veranstaltungen auch die Naherholungsattraktivität erheblich gewinnen kann. Unter diesem Gesichtspunkt müssen auch die Bemühungen um die Austragung der Olympischen Winterspiele gesehen werden, die einen wesentlichen Konkurrenzvorteil gegenüber dem benachbarten Salzburger Raum erwarten lassen.

2. Bodenmobilität

Attraktive Freizeiträume in verkehrsgünstiger Lage verzeichnen in der Regel eine lebhafte Nachfrage nach Grundstücken, Häusern und Eigentumswohnungen, sei es als Spekulations- oder Abschreibungsobjekt unter steuerlichen Gesichtspunkten und/oder als eigengenutzte Freizeitwohngelegenheit.

Die Bedeutung ausmärkischen Grundeigentums, wie er in anderem Zusammenhang als agrargeographisches Phänomen diskutiert wurde, ist in Fremdenverkehrsgebieten als Indikator benutzt[17], kommunalpolitisch nicht immer zutreffend interpretiert worden. Häufig wird übersehen, daß der Anteil auswärtigen Grundeigentums schon deshalb kein "Spekulations- oder Überfremdungsindikator" allein sein kann, weil hieraus weder der Anteil land- und forstwirtschaftlich genutzter

Flächen noch jene Grundeigentumsveränderungen ersichtlich sind, die auf Erbschaftsvorgänge zurückzuführen sind und häufig nur regionale Reichweite haben.

Lediglich in Berchtesgaden und Schönau überwiegt beim Ausmärkereigentum die außerregionale Herkunft, in diesem Sinne spiegelt sich hier das lokal herausgehobene Interesse für Freizeitwohnzwecke wider. Bei den außerregionalen (außerhalb Südostoberbayern) Eigentümern dominieren als Herkunftsgebiet die norddeutschen Verdichtungsräume ohne Ruhrgebiet, Rhein-Main-Neckar-Raum und Stuttgart.

Die Analyse der zeitlichen Veräußerungsschwerpunkte differiert sehr stark zwischen den untersuchten Gemeinden in den Jahren 1960 bis 1980. Nur in Ansätzen sind Zusammenhänge zu konjunkturellen Zyklen zu erkennen, eher ist im zeitverschobenen Beginn der Schwerpunkte eine Interessenshierarchie innerhalb des Freizeitraumes zu erkennen.

Im Vergleich zu anderen Fremdenverkehrsgebieten im deutschen Alpenraum (z.B. Oberallgäu, Werdenfelser Land) zeigt sich in Berchtesgaden eine stärkere Verdichtung in bezug auf die Siedlungsfläche sowie eine sehr hohe Korrelation

Tab. 8: Ausmärker-Grundeigentum im Berchtesgadener Land 1979

Gemeinde	Ausmärkeranteil in %		Regionaler Schwerpunkt der Ausmärker in der gen. Reihenfolge
	Eigentümer	Fläche	
Bad Reichenhall	40	30	Landkreis BGD, Stadt München Bonn
Bischofswiesen	32		Landkreis BGD, Südostoberbayern, Berlin, Hannover, Nürnberg
Markt Berchtesgaden	25	28	München, Landkreis BGD, Berlin, Nürnberg, Hamburg, Köln, Bonn
Schönau/Königsee	44	43	München, Landkreis BGD, Nürnberg, Wiesbaden, Köln, Hamburg, Berlin
Ramsau	25	12	Landkreis BGD, München, Oberbayern, Köln, Wiesbaden
Markt Schellenberg	11	11	Landkreis BGD, Augsburg, Bonn, Wiesbaden

Quelle: Liegenschaftskataster Freilassing Auswertung WGI.

zwischen Gebäude- und Freiflächen und dem Anteil der Wohnungen mit nur einem Raum, wobei der hohe Anteil der Staatsforstflächen die Siedlungsfläche stark einengt[18].

Die schichtenspezifische Differenzierung der Ausmärker vereint wiederum beide Elemente, die der außerregionalen und der innerregionalen Eigentümer. bei separater Betrachtung der außerregionalen Eigentümer wären Ober- und Mittelschicht etwa gleich stark vertreten, so daß sich an diesem regionalen Beispiel auch belegen läßt, daß die Dominanz der Oberschicht als Eigentümer von Freizeitwohngelegenheiten längst nicht mehr die Regel ist.

Tab. 9: Ausmärker-Grundeigentum im Berchtesgadener Land 1979 - Zeitliche Veräußerungsmaxima sowie Sozialstruktur der Eigentümer

Gemeinden	Zeitliche Maxima der Veräußerung	Schichtenspezifische Anteile der Eigentümer in %			
		Ober	Mittel	Grund	Rentn./Hausfr.
	19..				
Bad Reichenhall	68, 78	20	60	5	15
Bischofswiesen	67, 69, 76	1	66	32	.
Berchtesgaden	63, 65, 68, 76, 77	25	40	18	17
Schönau/Königsee	61, 62, 72, 75	11	50	13	27
Ramsau	69, 76, 78	9	51	40	
Markt Schellenberg	61, 66, 74	10	66	4	20

Quelle: Liegenschaftskataster Freilassing, Auswertung WGI.

Das Konfliktpotential aus diesen Grundeigentumsverhältnissen wird im Berchtesgadener Land in erster Linie als ein ökonomisches Problem des Bodenmarktes, insbesondere der Preisstruktur gesehen, die insofern auch eine soziale Komponente beinhaltet, als bei weiter ansteigenden Bodenpreisen und bei knappem Angebot ein weiterer Selektionsprozeß auf dem Haus- und Wohnungsmarkt eintreten wird. Betroffen sind hiervon vor allem mittlere und untere Einkommensschichten außerhalb der Landwirtschaft. Die meisten Gemeinden versuchen deshalb, steuernd in den Grundstücksverkehr einzugreifen, um "Einheimischen" die Möglichkeit des Erwerbs von Haus- oder Wohnungseigentum quasi im Vorzugsverfahren einzuräumen. Die Variationsbreite ist jedoch auch bei solchen kommunalpolitischen Mitteln sehr breit, da es eine verbindliche Definition eines "Einheimischen" nicht gibt[19]. Die fortwährende Diskussion um Überfremdungsängste scheint charakteristisch für eine Übergangssituation, die nicht allein im Freizeitraum ausgetragen wird. Konflikte beispielsweise zwischen Landwirten und neu zugezogener Wohnbevölkerung sind nicht allein typisch für Freizeitwohnsitze, sondern im suburbanen Bereich ebenso häufig, ursächlich also eine Verständigungs- und Toleranzfrage, jedoch kein Freizeitspezifikum. Das Problemfeld des "wir" als eine innenorientierte, nicht mehr bäuerliche, aber in vielen Wurzeln doch noch dörfliche Lebensgemeinschaft zeigt gerade im Fremdenverkehrsraum Berchtesgaden sehr unterschiedliche Verhaltensweisen im Sinne eines wirtschaftsbezogenen Regionalbewußtseins.

3. Grenzüberschreitende Verflechtungen

Im Berchtesgadener Land sind grenzüberschreitende Beziehungen zum benachbarten Salzburger Land trotz zahlreicher historischer Rivalitäten seit Jahrhunderten ein fester Strukturbestandteil dieses Raumes. Auch die heutige EG-Grenzlage hat die nahezu alle Lebensbereiche umfassenden Beziehungen über die Grenze kaum geschmälert[20]. Ausgenommen sind lediglich der Schulbereich, bei dem die kulturhoheitlichen Grenzen auch heute noch keine Flexibilität ermöglichen.

Zu dem am stärksten ausgeprägten Verflechtungsbereich gehört zweifellos der Fremdenverkehrs- und Freizeitbereich[21]. Den zoll- und grenzpolizeilichen Erleichterungen wurde gerade für Wanderer und Skiläufer durch die Errichtung von "Touristenzonen" Rechnung getragen, in denen eine Grenzabfertigung für den Aufenthalt in diesen Bereichen bestenfalls stichprobenartig erfolgt.

Der Konzentration naturräumlicher Attraktivitäten auf Berchtesgadener Seite steht das vielfältige kulturelle Angebot Salzburgs gegenüber, das von den Gästen Berchtesgadens jedoch eher nur sporadisch in Form einer Stadtbesichtigung wahrgenommen wird, während die Einheimischen das Fehlen eines breiten kulturellen Angebots durch regelmäßige Beziehungen (z.B. Konzert- und Theaterabonnements) zu Salzburg kompensieren.

Zugleich müssen jedoch neben diesen Ergänzungen auch eine Reihe von Konkurrenz-Situationen und Konfliktbereiche ins Kalkül einbezogen werden.

Noch immer besteht, wenn auch den meisten Gästen in Berchtesgaden kaum bewußt, ein ausgeprägtes Preisgefälle in Gastronomie- und Beherbergungsbetrieben zwischen dem Berchtesgadener Land und den unmittelbar benachbarten Gebieten des Salzburger Raums, nicht im Vergleich zur Stadt Salzburg selbst.

Die Verlagerung von Ausflügen ins benachbarte Österreich scheint sich fortzuentwickeln, immerhin ist das Angebot von Bustagesausflügen im Umkreis von 100 km zu mehr als die Hälfte auf Ziele in Österreich ausgerichtet, unter regionalwirtschaftlicher Betrachtung ein Ausfall von nicht unerheblichen Ausflugsausgaben.

Salzburgs Bedürfnisse als Landeshauptstadt sind kaum mit denen des Erholungs-
raums Berchtesgadener Land in Einklang zu bringen, insbesondere im Bereich der
Verkehrspolitik. Der geplante Ausbau des Salzburger Regionalflughafens - für
die Region beiderseits der Grenzen von Bedeutung - wird von bayerischer Seite
ebenso mit Vorbehalten behandelt, wie die seit Jahren existente Problematik
des Transit-Schwerlastverkehrs. Über Konsultationen hinaus gibt es keine
grenzüberschreitende Regionalplanung, die hier zuständigen politischen Akteure
der Außenpolitik in Wien und Bonn sehen diese Probleme mit anderen Prämissen
als die Regionalplanung der Bundesländer [22]. Fremdenverkehrspolitisch erscheinen die gegenseitigen, grenzüberschreitenden Berührungsängste größer als
der Wille, aus einer gemeinsamen Informationspolitik gemeinsamen Nutzen zu
ziehen. Ursächlich liegt die Vermutung nahe, daß es bereits binnenräumlich an
Kooperationserfahrung fehlt, wenn es olympischer Dimensionen bedarf, um Koope-
rationen benachbarter Fremdenverkehrsverbände in Gang zu bringen.

4. Außerregionaler Kapitaltransfer

Im Vordergrund wirtschaftsräumlicher Betrachtungen in Fremdenverkehrsgebieten
steht meist die Ausgabenstruktur der Gäste als quantifizierbarer Effekt von
Fremdenverkehr und Naherholung. Häufig sind solchen Analysen Überlegungen zur
Multiplikatorwirkung, z.B. auf das örtliche Baugewerbe oder Handwerk, ange-
fügt. Es wurde jedoch nur in Ansätzen die Frage diskutiert, was von diesen
Fremdenverkehrseinnahmen durch die Versorgungsstrukturen der Fremdenverkehrs-
betriebe selbst bereits in der zweiten Multiplikatorstufe wieder außerhalb der
Fremdenverkehrsregion transferiert wird.

Die Tabelle 10 zeigt deutlich das differenzierte Verhalten der einzelnen
Betriebstypen. Während innerhalb des Landkreises vor allem Bad Reichenhall und
Freilassing als weitere Einkaufsorte genannt werden, sind die Einkaufsver-
flechtungen außerhalb des Landkreises zum Teil auf Traunstein, überwiegend
jedoch auf Großbetriebe (Schlachtereien, C&C-Märkte) in München, Erding und
Rosenheim abgestellt. Der kommunalpolitische Widerspruch solcher Sachverhalte
liegt in den Vorwürfen gegenüber Inhabern von Freizeitwohnsitzen einerseits,
nicht genügend für die ortsansässige Wirtschaft beizutragen, und den Fremdenverkehrsbetrieben selbst andererseits, die zum Teil weit außerhalb des
regionalen Rahmens ihre Einkäufe tätigen. Diese Darstellung ist nicht als eng-
stirniger Lokalpatriotismus für den ortsansässigen Handel zu verstehen, sondern als Hinweis auf zweierlei Beurteilungsmaßstäbe des gleichen Sachverhal-
tes, nämlich sich wandelnde Versorgungsreichweiten der privaten Haushalte wie
der Fremdenverkehrsbetriebe in einem Raum.

Tab. 10: Versorgungsverhalten der Fremdenverkehrsbetriebe in der Marktgemeinde
Berchtesgaden - Kurzfristige Bedarfsdeckung des Wareneinsatzes zur
Versorgung der Gäste

Beherbergungsart	Versorgungsort	W a r e n g r u p p e n Anteil am jeweiligen Versorgungsort in %				
		Fleisch	Backwaren	Obst/ Gemüse	Konser- ven	Spiri- tuosen
Hotel	in Berchtesgaden	52	68	50	48	58
Gasthöfe	übriger Landkreis BGD	40	27	46	36	19
	außerhalb des Landkreises	8	5	4	16	23
Fremdenheim/	in Berchtesgaden	69	70	64	72	80
Pension	übriger Landkreis BGD	23	24	29	18	10
	außerhalb	8	6	7	10	10
Privatquartiere	in Berchtesgaden	100	100	100	100	100
	übriger Landkreis BGD	-	-	-	-	-
	außerhalb	-	-	-	-	-

Quelle: Erhebungen WGI 1979, Stichprobe: 84 Betriebe.

V. Aktuelle Entwicklungsansätze

1. Alpen- und Nationalpark Berchtesgaden

Die Bundesrepublik Deutschland verfügte 1986 über 3 Nationalparke: Wattenmeer,
Bayerischer Wald und Berchtesgaden. In fremdenverkehrspolitischer Hinsicht
waren die Erwartungshaltungen sehr unterschiedlich. Zunächst schien den Frem-
denverkehrsmanagern die Errichtung dieser höchsten Kategorie von Schutzgebiet
als willkommene zusätzliche Attraktivität, nicht zuletzt in begrifflicher
Anlehnung an Nationalparks in den USA. Denn noch Mitte der sechziger Jahre
erschließungseuphorischen Kommunalpolitkern wurde jedoch schnell klar, daß
sich solche Absichten nicht mit der Zielsetzung von Nationalparks vereinbaren
lassen, womit ein langfristiges räumliches Konfliktpotential geschaffen
war[23].

Im Alpen- und Nationalpark Berchtesgaden, der im südöstlichsten Winkel des
Berchtesgadener Landes 26 000 ha Erholungsfläche (Alpenpark) und 21 000 ha
eigentliche Schutzfläche (Nationalpark) umfaßt, war nicht der Fremdenverkehr
allein von einer Intensivierung der Nutzung ausgeschlossen, sondern Forstwirtschaft, Berglandwirtschaft (Almwirtschaft), Jagd, Fischerei und Militär gleichermaßen, womit die Reserviertheit weiter Kreise der einheimischen Bevölke-

rung weiter wuchs. Das Ende der siebziger Jahre auch zum Politikum gewordene Denken in ökologischen Ansätzen hat die Durchsetzbarkeit des Nationalparks als heute vorwiegend naturwissenschaftliches Forschungsterrain der Ökosystemforschung stark gefördert. Der juristische Rahmen wurde bereits 1972 mit der Verabschiedung des "Alpenplanes" als Vorgriff auf das Landesentwicklungsprogramm geschaffen[24].

Den touristischen Belangen wurde von Anfang an insofern Rechnung getragen, als Zugangsmöglichkeiten zu den Brennpunkten des Ausflugsverkehrs (Königssee, Jenner) aus dem Nationalparkgelände ausgeklammert wurden. Das Nationalparkgebiet selbst ist nur Wanderern auf fest vorgeschriebenen Routen zugänglich.

Die Hoffnungen auf den informativ-erzieherischen Charakter durch gerade dem Urlaubsgast gegenüber dargelegte ökologische Zusammenhänge haben sich bislang ebensowenig erfüllt wie die Hoffnungen auf die werbeträchtige Wirkung des Nationalparks für zusätzliche Gäste. Für dieses Ergebnis mag auf der Verwaltungsseite das Kompetenzgeflecht von drei bayerischen Staatsministerien, von Landkreis und Gemeinden eine gewisse Rolle spielen, bedeutsamer scheint jedoch für die Entfaltung von zusätzlicher Promotion im Fremdenverkehr das bereits erreichte Entwicklungsniveau. Bei der noch in bescheidenen Ansätzen befindlichen Fremdenverkehrsentwicklung im Bayerischen Wald konnte in den siebziger Jahren die Errichtung des Nationalparks, einschließlich der publikumsattraktiven Gehegezone, Impulse für den Fremdenverkehr bringen, die in dieser Wirkung in Berchtesgaden nicht mehr meßbar zum Zuge kommen konnten. Dennoch hat die frühzeitige Ausweisung von Schutzgebieten (Alpenplan) ohne Zweifel dazu beigetragen, daß das wichtigste Potential des Fremdenverkehrs in Berchtesgaden in einem erschlossenen, aber nicht übererschlossenen Zustand erhalten wurde. Die noch laufenden Forschungsarbeiten im Rahmen des UNESCO-Projekts "Man and Biosphere" (MaB 6) für Hochgebirgsökosysteme wird[25], wie Erfahrungen des gleichen Projekts in der Schweiz zeigen[26], wenigstens ansatzweise modellhaft handlungspolitische Empfehlungen über Belastungsgrenzen und Wirkungszusammenhänge von Mensch und Umwelt geben können, die für die Fremdenverkehrs-Entwicklungspolitik wichtige Orientierungswerte darstellen. Mit wachsendem Verständnis für solche Zusammenhänge nimmt auch die Durchsetzbarkeit nicht allein ökonomisch ausgerichteter Entscheidungsparameter im politischen Umfeld zu. Das Zugeständnis, daß in der Fremdenverkehrspolitik vergangener Jahre teilweise auch Irrwege beschritten wurden, scheint mit so großen Hemmnissen verbunden, daß als Tarnkappe nunmehr der "sanfte Tourismus" das Teilhaben am Zeitgeist demonstrieren muß. Der schonendere Umgang mit natürlichen Ressourcen, die wachsende Rücksicht auf die einheimische Bevölkerung in Fremdenverkehrsgebieten bis hin zur Aktivierung jener "endogener" Kräfte als originärer Bestandteil eines Lebensraumes sind keine Erkenntnisse der achtziger Jahre, sondern längst bekannte Wirkungs- und Konfliktmuster, denen bislang die nötige Lobby gefehlt hat.

2. Olympische Winterspiele

Will man die in den vorangegangenen Abschnitten dargelegten unterschiedlichen Entwicklungsstrategien gemeinsam exemplarisch im Berchtesgadener Land analysieren, dann scheinen hierzu die Diskussionen der vergangenen Jahre um eine mögliche Austragung Olympischer Winterspiele sehr geeignet. Das prestigeträchtige Unternehmen, mehr noch wohl die als gravierend von allen Diskutanten erwarteten Folgewirkungen, haben die unterschiedlichsten Interessengruppen sich formieren lassen: Kommunalpolitiker, Fremdenverkehrsmanager, Hoteliers, Regionalpolitiker, Privatvermieter, Naturschützer und Ökologen, Infrastrukturtechniker und Publizisten. In Konkurrenz zu Garmisch-Partenkirchen als Bewerber hatte sich Berchtesgaden auf nationaler Ebene durchsetzen können.

Versucht man, Pro und Contra auf wenige Sätze zu reduzieren, dann stehen folgende Argumente zur Diskussion, die als Thesen aufzufassen sind, bestenfalls sich an Erfahrungen von Wintersport-Großveranstaltungen an anderen Orten orientiert haben.

Befürworter: Fremdenverkehrsdirektoren, Mehrheit der Kommunal- und Regionalpolitiker, Hoteliers, Teile der Privatvermieter. Bayer. Landesplanung i.S.d. Raumordnungsverfahren, NOK

Argumente:
- Einmalige Chance für einen Entwicklungsschub des Fremdenverkehrs mit Nachholmöglichkeit bislang versäumter Strukturanpassung
- Chance einer verbleibenden regionalen Kooperation im Fremdenverkehrsbereich
- Chance einer hohen Beteiligung von Bund und Freistaat beim Ausbau der Infrastruktur
- Größtmögliche werbetechnische Breitenwirkung weltweit durch intensiven Medieneinsatz, vor allem Fernsehen

Gegner: Teile der Bevölkerung, Minderheit der Kommunalpolitiker, Bund Naturschutz, Pensionsinhaber und Privatvermieter in wirtschaftlich schwacher Lage

Argumente:
- Abrupter Strukturwandel des Fremdenverkehrs
- Starke Zunahme der Verkehrsbelastung, vor allem durch Anwachsen des Naherholungsverkehrs
- Anhebung des allgemeinen Preisniveaus, Schwächung der Position kleiner Fremdenverkehrsbetriebe, vor allem der Privatvermieter ohne Sanierungskapital
- "Rummeltourismus" statt "sanfter Tourismus"
- Konkurrenz für einheimische Betriebe des Handels- und Gastrono-

miebereichs durch Betriebseröffnungen von Filialistenbetrieben und Fast-Food-Ketten

- Starker Druck auf weitere Erschließungsmaßnahmen im Rahmen der bestehenden Gebietsabgrenzung (Alpenplan)
- Beeinträchtigung der Zielsetzung des Nationalparks durch starken Besucherzuwachs.

Im Rahmen des UNESCO-Programms "Der Mensch und die Biosphäre" wurde auch eine interdisziplinäre Studie zu möglichen Auswirkungen der Olympischen Winterspiele vorgelegt, die Chancen für eine längerfristige Belebung der Wintersaison erkennen läßt. Die so umstrittene Umweltverträglichkeit ließe sich bei entsprechender planerischer Gestaltung durchaus erreichen[27]. Im Oktober 1986 konnte sich Berchtesgaden jedoch im ersten Versuch als Austragungsort für 1992 nicht durchsetzen. Die Entscheidung um eine weitere Bewertung für einen späteren Termin steht noch aus.

Die Abwehr der nachteiligen Folgen wird sehr stark von der wirklichen Kraft der "endogenen" Reserven abhängen, denn ohne Zweifel sind (wie schon bei der ersten Welle spekulativer Grundstücksverkäufe) ein Großteil der beklagten Folgen "hausgemacht", d.h., die Wurzel von Fehlentwicklungen kann in der rigorosen Verfolgung wirtschaftlicher Vorteile durch eigene Mitbürger liegen.

Es sind nicht die externen Einflüsse allein, denen die einheimische Bevölkerung "hilflos" ausgesetzt ist, sondern die Benutzung dieses Alibis durch wenige Repräsentanten einer Gemeinde zur Verfolgung eigener wirtschaftlicher Ziele. Die Innovationskraft solcher Personen ist nicht zu unterschätzen und bedeutet häufig eine Stabilisierung wirtschaftlicher Verhältnisse. Sie haben aber mit ihren Einflüssen auf die kommunale Entwicklung den Einheimischen oft mehr Anpassungsdruck und Urbanisierungszwänge auferlegt, als sie durch Urlauber, Freizeitbürger und Naherholer gemeinsam beeinflußt wurden. In diesem Sinne kann das Experiment der olympischen Beteiligung auch ein Prüfstein demokratischer Spielregeln in einem Gemeinwesen sein.

3. Kurbetrieb

1986 wurde eine weitere Initiative zur Ausweitung des Kurbetriebs im Berchtesgadener Land ergriffen. Von Chefärzten, Vertretern der freien Wirtschaft, Gemeinden und engagierten Bürgern wurde eine "Berchtesgadener Kurbetriebsgesellschaft" gegründet, deren Ziel u.a. die Revitalisierung bestehender Kurkliniken, die Spezialisierung auf sportorientierte Rehabilitationsmaßnahmen, nicht zuletzt auch der Schutz vor spekulativen Veräußerungen nicht mehr marktfähiger Kureinrichtungen ist[28].

VI. Zusammenfassung

Die dargelegten Teilaspekte freizeitbezogener Wirkungs- und Verflechtungs-
muster haben versucht, für den Fremdenverkehrsraum Berchtesgadener Land anhand
einer Problemauswahl ein Bild der Vielfalt regionaler Abhängigkeiten, Einflußmöglichkeiten, Handlungsalternativen und Interessenströmungen zu zeigen. Das
zur Zeit regelmäßig erhobene statistische Material kann in einem Prozeß der
Erarbeitung von fremdenverkehrswirtschaftlichen Entwicklungsstrategien nur ein
zwar unentbehrliches, aber bei weitem nicht hinreichendes Instrument zur
Entscheidungshilfe liefern. Es wäre auch vermessen, diese Lücke allein der
amtlichen Statistik anzulasten, die partiell wesentlich informativer sein
könnte, aber nicht alle Bereiche räumlicher Verflechtungen erfassen kann. Es
scheint überlegenswert, ob die meist ohne Effizienzkontrolle verausgabten
Werbesummen nicht zum Teil wirksamer für eine Verbesserung des lokalen Informationsstandes der fremdenverkehrlichen Entwicklung genutzt werden könnten.
Die sich bietenden Möglichkeiten einer Zusammenarbeit von Freizeitwissen-
schaften und Fremdenverkehrspraxis sind nur zu einem Bruchteil ausgelotet.
Staatliche Eingriffe und Förderprogramme müßten eine Flexibilität erreichen,
sich an der räumlichen Individualität von Fremdenverkehrs- und Naherholungs-
gebieten orientieren zu können, statt landes- oder bundesweit flächendeckend
wirken zu wollen.

Anmerkungen

1) Helmut Schöner, Berchtesgadener Fremdenverkehrschronik 1871-1922. In:
Berchtesgadener Schriftenreihe Nr. 9, Berchtesgaden 1971, S. 9f.

2) Karl Ruppert, Jörg Maier, Naherholungsraum und Naherholungsverkehr -
Geographische Aspekte eines speziellen Freizeitverhaltens. In: Zur Geographie
des Freizeitverhaltens, Münchner Studien zur Sozial- und Wirtschaftsgeographie, Bd. 6, Kallmünz/Regensburg 1970, S. 70.

3) Quelle: Fremdenverkehrsverband Berchtesgadener Land 1985.

4) Peter Gräf, Freizeitverhalten und Freizeitinfrastrukturen im deutschen
Alpenraum. In: Geographische Strukturen und Prozesse im Alpenraum (Hrsg. K.
Ruppert). In: Münchner Studien zur Sozial- und Wirtschaftsgeographie, Bd. 26,
Kallmünz/Regensburg 1984, S. 91-108, hier S. 100.

5) Stefanie Zweckl, Analyse des Urlauberausflugsverkehrs im Freizeitraum
Berchtesgaden, Zulassungsarbeit unter Anleitung von Prof. Dr. Karl Ruppert am
Institut für Wirtschaftsgeographie der Universität München, 1982, S. 48.
Roland Borsch, Verbreitung der Boulevard-Blätter Bild, tz und AZ in Bayern
1981, Thematischer Kartenschein unter Anleitung von Prof. Dr. Karl Ruppert am
Institut für Wirtschaftsgeographie der Universität München 1986, hektogra-
phierte Interpretation, S. 10.

6) Ergebnisse studentischer Praktika in den Jahren 1979, 1980 und 1981 im Berchtesgadener Land unter Leitung von Prof. Dr. Karl Ruppert und Mitarbeit von Dr. Peter Gräf am Institut für Wirtschaftsgeographie der Universität München.

7) Ebenda, 1979.

8) Peter Gräf, Zur Raumrelevanz infrastruktureller Maßnahmen, Kleinräumliche Struktur- und Prozeßanalyse im Lkr. Miesbach - ein Beitrag zur sozialgeographischen Infrastrukturforschung. In: Münchner Studien zur Sozial- und Wirtschaftsgeographie, Bd. 18, Kallmünz/Regensburg 1978, S. 179f.

9) Der GINI-Koeffizient ist ein relatives Maß der Konzentration mit Werten zwischen 0 (Gleichverteilung) und 1 (völlige Konzentration). Die graphische Darstellung der Konzentration ist die Lorenz-Kurve. M. Zeiner, Saisonalität im Reiseverkehr. In: Schriftenreihe des DWIF, Band 38, 1986.

10) Peter Gräf, Wintertourismus und seine spezifischen Infrastrukturen im Deutschen Alpenraum. In: Berichte zur deutschen Landeskunde, Heft 2, 1982, S. 239-274.

11) Ludwig Fisch, Von dienstbaren Geistern verlassen. In: Süddeutsche Zeitung, 24.12.1980, S. 23.

12) Karl Ruppert, Jörg Maier, Naherholungsraum. A.a.O., S. 70.

13) Karl Ruppert, Peter Gräf, Peter Lintner, Naherholungsverhalten im Raum München, Persistenz und Wandel freizeitorientierter Regionalstrukturen 1968/80. In: Arbeitsmaterialien der Akademie für Raumforschung und Landesplanung, Nr. 116, Hannover 1986, S. 95.

14) Stephan Schott, Begriff und Raumwirksamkeit von Nationalparks, dargestellt am Beispiel des Nationalparks Berchtesgaden, Diplomarbeit unter Anleitung von Prof. Dr. Karl Ruppert am Institut für Wirtschaftsgeographie der Universität München, 1984, S. 101f.

15) Karl Ruppert, Peter Gräf, Peter Lintner, Naherholungsverhalten. A.a.O., S. 117f.

16) Ebenda, S. 104.

17) Karl Ruppert, Das Tegernseer Tal. Sozialgeographische Studien im oberbayerischen Fremdenverkehrsgebiet. In: Münchner Geographische Hefte, Band 23, Kallmünz/Regensburg 1962.

18) Peter Lintner, Flächennutzung und Flächennutzungswandel in Bayern - Strukturen, Prozeßabläufe, Erklärungsansätze. In: Münchner Studien zur Sozial- und Wirtschaftsgeographie, Bd. 29, Kallmünz/Regensburg 1985, S. 119f.

19) Karl Ruppert, Das Dorf im bayerischen Alpenraum - Siedlungen unter dem Einfluß der Urbanisierung. In: Hanns-Seidel-Stiftung Informationen, Heft 1, 1982, S. 22-25.

20) Peter Gräf, Funktionale Verflechtungen im deutsch-österreichischen Grenzraum - Grundlagen und mögliche Auswirkungen. In: Beispiel für Verflechtungen und Zusammenarbeit an der Grenze der Bundesrepublik Deutschland, Beiträge der Akademie für Raumforschung und Landesplanung, Band 76, Hannover 1984, S. 123-142.

21) Karl Ruppert, Grenzüberschreitende Verflechtungsräume, Raumplanerische Aspekte im deutsch-österreichischen Grenzraum. In: Geographica Slovenica, Heft 8, Ljubljana 1978, S. 191-205.

22) Zu den räumlichen Bezügen vgl. u.a.: Erich Balon, Strukturräume und Funktionsbereiche im salzburgisch-bayerischen Grenzgebiet. In: Mitteilungen und Berichte des Salzburger Instituts für Raumforschung (SIR), Heft 3-4, 1983, S. 32-47. Franz-Karl Pecher, Salzburg und die Region Südostoberbayern. In: ebenda, SIR Heft 3/4, 1984, S. 39-62.

23) Hubert Zierl, Geschichte eines Schutzgebietes. In: Nationalpark Berchtesgaden, Rundschau 1, 1981, S. 7f.

24) Verordnung Teilabschnitt "Erholungslandschaft Alpen" des Landesentwicklungsprogramms v. 22.8.1972.

25) Lutz Spandau, Der Einfluß des Sommertourismus auf die natürlichen Ressourcen, untersucht im MAB-Testgebiet Jenner. In: UNESCO-Programm "Der Mensch und die Biosphäre", Deutsches Nationalkomitee, MAB-Mitteilungen, Band 19, 1984, S. 165f.

26) Paul Messerli, Modelle und Methoden zur Analyse der Mensch-Umwelt-Beziehungen im alpinen Lebens- und Erholungsraum. Erkenntnisse und Folgerungen aus dem schweizerischen MAB-Programm 1979-1985, S. 53.

27) Kandidat der XVI. Olympischen Winterspiele 1982 Berchtesgaden, Hrsg. Bewerbungskomitee Berchtesgaden 1985, S. 6. Jörg Maier, G. Troeger-Weiß, Voraussetzungen und Vorleistungen der Gemeinden für die Fremdenverkehrsentwicklung in peripheren Räumen. In: Entwicklung ländlicher Räume durch den Fremdenverkehr, Schriftenreihe des Bundesministers für Raumordnung, Bauwesen und Städtebau, Serie Raumordnung 06.058, Bonn 1986, S. 40-51, hier S. 48. V.V., Mögliche Auswirkungen der geplanten Olympischen Winterspiele 1992 auf das Regionale System Berchtesgaden, Hrsg. Deutsches Nationalkomitee für das UNESCO-Programm "Der Mensch und die Biosphäre", MAB-Mitteilungen, Band 22, Bonn 1986.

28) Ludwig Fisch, Berchtesgaden will höher hinaus. Neue Betriebsgesellschaft strebt den Ausbau des Kurbetriebes an. In: Süddeutsche Zeitung v. 5.11.1986.

DIE REGIONALE FREMDENVERKEHRSPOLITIK BRAUCHT NEUE LEITGEDANKEN

von
Hubert Schulgen, Goslar

Gliederung

I. Die Situation Mitte der 80er Jahre

II. Die Fremdenverkehrsförderung ist auf allen Ebenen zu überprüfen

III. Veränderte Voraussetzungen für eine in Zukunft erfreuliche Fremdenverkehrsentwicklung

IV. Faktoren, die künftig die Fremdenverkehrsentwicklung bestimmen

V. Aufgaben der Förderer und Leistungsträger des Fremdenverkehrs

1. Aufgabenschwerpunkte der Länder
2. Veränderte Schwerpunkte in den Aufgaben der Fremdenverkehrsverbände
3. Aufgaben des Gastgewerbes
4. Aufgaben der Industrie- und Handelskammern

VI. Eine verbesserte Arbeitsteilung stärkt die Fortentwicklung des Fremdenverkehrs in den Regionen

Der Beitrag stützt sich in wesentlichen Teilen auf eine Stellungnahme des Landesverkehrsverbandes Niedersachsen-Bremen, die unter der Überschrift "Überlegungen zur Sicherung und Fortentwicklung des Fremdenverkehrs in Niedersachsen" im September 1985 in Goslar erschien.

Hinweise und Anregungen gaben ferner:
der Deutsche Fremdenverkehrsverband in Bonn
der Fremdenverkehrsverband Schleswig-Holstein in Kiel
der Landesverkehrsverband Westfalen in Dortmund
der Landesverkehrsverband Rheinland in Bad Godesberg
der Landesverkehrsverband Baden-Württemberg in Stuttgart
der Fremdenverkehrsverband Allgäu/Bayerisch-Schwaben in Augsburg
der Fremdenverkehrsverband München-Oberbayern in München
der AOK-Landesverband Niedersachsen in Hannover.

Seit es Fremdenverkehrspolitik gibt, ist sie Teil der allgemeinen Wirtschaftspolitik. Der Träger der Wirtschaftspolitik versucht, den Fremdenverkehr so zu
beeinflussen, daß er einen möglichst großen Beitrag zu den Zielen der Wirt-
schafts- und Gesellschaftspolitik einbringt. Maßnahmen, die den Fremdenverkehr
fördern, sind Bestandteil eines Gesamtkonzeptes. Zwischen den gesamtwirtschaftlichen Entwicklungen und den gesellschaftspolitischen Veränderungen
nehmen die Wechselbeziehungen zu, aber ebenso die Probleme. Davon sind auch
der Fremdenverkehr und das Kur- und Bäderwesen betroffen.

Immer öfter entstehen Zielkonflikte, z.B. zwischen den Zielen, den Fremdenverkehr zu intensivieren und die Natur zu schützen - oder die Gesundheit zu pflegen und den Aufwand dafür zu verringern.

I. Die Situation Mitte der 80er Jahre

In den letzten fünf Jahren haben sich Veränderungen eingestellt, die in den
Fremdenverkehrsregionen zusätzliche Entwicklungsprobleme hervorriefen. Stagnation prägt seither das Bild des Inland-Tourismus.

Gesucht werden neue Orientierungshilfen. Indessen, es gibt keine Instanz, die
alles zum Besten richten könnte. Daran glauben aber immer noch eine große Zahl
von Partnern im Fremdenverkehr.

Zu den positiven Erfahrungen der Jahre mit geringer Wachstumsgeschwindigkeit
gehört die Tatsache, daß die Arbeitsplätze im Tourismusbereich relativ sicher
blieben. Diese erfreuliche Erfahrung konnte auch nicht durch die kostendämpfenden Maßnahmen von 1981 beeinträchtigt werden, die ein Jahr später die
Heilbäder und Kurorte in große Not brachten.

In dieser Phase ist es notwendig, sich daran zu erinnern, daß auch im Tourismus Erfolge immer wieder erarbeitet und abgesichert werden müssen. Voraus-
schauende Anpassung an neue Entwicklungen ist notwendig, damit Wettbewerbsüberlegenheit wirksam werden kann.

Sie allein kann der Fremdenverkehrsentwicklung in den einzelnen Regionen
Stabilität geben. Nur Wettbewerbsüberlegenheit hilft dem deutschen Fremdenver-
kehr in der wachsenden Auseinandersetzung mit den Mitbewerbern im europäischen
Ausland.

Die Spielregeln für eine erfolgreiche Teilnahme am touristischen Konkurrenz-
kampf verpflichten jeden Anbieter und jeden Förderer des Fremdenverkehrs zu
einer in jeder Beziehung marktgerechten Politik.

Planer haben zu berücksichtigen, daß die Marktmechanismen ein Eigendasein führen. Über Lenkungsmaßnahmen sind sie nur in sehr begrenztem Umfange zu beeinflussen.

Leitgedanken, die von Region zu Region abweichen können, werden benötigt. Niemand kann seine Probleme isoliert sehen. Das gesamte Umfeld muß er im Auge haben. Vor allem ist das Verhalten der direkten Konkurrenten zu beachten.

Sollen staatliche Fördermaßnahmen die Raumordnung beeinflussen oder Entwicklungspläne stützen, sind sie gerade im Fremdenverkehr und im Kur- und Bäderwesen in hohem Maße abhängig von der Mitarbeit und dem Einfühlungsvermögen der privaten Fremdenverkehrswirtschaft sowie anderer Fremdenverkehrsstellen, die zum Teil auch der territorialen Verwaltung unterstehen.

In den Regionen finden Pläne zur Fortentwicklung des Fremdenverkehrs mehr Anknüpfungspunkte als anderswo. Daher können fördernde und ordnende Maßnahmen auf regionaler Ebene sicherer und schneller zum Erfolg führen.

Zu den Übereinstimmungen, die Fremdenverkehrsstädte, Kur- und Erholungsorte als zu einer Region gehörend kennzeichnen, können u.a. folgende Merkmale gehören:

- gemeinsame Konkurrenzgebiete
- übereinstimmende Gästeherkunftsgebiete
- geringe Abweichungen in der Gästestruktur
- gemeinsame Hauptnachfrage- und Hauptsaisonzeiten
- Gemeinsamkeiten im Bereich Verkehr - das gilt für die Situation an den An- und Abreisewegen ebenso wie für die Verkehrsprobleme in der Region -
- eine Organisationsstruktur des Fremdenverkehrs, die den regionalen Erfordernissen weitgehend angepaßt ist
- geringe Abweichungen im Anbieterverhalten, in der Angebotsgestaltung sowie in den Beziehungen zum Markt.

Für Touristen sind die Fremdenverkehrsregionen oft Hauptorientierungshilfen bei der Wahl von Urlaubszielen. Deshalb kommt den regional orientierten Maßnahmen zum Verkauf oder zur Gestaltung von Fremdenverkehrsdienstleistungen besondere Bedeutung zu.

Weitgehende Übereinstimmung kann in den Regionen auch in den Faktoren bestehen, die das Gebiet für die Freizeitgestaltung, die Kur und die Erholung besonders geeignet machen.

Aus der Abhängigkeit aller Kur- und Fremdenverkehrsunternehmen von der gleichen landschaftlichen Vielfalt und Ausstattung und dem bioklimatischen Potential ergeben sich regional geprägte Interessen, die sich bei Erschließungs-, Pflege- und Schutzmaßnahmen ebenso hervortun können wie bei der Lösung langfristig angelegter Entwicklungsaufgaben.

Schließlich besitzen Fremdenverkehrsregionen eine Vielzahl von Einzelbeobachtungen, typischen Merkmalen, Beziehungen und Regelmäßigkeiten. Sie zu erfassen und in Untersuchungen auszuwerten, erlaubt es, zu neuen, für die Region wichtigen Erkenntnissen vorzudringen.

II. Die Fremdenverkehrsförderung ist auf allen Ebenen zu überprüfen

Seit Beginn der 80er Jahre hat sich das Umfeld der Fremdenverkehrsförderung und Fremdenverkehrsarbeit gravierend geändert.

Die über lange Zeiträume gewohnte stetige Aufwärtsentwicklung im Fremdenverkehr kam zum Stillstand. Unsicherheit machte sich breit. Vielen Leistungsträgern bereitete und bereitet es große Schwierigkeiten, sich auf die neuen Bedingungen einzustellen.

Die Hauptfaktoren, die das Fremdenverkehrsgeschehen gegenwärtig bestimmen und weiterhin beeinflussen werden, sind:

- Ungewisse wirtschaftliche Entwicklungsperspektiven.
  Sie veranlassen potentielle Gäste, sich in der Nachfrage zurückzuhalten.

- Die hohe Zahl Arbeitsloser.
  Sie wirkt nachfragedämpfend.

- Zum Stillstand gekommene oder gar sinkende Realeinkommen.
  Sie führen zu verhaltener Nachfrage nach touristischen Leistungen am Urlaubsort.

- Veränderungen in der Alterschicht der Bevölkerung, z.B. wächst die Generation der älteren Menschen.

- Der stark zunehmende Wettbewerb.
  Er ist die Folge wachsender Anstrengungen einzelner Regionen zur Sicherung und zum Ausbau von Marktpositionen.

- Wachsende und sich wandelnde Gästeansprüche.
  Sie fordern immer schneller Leistungsanpassungen.

Vor diesem Hintergrund zeigt es sich, daß gerade das bisher in den Regionen zur Fortentwicklung und Förderung des Kur- und Fremdenverkehrs eingesetzte Instrumentarium teilweise erneuerungs- oder ergänzungsbedürftig ist, sofern die Wettbewerbsfähigkeit des Fremdenverkehrs erhalten bleiben soll und die Arbeitsplätze gesichert werden sollen. Vor allem für die Regionen ist das von grundlegender Bedeutung, in denen es neben dem Kur- und Fremdenverkehr keine anderen oder kaum andere Wirtschaftszweige gibt.

Bisher war die Förderung vor allem auf die Angebotsergänzung eingestellt. Jetzt ist es erforderlich, vorhandene Angebote der veränderten Nachfrage anzupassen, die Kurorte finanziell zu konsolidieren, die Strukturen den wechselnden Anforderungen anzugleichen, die Qualität der Leistungen ständig zu verbessern sowie die Absatzförderung zu überarbeiten.

Die zuletzt genannte Aufgabe wird ungemein erschwert, weil es seit dem 1. Januar 1981 an statistischen Basisdaten mangelt.

III. Veränderte Voraussetzungen für eine in Zukunft erfreuliche Fremdenverkehrsentwicklung

Vor dem Hintergrund der hier in groben Zügen dargestellten Situation im Fremdenverkehr ist eine tiefgreifende Neuorientierung aller am Fremdenverkehr Beteiligten notwendig. Seit Jahrzehnten ist im Umfeld des Tourismus nur der Wandel beständig.

Im Gegensatz dazu beharrte - vor allem in den traditionellen Fremdenverkehrsgebieten - eine große Zahl von Anbietern von Fremdenverkehrsdienstleistungen auf einer einmal bezogenen Position.

Gerade in den bereits länger existierenden Fremdenverkehrsgebieten ist es immer wieder notwendig zu erklären, weshalb die Vertretung von Fremdenverkehrsinteressen nicht gleichzusetzen ist mit der Erhaltung von Strukturen.

Srukturanpassung ist dringend geboten.

Alle Maßnahmen sind auf die neuen Gegebenheiten einzustellen.

Jeder Schritt ist zielgerecht vorzubereiten und sorgfältig auf der Anbieter-, auf der Orts- und auf der Gebietsebene auszuführen. Dabei ist u.a. ein Feld einzubeziehen, für dessen Bearbeitung bisher - trotz erheblicher Anstrengungen - keine brauchbaren Lösungen vorliegen und das zu Recht als besonders schwierig angesehen wird.

Die Kooperation zeigt große Lücken

Im deutschen Fremdenverkehr stehen neben vielen Talenten die unterschiedlichsten Temperamente und eine Menge schöpferischer Energie. Das gilt auch für
die vielen mittelständischen Beherbergungsbetriebe.

Diese Potentiale auf gemeinsame Ziele zu lenken, ist eine herausragende Füh-
rungsaufgabe der regionalen Fremdenverkehrsverbände. Sie war und ist schwer zu
lösen, denn die Träger der vielen Vorzüge sind meist Individualisten, die es
vorziehen, ausschließlich oder doch weitgehend eigene Wege zu gehen.

Zwar muß dem Willen, eigenes unternehmerisches Können zu entfalten, immer
wieder Raum gegeben werden, jedoch dürfen regionale Gemeinsamkeiten nicht
vernachlässigt werden, wenn ein tieferes Eindringen in den Markt erreicht
werden soll.

Kreative Vielfalt ist notwendig, aber sie ist sowohl den Marktgegebenheiten
anzupassen als auch an den regionalen Zielvorstellungen auszurichten.

Ohne ein Mindestmaß an Kooperation ist das nicht zu erreichen.

Die im Fremdenverkehr vorherrschenden Strukturen überwiegend kleinbetrieb-
licher Art mit den verschiedenartigsten Trägern bedingen oftmals gegenüber den
Marktgegebenheiten mangelhafte Arbeits- und Verhaltensweisen.

Die relative Leistungsschwäche einzelner Leistungsträger zwingt deshalb zu
mehr Kooperation, um durch Leistungsbündelungen ausreichend durchsetzungsfähig
auf dem Fremdenverkehrsmarkt agieren und gegen die wachsende Konkurrenz bestehen zu können.

In mehreren Regionen sind in diesem Sinn gute Ansätze vorhanden, und die
Kooperationsbereitschaft nimmt zu.

Fraglich ist, ob dies überall im erforderlichen Umfang und mit der nötigen
Schnelligkeit geschieht.

Der Markt setzt die Wegweiser

Um Erreichtes zu sichern und den Fremdenverkehr auszubauen, genügt es nicht,
die bisher üblichen Aktivitäten einfach zu intensivieren, soweit das finanziell überhaupt möglich ist. Auf längere Sicht kann auch eine ausgeklügelte
Werbung für durchschnittliche Leistungen keine überdurchschnittlichen Ver-

kaufsergebnisse ergeben. Es sind vor allem inhaltliche und qualitative Veränderungen erforderlich.

Qualitätsverbesserungen stabilisieren die Nachfrage.

Das gilt in erster Linie für die Leistungsherstellung, die Angebotsaufbereitung sowie für die Absatzförderung und dort vor allem für die Werbung und den Vertrieb.

Alle Leistungsträger haben sich der regelmäßigen Überprüfung ihrer Fremdenverkehrsarbeit zu unterziehen, um diese an den Marktgegebenheiten eng auszurichten.

Mit Feuerwehrstrategien kann die Zukunft nicht bewältigt werden.

Kurzfristig wirkende Maßnahmen schaffen etwas Luft. Zur dauerhaften Sicherung der Wettbewerbsposition können sie jedoch kaum beitragen.

Die Fremdenverkehrswirtschaft stärker an den Kosten beteiligen

Nachfragegerechtes, flexibles Handeln am Markt verlangt jedoch - wenn zusätzliche oder neue Aktivitäten erforderlich werden - auch zusätzliche finanzielle Mittel.

Heute ist in den meisten Fremdenverkehrsregionen die Tätigkeit der Fremdenverkehrsorganisationen durch verschiedene Faktoren stark belastet:

- steigende Kosten auf nahezu allen Gebieten der Fremdenverkehrsarbeit;
- wachsender Informationsbedarf potentieller Gäste. Daraus ergibt sich ein höherer akquisitorischer Aufwand;
- Entwicklung und Einführung neuer Techniken im Medienbereich und damit in der Werbung;
- aufwendigere Erarbeitung marktgerechter Angebote zur Erschließung zusätzlicher Absatzwege und zur Befriedigung spezieller Nachfrage.

In zahlreichen Fremdenverkehrsregionen sind die Grenzen individueller und auch kollektiver Leistungsfähigkeit kommunaler und regionaler Träger des Fremdenverkehrs auf finanziellem Gebiet erreicht. Im Spannungsfeld wachsender Ansprüche und zunehmenden Qualitätsbewußtseins der Gäste, verringerter Urlaubsausgaben sowie steigender Kosten für alle Fremdenverkehrsmaßnahmen müssen sich die Leistungsträger behaupten.

Um im verschärften Wettbewerb bestehen zu können, sind über die flexible Anpassung an sich verändernde Marktbedingungen sowie Kooperationsbereitschaft und -fähigkeit vor allem auch der gastgewerblichen Leistungsträger erforderlich.

Ohne erhöhtes Aufkommen an finanziellen Mitteln ist es jedoch unmöglich, bewährte Maßnahmen der Fremdenverkehrswerbung zu verstärken sowie zusätzliche Aktivitäten zu verwirklichen.

Unter diesen Vorzeichen wird sich auch die Fremdenverkehrswirtschaft am Fremdenverkehrsmarketing und den damit verbundenen Kosten stärker zu beteiligen haben.

Dringend geboten ist konstruktive, kreative Dynamik, die in leistungsfähigen Institutionen und Organisationen von Fachleuten in attraktive und marktgerechte Fremdenverkehrsleistungen umgesetzt wird.

Die Heilbäder und Kurorte finanziell festigen

Zu den vordringlichen Aufgaben gehören ferner die Sicherung und Verbesserung der Qualität touristischer Produkte, des Gästeservice sowie der Vertrieb von Fremdenverkehrsdienstleistungen. Darüber hinaus müssen zahlreiche Kurorte finanziell konsolidiert werden.

In fast allen fremdenverkehrsgebieten haben die Heilbäder und Kurorte einen hohen Anteil am Gästeaufkommen und an den Gästeübernachtungen.

Das Kur- und Bäderwesen ist ein Sektor eines im Prinzip dreigeliederten Systems der medizinischen Gesamtversorgung. Es setzt sich zusammen aus der hausärztlichen Betreuung, dem Akutkrankenhaus mit der klinischen Behandlung und der Heilverfahrensmedizin. Letztere wird in der Regel in den Kurorten durchgeführt.

Durch die kostendämpfenden Maßnahmen von 1981 gerieten sie in arge Bedrängnis. Die Einsparungen im Kurwesen gingen über das hinaus, was notwendig gewesen wäre, um die ungerechtfertigte Inanspruchnahme von Kurleistungen zu verhindern und die Ausgaben in diesem Teilgebiet des Gesundheitswesens dem veränderten Leistungsvermögen der Krankenkassen und Versicherungen anzupassen.

Seit 1984 entspannt sich die Situation in den Heilbädern und Kurorten. Aber die Probleme sind geblieben.

Nach wie vor ist es nicht gelungen, im Gesundheitswesen die Kostenentwicklung zu kontrollieren. Deshalb bleibt auch die Kur in der Diskussion, obwohl sie durch eine zunächst erzwungene, später durch eine behutsame Preisgestaltung am wenigsten zur Kostensteigerung beigetragen hatte.

Schon immer ist auf die Preise für Kuranwendungen und Kurtaxe Druck ausgeübt worden. Diese Umstände versetzten und versetzen die Heilbäder und Kurorte permanent in eine finanziell angespannte Situation.

Die Kurmedizin wird künftig nachweisen müssen, daß von ihr eine kostensenkende Wirkung ausgeht. Ein Überangebot an Kureinrichtungen ist zu vermeiden. Es könnte zu einem ruinösen Wettbewerb führen.

Heilbäder und Kurorte sind Service-Unternehmen in Sachen Gesundheitsvorsorge mit speziellen Aufgaben. Demzufolge sind sie gehalten, ein mit der Wirtschaft vergleichbares Marketing zu realisieren. Die Marketingbemühungen können sich jedoch nicht nur an die Kurgäste und an die Gesundheitsurlauber richten. Vielmehr sind alle Partner einzubeziehen, die direkt oder indirekt in der Gesundheitsvorsorge Einfluß ausüben oder ausüben könnten.

Die Kurorte können durch nichts zu ersetzende Lernorte für die Einstimmung und die praktische Übung eines gesundheitsbewußten und gesundheitsdienlichen Lebensverhaltens sein. In diese Richtung zielende Schritte werden jetzt immer häufiger sichtbar.

Sollen die Heilbäder und Kurorte wettbewerbsfähig bleiben, muß der Konsolidierungsfrage nachgegangen werden.

Bestmögliche Rahmenbedingungen beibehalten

Mit der Fremdenverkehrspolitik der Unternehmen ist auch die staatliche Fremdenverkehrspolitik gehalten, keine Anstrengungen zu scheuen, um in der Förderung die jeweils beste Einstellung zur Marktsituation zu finden und die bestmöglichen Rahmenbedingungen beizubehalten.

In diesem Zusammenhang muß auch an dieser Stelle nachdrücklich auf die Bedeutung einer aussagekräftigen Fremdenverkehrsstatistik für eine wirksame Fremdenverkehrsarbeit hingewiesen werden.

Seit geraumer Zeit müssen sich die Fremdenverkehrsträger normalerweise damit begnügen, die unterschiedlichsten Entwicklungen im Fremdenverkehr in ungenauen Konturen rückblickend zu beurteilen.

Davon ausgehend, daß sich die vollzogenen Entwicklungen auch zukünftig fortsetzen würden, sind Aktionen und Maßnahmen an diesem zurückliegenden Entwicklungsprozeß asusgerichtet worden. Wiederholt mußte man jedoch erleben, daß sich die gehegten Erwartungen doch nicht erfüllen. Ein optimaler Einsatz ideeller und materieller Mittel kam nicht zustande.

Dieser Zustand ist höchst unbefriedigend in einer Zeit, die bestimmt wird von stark wachsenden Anforderungen in der Fremdenverkehrsarbeit einerseits und knappen finanziellen Mitteln andererseits.

Mehr denn je sind alle Leistungsträger gezwungen, die verfügbaren Mittel so gut wie möglich nachfragegerecht einzusetzen. Das kann jedoch nur gelingen, wenn anstehende Entwicklungen und Trends sowie Verhaltensweisen und Wünsche von Gästen ermittelt und wenigstens kurzfristig vorausgesagt werden.

Nur unter dieser Voraussetzung kann man sich in geeigneter Weise darauf einstellen und aufwendige Experimente und damit unnötige Verluste vermeiden.

Als wichtigstes Hilfsmittel wird eine aussagefähige Fremdenverkehrsstatistik benötigt, die nicht nur alle Zeiten, sondern auch alle Formen des Fremdenverkehrs erfaßt.

Diese aktuelle Datensammlung zum Fremdenverkehr ist als Planungs-, Entscheidungs- und Kontrollinstrument für die Fortentwicklung des Fremdenverkehrs unverzichtbar. Es ist jedoch zu vermeiden, daß Erkenntnis- und Wissensstand weiter reichen als der Aktionsraum, den die Fremdenverkehrswirtschaft durch ihr Verhalten freigibt. Die Fremdenverkehrswirtschaft muß bereit und in der Lage sein, aus Marktbeobachtungen die Konsequenzen zu ziehen und der vorgegebenen Linie zu folgen.

In jeder Region lohnt es, darüber nachzudenken, wie eine optimale Aufgabenteilung zwischen den Städten, den Kur- und Erholungsorten aussehen könnte.

Die Vielfalt des Angebotes sollte weniger in den Orten, dafür mehr in der Region zu finden sein.

Sofern die Angebotsschwerpunkte von Ort zu Ort abweichen, wird man sich weniger oft um die gleichen Gästekreise bemühen, werden Nachbarorte seltener zu Konkurrenten. Angebotsschwerpunkte führen leichter zu überdurchschnittlich guten Leistungen und verstärken so die Wettbewerbsfähigkeit des einzelnen Ortes und der Region.

Unversehrte Natur - Existenzgrundlage des Fremdenverkehrs

Die wichtigste Existenzgrundlage für den Fremdenverkehr ist die intakte Natur. Sie ist damit zugleich Grundvoraussetzung für die Fortentwicklung des Fremdenverkehrs. Alle Überlegungen zur langfristigen Fortentwicklung des Fremdenverkehrs erhalten ein Fragezeichen, wenn an diesen Grundlagen gerüttelt wird.

Unter den Faktoren, die für die Eignung bestimmter Gebiete für Freizeit und Erholung wichtig sind, kommt der natürlichen landschaftlichen Ausstattung besondere Bedeutung zu. Naturgenuß und Gebrauch der Natur als Heilmittel sowie Formen sportlicher Betätigung bis zum kinetischen Raumgenuß - u.a. durch Segeln, Wandern und Skilauf - sind hier vor allem zu nennen.

Die Natur jedoch ist in Gefahr. Ohne z.B. intakten Wald und gesunde Nordsee sind Kur und Erholung nicht vorstellbar.

Gesunde Kur- und Erholungslandschaften kann es langfristig nur geben, wenn es gelingt, die Umwelt nicht weiter zu belasten bzw. sie in Teilräumen nachhaltig zu entlasten.

Es versteht sich von selbst, daß die Inanspruchnahme der Landschaft durch den Fremdenverkehr deren Leistungsvermögen nicht überschreiten darf. Darauf haben alle zu achten, die Fremdenverkehr betreiben.

Zu den Grundlagen des Fremdenverkehrs gehören auch die alten Bürger- und Handelsstädte, in denen sich Vergangenheit und modernes Leben berühren. Kostbarkeiten vieler Epochen an Straßen, Gassen und Plätzen sowie in Museen, Bibliotheken und Sammlungen sind immer wieder anziehend.

Leistungsreserven mobilisieren

In mehreren Bundesländern erleichtert es die Organisationsstruktur des Fremdenverkehrs, die Schwerpunkte der touristischen Fortentwicklung dort zu setzen, wo die strukturellen Voraussetzungen am günstigsten sind: In den Regionen.

Hier können noch Leistungsreserven erschlossen werden. Sie sind u.a. zu finden in

- der Kooperation aller Leistungsträger des Fremdenverkehrs auf allen Ebenen, insbesondere in der Kooperation mit den Organisationen des Hotel- und Gaststättengewerbes;

- der Abstimmung tourismuspolitischer Aktivitäten mit den Industrie- und Handelskammern.

Auf diesen Ebenen hat von allen Leistungsträgern der folgerichtige Einsatz des vielfältigen Marketinginstrumentariums zu erfolgen. Nur durch die Mobilisierung der Leistungsreserven aller Träger des Fremdenverkehrs und durch die Bündelung aller verfügbaren Mittel ist der Fremdenverkehr in den Regionen mittel- und langfristig zu sichern.

IV. Faktoren, die künftig die Fremdenverkehrsentwicklung bestimmen

Die zukünftige Entwicklung des Kur- und Fremdenverkehrs wird durch eine Reihe von Faktoren beeinflußt werden, von denen einige wichtige nachstehend in Umrissen aufgeführt werden:

- Die Entwicklung der Freizeit, der frei verfügbaren Einkommen, der Bevölkerung, der Sozialversicherung und der Arbeitslosigkeit;
- der Wandel in der Einschätzung bestimmter Werte durch die Öffentlichkeit;
- Inhalt und Qualität touristischer Leistungen;
- das Reiseverhalten der Bevölkerung;
- die Entwicklung und das Verhalten der Konkurrenz;
- Umweltprobleme;
- die Einstellung der Bevölkerung der Kur- und Fremdenverkehrsorte zu den Notwendigkeiten des Kur- und Fremdenverkehrs;
- Einsatz und Nutzung neuer Medien.

Vor allem von der Entwicklung der frei verfügbaren Einkommen wird ein beträchtlicher Einfluß auf den Tourismus ausgehen. Von der Entwicklung der Freizeit allein sind ähnliche Einflüsse kaum zu erwarten. Allenfalls der Nah- und Kurzreiseverkehr könnte stimuliert werden.

Daneben behalten die Entwicklung der Arbeitslosigkeit und der Bevölkerung Einfluß auf die Reiseintensität.

Die Kostenentwicklung bei den Sozialversicherungen entscheidet mit über den Umfang der Nachfrage nach Kuren.

Der Konkurrenzkampf nimmt zu

Eine kaum zu überschätzende Bedeutung für die Fortentwicklung des Fremdenverkehrs in den Regionen kommt der Entwicklung und dem Verhalten der Konkurrenz zu.

Stockende oder rückläufige Fremdenverkehrsnachfrage führt notwendigerweise zu verschärftem Wettbewerb im Fremdenverkehr durch zunehmende und miteinander scharf konkurrierende Angebotspotentiale im europäischen Ausland und im Inland bis hinein in einzelne Fremdenverkehrsregionen. Daraus ergibt sich für alle am Fremdenverkehr beteiligten Leistungsträger eine weitere Verschärfung der Marktsituation.

Oft ist zu erkennen, wie und in welchem Ausmaß die deutschen Fremdenverkehrs- gebiete sich der Aufgabe stellen, ihre Zukunft zu sichern.

Vor diesem Hintergrund ist eine sachbezogene, am Markt - d.h. vor allem an den Kundenbedürfnissen - orientierte Tourismuspolitik erforderlich.

Mit ungünstigen Entwicklungen müssen die Regionen, Fremdenverkehrsorte oder - betriebe rechnen, denen es nicht gelingt, Schwachstellen ihrer Fremdenver- kehrsarbeit zu bereinigen.

Abweichungen in der Fortentwicklung konkurrierender Gebiete können sich unter dem Einfluß z.B. folgender angebotsseitiger Faktoren ergeben:

- Marketing;
- Bereitstellung besonders attraktiver Angebote, die sich von den Leistungen anderer Gebiete deutlich unterscheiden;
- Qualität der Fremdenverkehrsleistungen und Fremdenverkehrsintensität;
- Qualität der Fremdenverkehrsinfrastruktur einschließlich des Hotel- und Gaststättenpotentials;
- Ausbildungs- und Informationsstand aller Leistungsträger des Fremdenver- kehrs;
- Gewicht und das Engagement der Förderer und Träger des Fremdenverkehrs;
- Veränderung der Eignungspotentiale;
- Vorherrschen bestimmter Fremdenverkehrsarten;
- Ausmaß der Umweltbelastung;
- Imageentwicklung.

Neue Möglichkeiten, sich am Markt zu behaupten

Die genannten Faktoren, die u.a. den Erfolg unter den Konkurrenten mitbestim- men, eröffnen den Leistungsanbietern auch Möglichkeiten, sich im Markt zu behaupten. Diese Herausforderungen sollten im Interesse mittel- und lang- fristiger Existenzsicherungen unbedingt angenommen werden.

Jeder am Fremdenverkehr beteiligte Leistungsträger muß allerdings bereit sein, sich flexibel auf die sich verändernden Situationen im Fremdenverkehr einzustellen.

Jeder muß seinen Beitrag zur Mobilisierung von Leistungsreserven erbringen, um eine höhere Leistungsbereitschaft zu erzielen.

Auf dieser Grundlage ist sodann der folgerichtige Einsatz des vielfältigen Marketinginstrumentariums unerläßlich.

Manche heute erbrachten Fremdenverkehrsleistungen entsprechen nicht oder nicht mehr den Vorstellungen und Wünschen der Gäste. Will man im Fremdenverkehrsmarkt auch zukünftig erfolgreich bestehen, müssen verstärkt Angebote erarbeitet werden, die vielfältigen und auch neuen Nachfragen und Bedürfnissen entsprechen. Oft sind neben einem nicht marktgerechten Produkt ein unbefriedigendes Preis-/Leistungsverhältnis, das Fehlen eines zielgerechten Vertriebs der Leistungen sowie unzureichende oder unzeitgemäße Maßnahmen der Absatzförderung - speziell in der Werbung - weitere betriebliche Schwachpunkte, die es unbedingt zu verbessern gilt.

Die erforderlichen positiven Veränderungen brauchen nicht immer kostenintensiv zu sein. Verbesserungen der Leistungs- und Dienstbereitschaft müssen nicht notwendigerweise zu höheren Kosten führen.

Zunehmend prägt die Informationstechnik auch im Kur- und Fremdenverkehr die Marketing-Zukunft. Seit der deutsche Fremdenverkehr 1979 mit der Nutzung des Informationssystems Bildschirmtext (BTX) begann, ist das die wichtigste Erkenntnis.

Btx verursacht beträchtliche Veränderungen in der Denk- und Arbeitsweise. Die bisher im Marketingbereich gültigen Entscheidungshilfen sind für Btx teilweise unbrauchbar.

Neue Hilfen müssen systematisch erarbeitet werden. Nur wer sich entschließt, das System anzuwenden, seine Dialogfähigkeit verbunden mit der Aktualisierbarkeit zu nutzen, wird es beherrschen lernen.

Der Einsatz externer Rechner ermöglicht erhebliche Nutzungssteigerungen. Dazu gehören zentrale Buchungssysteme ebenso wie Datenbanken für Fremdenverkehrsgebiete.

Jeder Anbieter sollte sich regelmäßig über die Marktsituation unterrichten.

Gesprächspartner sind neben den Kurverwaltungen, Fremdenverkehrsämtern und Verkehrsvereinen vor allem die Industrie- und Handelskammern sowie die Organisationen des Dehoga.

Darüber hinaus muß jeder Anbieter bereit sein, sich den Bedingungen des Marktes zu unterwerfen. Attraktive Angebote lassen sich nur dann verkaufen, wenn der Endpreis eine angemessene Provision für den Reisemittler enthält.

Passivität kann sich heute kein Leistungsträger mehr erlauben.

Niemand wird zukünftig damit rechnen können, daß die Gemeinschaft der Leistungsfähigen Rücksicht nimmt auf Leistungsschwache, -unwillige und -unfähige. Jeder Leistungsträger wird seine Leistungen regelmäßig kritisch überprüfen müssen mit dem Ziel, Schwachstellen aufzudecken, bevor der Markt sie aufdeckt.

V. Aufgaben der Förderer und Leistungsträger des Fremdenverkehrs

Für die Leistungsträger des Fremdenverkehrs ergeben sich auf allen Ebenen Aufgaben für die Fortentwicklung des Fremdenverkehrs.

Die gegenwärtig als vordringlich anzusehenden Maßnahmen bzw. Aufgabenbereiche für die Träger oder Trägerorganisationen werden nachstehend aufgeführt:

1. Aufgabenschwerpunkte der Länder

Mit den Förderprogrammen verfolgen sieben Bundesländer in erster Linie wirtschaftspolitische Ziele. In ihnen manifestiert sich der konkrete Wille zu gestalten und zu ordnen.

Ein Aufgabenschwerpunkt ist die Aktualisierung der Rahmenbedingungen für die Fortentwicklung des Kur- und Fremdenverkehrs. Sie sind regelmäßig neuen marktgegebenen Situationen anzupassen.

Aus der Sicht der Fremdenverkehrsorganisationen sind darüber hinaus folgende Maßnahmen von großem Nutzen:

- Veröffentlichung von Leitlinien für die Fremdenverkehrsentwicklung als Orientierungshilfe für alle Leistungsträger, die im Fremdenverkehr engagiert sind.

- Unterstützung regional differenzierter fremdenverkehrlicher Entwicklungskonzepte. Damit wird die größere Wirkung erreicht, denn die Maßnahmen können auf die Besonderheiten der Struktur, des Entwicklungsstandes und der Marktstellung genauer eingestellt werden.

- Verstärkung der Arbeit der Fremdenverkehrsverbände.
  Die Notwendigkeit ergibt sich aus der verschärften Wettbewerbssituation und der Marktentwicklung.

- Erleichterungen von Investitionen, die qualitative Leistungsverbesserungen und/oder Anpassungen an die Nachfrage oder notwendige strukturelle Veränderungen zum Ziel haben. Damit wurde ein Beitrag geleistet, die Wettbewerbsstellung zu sichern oder zu verbessern.

- Schaffung eines Bäderansatzes oder anderer ähnlich wirkender Maßnahmen zur Verbesserung der Finanzausstattung der Heilbäder und Kurorte.
  Eine bessere Finanzausstattung würde den Heilbädern und Kurorten den Spielraum öffnen, den sie brauchen, um sich als anerkannte Zentren der Gesundheitspflege zu behaupten.

- In zahlreichen Beherbergungsbetrieben sind Qualitätsverbesserungen erforderlich. Durch den Einsatz günstiger Kredite sind sie zu erleichtern.

- Erarbeitung und Bereitstellung fundierten Datenmaterials und Durchführung fremdenverkehrlicher Untersuchungen. Sie sind unerläßlich als Planungs- und Kontrollinstrumente. Dazu zählt auch und gerade eine aussagefähige Fremdenverkehrsstatistik.

- Verbesserung der Aus- und Fortbildung von touristischen Fachkräften. Sie sind eine Voraussetzung für bleibend konkurrenzfähige Leistungen.

- Förderung der Einführung neuer Informations- und Reservierungstechniken zur Sicherung vorhandener und noch zu erschließender Kommunikations- und Absatzwege.

- Erhaltung der Leistungsfähigkeit der Reisewege - insbesondere der Straßen, der Schienen- und der Schiffahrtswege - in die Erholungslandschaften und Städte. Bei Reiseentscheidungen muß sich die Qualität des Reiseweges positiv auswirken können.

- Bemühungen um bessere Ferienregelungen im Bundesgebiet, damit eine günstigere Kapazitätsauslastung möglich wird.

- Koordinierung aller fremdenverkehrsrelevanten Maßnahmen innerhalb der Landesregierung.

270

2. Veränderte Schwerpunkte in den Aufgaben der Fremdenverkehrsverbände

In den Aufgaben der Fremdenverkehrsverbände entstanden in jüngster Zeit neue Schwerpunkte. Regional unterscheiden sie sich.

Wenn einerseits Marktanteile gehalten und zusätzliche Märkte erschlossen werden sollen, neue Medien eingeführt und das Leistungsangebot verbessert werden sollen, entstehen Anforderungen, die von den Verbänden nicht allein getragen werden können. Weitere Probleme ergeben sich u.a. aus unausgewogenen Angebotsstrukturen, aus Defiziten in den Gemeindehaushalten und aus zu vielen Angeboten nur durchschnittlicher Qualität.

Vor diesem Hintergrund verstärken die Fremdenverkehrsverbände ihre Bemühungen, bei den Leistungsträgern die Einsicht in die Notwendigkeit zu fördern, daß jeder Schritt in der Absatzförderung, in der Werbung oder in der Imagepflege an Verbesserungen oder Ergänzungen im Gästeservice oder im Leistungsangebot gebunden ist.

Sofern die Marktanteile am Fremdenverkehr gehalten werden sollen, ist u.a. den Kurorten, den Städten und den Erholungsorten Unterstützung bei der Verbesserung der Leistungsqualität zu gewähren.

Ferner sind die Fremdenverkehrsverbände gehalten, Lücken im Marketing zu schließen, die notwendigen Werbemaßnahmen durchzuführen, die Bildung neuer Präferenzen beim Reisepublikum zu fördern und dafür zu sorgen, daß die Angebote rascher dem Wandel in der Nachfrage angepaßt werden.

Die Erschließung neuer Märkte und/oder die Gewinnung zusätzlicher Gäste auf bereits geöffneten Märkten setzt zunächst die Schaffung neuer Angebote aus.

Sie müssen sich von den Angeboten der Konkurrenz deutlich abheben und an den Eigenheiten bestimmter Kundenkreise und deren spezifischen Bedürfnissen orientieren.

Nachfrageverluste rechtzeitig überbrücken

Die Phase der Unsicherheit, in der sich der Fremdenverkehr noch befindet, kann regional in eine Phase des Fortschritts übergeleitet werden, sofern die Chancen für eine planmäßige Gestaltung der Zukunft konsequent genutzt werden.

Die notwendigen strukturellen Leistungsveränderungen und -anpassungen erfordern wie die qualitativen Produkt- und Angebotsverbesserungen hohes fachmännisches Können aller Leistungsträger auf kommunaler und regionaler Ebene. In der näheren Zukunft werden sich die Leistungsträger vorrangig darum bemühen müssen, sinkende Nachfrage in Teilbereichen des Fremdenverkehrs durch positives Reagieren auf Nachfrageänderungen auszugleichen sowie neue Absatzmöglichkeiten ausfindig zu machen und zu nutzen. Als Stichworte seien hier nur genannt:

- Angebot von Kurzreisen
- Wochenendreisen
- Gruppenreisen
- Sonderreisen
- an Jahreszeiten gebundene Reisen
- Familien- und Gesundheitsurlaub
- Sport- und Wanderurlaub
- Städte- und Erholungsreisen
- intensivere Nutzung der modernen Informationstechnik zur Sicherung schneller Kommunikations- und Absatzwege.

Zu den hier skizzierten Aufgabenschwerpunkten ist anzumerken, daß die Entwicklung und Formulierung regionaler Marketingkonzeptionen eine Aufgabe der Fremdenverkehrsverbände ist, die sie zugunsten der Kur- und Fremdenverkehrsorte und Städte sowie der Fremdenverkehrswirtschaft der Region wahrnehmen.

Die Konzeptionen sind Orientierungshilfen für alle Anbieter von Fremdenverkehrsdienstleistungen. Nicht unproblematisch ist demgegenüber die Durchsetzung regionaler Marketingkonzeptionen seitens der Fremdenverkehrsverbände.

Strukturbedingt bleibt diese Durchsetzung auf Maßnahmen der Verbandsebene, d.h. der regionalen Ebene, beschränkt. Im Sinne eines modernen Marketing erstrecken sich regionale Marketingkonzeptionen jedoch auf alle Ebenen der Leistungsträger und Beteiligten des Fremdenverkehrs und damit insbesondere auch auf die betriebliche Ebene.

Außerhalb der regionalen Ebene können die Fremdenverkehrsverbände sehr wohl Anregungen und Arbeitshilfen zum Marketing geben, die Um- und Durchsetzung muß jedoch ausschließlich seitens der Beteiligten und Leistungsträger der anderen Ebenen erfolgen.

In diesem strukturell bedingten Problem liegt ein weiterer Ansatz für eine zwischen allen Beteiligten kooperativ zu lösende wichtige Fremdenverkehrsaufgabe.

3. Aufgaben des Gastgewerbes

Für die Organisationen des Hotel- und Gaststättengewerbes ergeben sich Aufgaben, deren Lösung besonders dringend erscheint:

- Gewinnung möglichst zahlreicher Beherbergungsbetriebe für eine konsequente Marktpflege im Rahmen regionaler Marketingkonzepte;

- Schaffung von Plattformen für eine durchgehende Kooperation mit allen Partnern, d.h. mit Betrieben, Kur- und Fremdenverkehrsorten, Fremdenverkehrsverbänden und Industrie- und Handelskammern, bei der Erarbeitung markttechnischer Strategien, bei dem Aufbau von Anbieterketten und der Einrichtung von Informations-, Nachfrage- und Reservierungssystemen;

- Verbesserung des Gästeservice, u.a. durch entsprechende Schulung des Personals.

4. Aufgaben der Industrie- und Handelskammern

Das Sachwissen und Können der Kammern muß voll genutzt und zugunsten der Fremdenverkehrswirtschaft eingesetzt werden. Das gilt insbesondere für folgende Aufgabenbereiche:

- Beratung von Investoren, Fremdenverkehrsunternehmen und Beherbergungsbetrieben;

- Aufzeigen von Möglichkeiten für die Fremdenverkehrswirtschaft, die von der öffentlichen Hand geschaffene und betreute Infrastruktur besser zu nutzen;

- Aus- und Weiterbildung von Mitarbeitern des Hotel- und Gaststättengewerbes sowie des Fremdenverkehrs;

- Überwachung der Leistungsfähigkeit der Reisewege und Anregungen von Verbesserungen;

- Sammeln, Auswerten und Weitergeben von Informationen der Fremdenverkehrswirtschaft zur Ermittlung von fremdenverkehrswirtschaftlichen Entwicklungstrends.

In der permanenten Weiterbildung der Mitarbeiter des Gastgewerbes und des Fremdenverkehrs sind verschiedene aufeinander abgestimmte Maßnahmen erforderlich. Dahinter steht die Überzeugung, daß eine gute Gästeberatung und -betreuung ein äußerst wichtiges Verkaufsargument ist.

Mit den üblichen Fremdenverkehrslehrgängen ist dem Problem nicht beizukommen. Der Umgang mit dem Gast muß geübt werden. Die Beratungsqualität ist zu verbessern und die Sympathiewirkung der Mitarbeiter zu erhöhen.

Diese Aufgabe liegt bei den Industrie- und Handelskammern in guten Händen.

Darüber hinaus sind die Industrie- und Handelskammern in besonderer Weise befähigt und ermächtigt, die Fremdenverkehrswirtschaft zur konsequenten Anwendung eines umfassenden Fremdenverkehrsmarketing zu bewegen. Ohne intensiveres zeitgemäßes Marketing werden gewünschte betriebliche Erfolge sich nicht einstellen oder sichern lassen mit der Folge, daß der Wirtschaftszweig Fremdenverkehr seiner wichtigen wirtschafts-, sozial- und gesellschaftspolitischen Funktion nicht ausreichend gerecht werden kann.

VI. Eine verbesserte Arbeitsteilung stärkt die Fortentwicklung des Fremdenverkehrs in den Regionen

Die Erarbeitung neuer Produkte bzw. Angebotsformen, die Erschließung neuer Märkte und Vertriebswege sowie die aktive Verkaufsförderung sind unter den herrschenden Bedingungen nicht nur außerordentlich arbeits- und kostenaufwendig, sondern setzen auch die sachgerechte Mitwirkung der örtlichen Leistungsträger unabdingbar voraus. Deshalb sind diese Aufgaben nur unter intensiver, insbesondere finanzieller Beteiligung betrieblicher Leistungsträger zu leisten. Von Ausnahmen abgesehen konnte bisher eine nur relativ geringe Bereitschaft seitens der Fremdenverkehrswirtschaft zur Teilnahme an entsprechenden Aktivitäten festgestellt werden, die von Fremdenverkehrsverbänden vor dem Hintergrund aktueller Marktentwicklungen initiiert und durchgeführt worden sind und weiterhin verfolgt werden.

Im Interesse einer zeitgemäßen arbeitsteiligen Fremdenverkehrsarbeit ist die Beteiligung der Fremdenverkehrsbetriebe an dem nur kooperativ zu lösenden Aufgabenkomplex eines erfolgreichen Fremdenverkehrsmarketing unerläßlich. Schließlich profitieren im Rahmen der gesamten Wirtschaft insbesondere die Fremdenverkehrsbetriebe vom Fremdenverkehr.

Wichtige Aufgaben der Betriebe wären:

- attraktive, nachfragegerechte Leistungen zu erbringen;

- regelmäßig Leistungen zu überprüfen und sie der aktuellen Nachfrageentwicklung anzupassen;

274

- Marketingaktivitäten auf örtlicher und regionaler Ebene ideell und finanziell zu unterstützen;

- kollektive Werbemaßnahmen auf Orts- und vor allem auf regionaler Ebene finanziell zu unterstützen, um durch Leistungsbündelung zur Stärkung örtlicher und regionaler Wettbewerbspositionen beizutragen;

- die betriebliche Werbung für Leistungen und Produkte im Interesse der erfolgreichen Durchsetzung einer abgestimmten Werbekonzeption und damit des betrieblichen Erfolges zu verstärken;

- örtliche und regionale Fremdenverkehrsstellen bei der Verbesserung von Absatzstrukturen und -organisationen zu unterstützen.

In diesen Bereichen können gerade auch die Kammern wichtige Anstöße und Hilfen geben, die über rein beratende Funktionen hinausgehen.

Um im Fremdenverkehr regional erfolgreich zu bleiben, sind engere Formen der Kooperation anzustreben. In diesem Prozeß entsteht auch eine veränderte Arbeitsteilung. Sie wird mehr leisten können, als die meisten bisher geübten Verfahren hergeben konnten.

Veröffentlichungen der Akademie für Raumforschung und Landesplanung

Forschungs- und Sitzungsberichte